Ariel Gore

Chaostraining rund ums Kind

Ariel Gore

Chaostraining rund ums Kind

Das etwas andere Mütterbuch

Aus dem Amerikanischen
von Alexandra Bartoszko

Wolfgang Krüger Verlag

Die amerikanische Originalausgabe erschien 1998
unter dem Titel ›The Hip Mama Survival Guide‹
im Verlag Hyperion, New York

Gesamtherstellung: Clausen & Bosse, Leck
Printed in Germany 1999
ISBN 3-8105-0862-4

Zehn Fakten über Mutterschaft, die alle kennen sollten

1. Fernsehmütter sind Fiktion.
2. Kleine Familien brauchen keine Kleinbusse.
3. Nervenzusammenbrüche gehen meist vorüber.
4. Schwangerschaftsstreifen verblassen.
5. Bürgerliche Kleinfamilien entwickeln sich rasant zu einer Minderheit.
6. Mutterschaft wird dich verändern, doch du kannst trotzdem du selbst sein.
7. Es kostet keine Million, ein Kind aufzuziehen.
8. Du kannst sogar mit gepiercten Brustwarzen stillen.
9. Es ist nicht nett, eine Tochter Cappuccino zu nennen.
10. Tust du's dennoch, wird sie sich in Lotte umtaufen.

Inhalt

Mamas Tagebuch

Montag:
Biete freiwillig an, in Kinds Schule Blumen zu pflanzen. Zu Hause wartet Mahnung für Stromrechnung mit 48-Stunden-Frist auf mich.

Dienstag:
Rufe Stromgesellschaft an und flehe um Gnade. Bringe Baby zum Arzt, unterlasse Flirt mit Kinderarzt. Grüble, ob es sich um eine Funktionsstörung handelt.

Mittwoch:
Kaufe Bio-Raketenexpresso gegen chronischen Schlafmangel. Jammere über Jobaussichten. Kriege Exfreund durch Einflößen von Schuldgefühlen dazu, Stromrechnung zu bezahlen.

Donnerstag:
Höre, daß Blumen in der Schule zertrampelt wurden, diskutiere mit Kindern über den »Kreislauf von Leben und Tod«. Sage Therapie ab. Kaufe statt dessen Schwangerschaftstest.

Freitag:
Finde mich um 2 Uhr morgens vor der Glotze mit Oprah Winfrey wieder – denke dran, daß ich vieles habe, wofür ich dankbar sein muß (z. B. daß ich es nicht bin, die da in der Show angebrüllt wird).

Samstag:
Nehme Kinder mit auf den Markt. Spiele den ganzen Nachmittag Kindermonopoly – gehe bankrott.

Sonntag:
Kinder zu Besuch bei jeweiligen Vätern. Versuche Arbeit

nachzuholen, faulenze schließlich mit Illustrierter und einem Pfund Eiscreme rum. Kotze. Bin bestimmt wieder schwanger.

Montag:

Schreibe böse E-Mails an president@whitehouse.reg, kriege »autom. Antwort«. Kaufe neue Klamotten für Familiengerichtstermin.

Dienstag:

Verbringe den ganzen Tag am Familiengericht mit Warten auf Verhandlung, komme mir vor wie bei Oprah Winfrey. Arbeite die Nacht durch.

Mittwoch:

Kaufe noch mehr Raketenexpresso. Streiche mit Kindern den Wagen.

Donnerstag:

Wasche 15 Maschinenladungen, während Kinder in der Küche mit Knete spielen. Versuche Tonreste von Küchendecke zu kratzen. Sage Therapie ab. Versuche Kaffeetrinken einzustellen.

Freitag:

Bewerbe mich für sieben Jobs. Schreibe vier Artikel. Kaufe Klopapier.

Samstag:

Nehme Kinder mit zur Ani-DiFranco-Show, versuche ihnen zu erklären, warum es gesellschaftlich akzeptabel ist, daß Rockstars fluchen.

Sonntag:

Kinder zu Besuch bei jeweiligen Vätern. Strandfete – lasse Schwangerschaftsstreifen von der Sonne bräunen.

Montag:

Schneide allen Kindern aus der Nachbarschaft die Haare wie die von Ernie und Bert. Gehe zu drei Vorstellungsgesprächen. Vergesse BH und Schuhe anzuziehen.

Dienstag:

Moderiere einen Radiobeitrag in einem Piratensender –

irgendein Typ ruft an und ergießt sich über den »Untergang der amerikanischen Familie.« Klick.

Mittwoch:

Zettle Demo gegen »Sozialfürsorgereform« in der Staatshauptstadt an. Kriege Geldstrafe wegen »illegaler Zusammenrottung«. Flippe aus, als Kinder fragen, ob die Polizei »die Guten oder die Bösen« sind.

Donnerstag:

Gehe zur Kunstausstellung der Kinder – bemerke, daß Familienrechtsanwältin und Babysitter mit im Familienporträt sitzen. Frage in der Therapie, ob das eine Funktionsstörung sei, Therapeutin weicht aus.

Freitag:

Weitere vier Bewerbungsgespräche. Vergesse Piercingstecker im Gesicht zu entfernen.

Samstag:

Gehe mit Kindern auf den Markt. Sechsjähriger sagt, wir essen nicht genug Rosenkohl. Frage mich, ob das eine Funktionsstörung ist.

Sonntag:

Kinder zu Besuch bei jeweiligen Vätern. Gehe auf Zeitschriftenfest, sage dem Verleger von »Wurstnation«, er habe anscheinend zu viel Zeit.

Montag:

Antritt bei neuem Zeitjob. Arbeitskollegen nennen Newt Gingrich* »unsern Mann«. Versuche, nicht laut loszubrüllen.

Dienstag:

Kaufe Raketenexpresso. Arbeite bis 2 Uhr nachts. Kinder wachen um halb 3 auf.

Mittwoch:

Versuche Mitglied im Christlichen Verein Junger Männer zu werden, erfahre, daß es zwei Monate dauert, um den Antrag auf finanzielle Unterstützung zu »bearbeiten«.

* Reaktionärer Führer der Republikaner und Verfechter des sozialen Abbaus – A. d. Ü

Donnerstag:
Mama kommt zum Babysitten. Will wissen, wie Kinder Knete an die Decke gekriegt haben. Sage Therapie ab.

Freitag:
Zettele Protest gegen Pulvermilchvermarktung in örtlichem Krankenhaus an. Handle mir Geldbuße wegen »unerlaubten Haltens« ein. Flippe aus, als Kinder fragen, ob Ärzte »die Guten oder die Bösen« sind.

Samstag:
Frage Kinder, was sie in den Osterferien machen wollen. Eins sagt: »Den Präsidenten ausrauben und das Weiße Haus übernehmen.« Grüble, ob das eine Funktionsstörung ist.

Sonntag:
Kinder zu Besuch bei jeweiligen Vätern. Schlafe 18 Stunden durch.

Montag:
Ziehe vom Leder gegen Mitarbeiter, die Newt »unsern Mann« nennen, handle mir Anschiß wegen politischer Diskussionen am Arbeitsplatz ein. Plane einen langen Urlaub.

Dienstag:
Rufe Vermieter an und bettele um Mietstundung. Bringe Kindern bei, wie man einen Piratensender macht – sie spielen Nina Hagen und simulieren Übernahme des Senders durch Außerirdische.

Mittwoch:
Akzeptiere, daß wir in einem chaotischen Universum leben. Frage mich, ob nicht alles eine Funktionsstörung ist.

Einführung

In derselben Woche, da ich mit der Arbeit an diesem Buch begann, bekam ich einen Anruf von einem Rechercheur des Fernsehsenders Family Channel, der ganz wild darauf war, mich als Gast in der *Home and Family Show* zu haben. Ich sollte ihm lediglich ein paar Exemplare von *Hip Mama* – der Elternzeitschrift, die ich herausbringe – zuschicken, und er würde die Idee seinen Produzenten schmackhaft machen.

Ich schickte die Hefte ab, telefonierte noch ein paarmal mit dem Rechercheur, und innerhalb von zwei Wochen war ich für die Show gebucht. Man werde mich und meine Tochter nach Los Angeles fliegen, uns im Hotel unterbringen und mich in dem Live-Magazin über Elternschaft interviewen. Ein letztes Vorgespräch mit dem Produzenten dieses Beitrags sei natürlich noch erforderlich, aber das sei reine Formsache.

Der betreffende Produzent rief mich ein paar Tage später an, und wir plauderten über die Zeitschrift, über Familie und Politik und über meine Flugtickets, die, wie er mir versicherte, bereits »in der Post« seien.

Ich wartete und wartete, aber seltsamerweise kamen keine Tickets. Schließlich rief ich den Rechercheur an. Er schien über die fehlenden Tickets genauso erstaunt zu sein wie ich und bat mich, einen Augenblick in der Leitung zu warten.

»Tja«, sagte er, als er kurz darauf wieder den Hörer aufnahm. »Sie haben beschlossen, den Beitrag nicht zu bringen, offensichtlich wegen Ihrer politischen Ansichten … Das hier ist der *Familien*sender. Sie wissen doch, was das heißt, oder?«

Da ich keine Family-Channel-Zuschauerin war, wußte ich es nicht. (Sonst hätte ich mein liberales Maul gehalten, bis die Kamera abfuhr.)
Der Rechercheur verband mich mit dem Produzenten.
»Ach, Ariel«, sagte er vergnügt. »Ich wollte Sie noch anrufen. Wir haben diese Woche überbesetzt. Wir werden einen neuen Termin ansetzen müssen und wieder auf Sie zukommen.«
»Komisch«, erwiderte ich ebenso vergnügt. »Ich hab' gehört, es wär' aus politischen Gründen.«
»Na ja«, gab er zu, »ich stimme Ihnen in vielem, was Sie gesagt haben, zu, aber Sie stehen im Widerspruch zur Gesinnung dieses Senders. Das ist der *Familien*sender. Sie wissen doch, was das heißt, oder?«
»Nein.«
»Er gehört Pat Robertson*.«
»Ach so«, sagte ich, als es mir langsam dämmerte. »Ich verstehe. Der *Familien*sender.«
»Genau«, meinte er. »Der *Familien*sender.«
Wie dumm von mir. In meiner Euphorie über einen Ausflug nach Hollywood, inklusive Übernahme aller Spesen, hatte ich völlig vergessen, daß sich »Familie« nicht länger auf eine Gruppe von Menschen bezieht, die sich lieben, sondern auf etwas Begrenzteres, wie z. B. eine wohlhabende, weiße, christliche, konservativ bis reaktionäre, heterosexuelle, verheiratete Kerngruppe von Menschen, die sich lieben können oder auch nicht. Und ich bin nur irgendeine Tussi, die sich vor ein paar Jahren schwängern ließ.
Wie es überhaupt dazu kam, daß ich in Pat Robertsons Privatsender auftreten sollte, ist mir schleierhaft, aber mein kleines Telefonabenteuer mit den Leuten der *Home and Family Show* bringt mein Dasein als Mama so ziemlich auf den Punkt. Meine Tochter und ich sind eine Familie, doch nach

* Protestantischer Fundamentalist, TV-Prediger, Republikaner, Gründer und Vorsitzender mehrerer privater Sender – A. d. Ü.

Auffassung von Mr. Robertson und seinen Freunden keine, die den Namen verdient. Und obwohl das Buch, das ihr im Begriff seid zu lesen, ausschließlich von Familie handelt, wird es, dessen seid gewiß, niemals im *Family* Channel vorkommen.

Dies vorausgeschickt. Und nun willkommen zum *Chaostraining rund ums Kind* – dem ersten wahren Führer zum Wahnsinn und der Gnade, die darin liegen, die Generation der Jahrtausendwende großzuziehen.

Jahrtausendwende. Diesen Zusatz hängen sie der Generation unserer Kinder an. Etwas Dramatisches und Verheißungsvolles liegt in dieser Bezeichnung, wenn ihr mich fragt. Seht euch nur die Leute an, die um die letzte Jahrhundertwende geboren wurden. Zu dieser Generation zählten Simone de Beauvoir, Margaret Mead, Mao Tse-tung, Amelia Earhart, Alfred Hitchcock, Louis Armstrong und Marlene Dietrich. Die letzte Jahrtausendwende-Generation brachte uns mehr Inkas denn je zuvor in Peru, die Wikinger, die bis nach Amerika vordrangen, und die Leute, die in China die bewegliche Drucktype erfanden. Wer weiß, zu was für Erwachsenen unsere Kinder sich entwickeln, aber wenn man bedenkt, in welch oft haarsträubenden politischen Zeiten und mit wie vielen neuen und unkonventionellen Methoden wir sie großziehen, werden sie mit Sicherheit ein interessantes Pack. Bis dahin dürfen wir uns in all ihrer verrückt-machenden Herrlichkeit sonnen, und mit etwas Glück werden wir nicht nur überleben, sondern dabei auch etwas lachen können.

Es ist gesagt worden, jede Generation erfinde die Mutterschaft aufs neue, aber das Tolle an uns – den Eltern dieser Kinder der Jahrtausendwende – ist, daß wir selbst verschiedenen Generationen entstammen. Wurdest du von der Muttermilch auf die kitschige heile Welt der adretten Persil-'59-Saubermannfamilien umgestellt (was dich vermutlich zu einem Produkt des Babybooms macht)? Auf *Drei Mädchen und drei Jungen* (zweifellos eine Vertreterin der Null-Bock-Generation)?

Oder gehörtest du dieser *Mein Lieber Biber*-Wirtschaftswunder-Zwischengeneration an? Welche fiktiven Familien auch immer die Mutterträume und -alpträume deiner Jugend genährt haben mögen, jetzt erfinden wir alle zusammen die Mutterschaft aufs neue, und das ist kein leichtes Unterfangen.

Sechs Jahre, bevor ich besagten Anruf von der *Home and Family Show* erhielt, habe ich in einem italienischen Krankenhaus ein bezauberndes, pausbäckiges Baby zur Welt gebracht. Ich kannte das Wort für »pressen« nicht (es ist *spingere*, falls es euch interessiert), und ich kannte kaum Mütter, mit denen ich eine Sprache, eine Generation oder sonst etwas gemein hatte.

Selbst als ich nach Kalifornien zurückzog und mich mit meinem Baby in einer Vorstadtwohnung einmietete, fanden die anderen Mamas in meiner Sackgasse mein Tattoo, meine zerschlissenen Jeans, meinen gespickten College-Stundenplan und meine Tapes der gestiefelten Riot Girls, na ja, irgendwie nicht ganz mütterlich. »Deine Familie ist so ... einmalig«, sagten sie beispielsweise mit geheuchelter Höflichkeit. Oder: »Oh ... Sie sind ihre Mutter? Ich dachte, Sie wären der Babysitter, Sie sehen so jung aus.«

Sie hätten sich vielleicht weniger bemüht, höflich zu sein, wenn sie gewußt hätten, daß ich tatsächlich so jung war, wie ich aussah, daß meine kleine Familie von Lebensmittelmarken und Sozialhilfe lebte oder daß ich nicht frisch geschieden war – ich hatte überhaupt nie geheiratet.

Die Logik sagte mir, daß ich unter den Millionen von Mamas auf dieser Welt *so* einmalig nicht sein konnte. Doch die anderen Familien in meiner Nachbarschaft sahen immer so viel fernsehgerechter aus als die meinige. Und um die Sache noch zu verschlimmern, schienen die Elternratgeber im örtlichen Buchladen den Eindruck, daß ich vielleicht eine totale Mißgeburt war, nur zu bestätigen.

Es hat lange gedauert, bis ich merkte, daß ich nicht allein war – bei weitem nicht.

In Maias ersten paar Lebensjahren, als wir unsere Bahnen zwischen Oakland und San Francisco und den Vororten beider Städte zogen, lernte ich allmählich andere Mamas kennen, die auf meiner Wellenlänge waren. Wir verbrachten gemeinsame Stunden mit unseren Kindern und tauschten Geschichten aus über das Familienleben im Chaos. Uns lag daran, unsere eigene Identität zu wahren, statt immer nur »Mami« zu sein. Wir witzelten und klagten einander unser Leid darüber, wie wir unsere Kinder sauber bekamen oder wie wir lernten, die Republikaner zu ignorieren. Wir schimpften über Barbiepuppen, Nervenzusammenbrüche und unmögliche Budgets. Vor allem aber bestärkten wir einander darin, daß wir nicht alles grundverkehrt machten – denn beim Großziehen von Kindern, wie beim Hufeisenwerfen und beim Tanzen, gilt: Hauptsache, man kommt »ziemlich nah dran«.

»Wart nur bis zum Sommer, wenn sie ohne Hosen rumlaufen kann. Nach einigen Tagen werden ihr die Pannen stinken, dann geht sie bestimmt aufs Klo«, sagte mir meine Freundin Julie an einem Wintermorgen, als ich erfolglos versuchte, Maia an ihr neues Töpfchen zu gewöhnen.

»Sommer?« gab ich entsetzt zurück, das Drei-Jahres-Limit vor Augen, von dem ich in einer Elternzeitschrift gelesen hatte.

»Sie wird schon nicht in Windeln ihr Abitur machen«, beruhigte mich Julie. Und sie hatte recht. Im großen und ganzen fiel der Umstand, daß Maia bis zum Alter von dreieinhalb Jahren Windeln trug, kaum ins Gewicht.

Selbst wenn die große Scheiße tatsächlich passierte, wurde das Trauma in der Regel von der tröstlichen Erkenntnis abgelöst, daß die schöne heile Welt, von der ich während der Schwangerschaft geträumt hatte, in Wahrheit eine GROSSE LÜGE war.

Eins meiner beklemmenderen Erlebnisse als Mama war der Tag – Maia war gerade vier geworden –, als wir Besuch von einer kleinen plumpen Sozialarbeiterin mit einem Kinderschutzabzeichen bekamen. Irgendwer hatte angerufen und berichtet, meine Wohnung sei ein Saustall, und diese Dame wollte das überprüfen. Während sie an der Tür stand und auf meine Antwort wartete, malte ich mir schon alles aus, was ich als Mutter wohl je falsch gemacht haben könnte. Starr vor Panik, war ich sicher, daß die Sozialarbeiterin mir Maia wegnehmen, mich in ein Gefängnis für Rabenmütter stecken und ein Nachrichtenteam herbeizitieren würde, um meine schmutzige Wäsche zu filmen. »In dieser schmuddeligen Wohnung in Oakland ...« würde der Nachrichtensprecher mit monotoner Stimme beginnen.

Als ich endlich die Sprache wiedergefunden hatte, bat ich die Sozialarbeiterin herein und gab mir Mühe, überrascht und doch zuversichtlich zu wirken, während sie mir den Bericht vorlas und einen prüfenden Blick in Kühlschrank, Tiefkühltruhe und Schränke warf. Obwohl ich die Prüfung bestand, war ich mir doch ziemlich sicher, daß ein Besuch von der Stadt ein Ereignis war, dessen ich mich schämen mußte. Dies würde mich auf jeden Fall »einmalig« machen. Nachdem sie wieder gegangen war, saß ich eine ganze Weile auf meiner Couch und wiegte mich wie eine katatone Geisteskranke hin und her, ehe ich mich aufraffen konnte, Freunde anzurufen und ihnen, höchst verlegen, mein Martyrium zu schildern.

Die erste Mama, mit der ich sprach, war, erwartungsgemäß, verdutzt. »Das sind doch die, die kommen, wenn man ein Kind mißhandelt hat«, meinte sie.

Aber nachdem ich mit weiteren Bekannten gesprochen hatte, entdeckte ich, daß gut die Hälfte von ihnen schon vom sogenannten »Komitee für Elternüberwachung« heimgesucht worden war. Gut die Hälfte. Und ich verkehrte *nicht* mit einer Bande von Kindesmißhandlern. Vergrätzte Ex-Ehemänner und gelangweilte Nachbarn wurden im allgemeinen als Quelle der Beschwerden über unsere Familien vermutet. Und da wir sowohl Schwein hatten als auch relativ gute Eltern waren, kam bei diesen offiziellen Besuchen nicht viel heraus.

Die Erkenntnis, daß der einzige Unterschied zwischen mir und der Hälfte der anderen Mamas darin bestand, daß ich ein großes Mundwerk und daher das Bedürfnis hatte, meine traumatischen Erfahrungen an die große Glocke zu hängen, war für mich jedenfalls eine enorme Erleichterung. Es war, als würde man sich im Umkleideraum der Turnhalle umsehen und zum ersten Mal feststellen, daß niemand aussah wie die magersüchtigen Models in den Modezeitschriften – außer der Tussi vielleicht, die sich ganz da hinten umzog, aber *die* konnten wir eigentlich sowieso nie leiden.

Etwa zu der Zeit, da diese neue Umkleideraum-Erleuchtung von mir Besitz ergriff, saß ich bei meiner Freundin Julie in der Küche und blätterte durch ein paar verlogene Elternzeitschriften (in denen *Familien à* la Pat Robertson statt Familien porträtiert waren). Während wir über dies und jenes lästerten, reifte eine Idee heran.

»Wir sollten eine echte Elternzeitschrift machen«, sagte ich. »Die Kinder auf den Bildern wären mit Tomatensauce verschmiert und die Mamas sähen total schlampig aus.« Wir lachten. Aber schon damals war klar, daß es sich hier nicht um so eine Schnapsidee handelte, die sich bald verflüchtigen würde. Ich stand am Anfang meines letzten Collegejahres, und ich mußte mir ohnehin noch ein Projekt für meinen Abschluß einfallen lassen. An diesem Abend in Julies Küche, mit ihrem sauceverschmierten Baby und den älteren Kindern, die sich weigerten, sich nach ihrer Schlauch-Wasserschlacht vor dem Essen abzutrocknen, wurde die Idee zu der Elternzeitschrift *Hip Mama* geboren.

Die Wahrheit über Mutterschaft zu sagen würde mir in Dutzenden von Zeitungen im ganzen Land bald den Titel »Des konservativen Amerikas schlimmster Alptraum« eintragen, doch zunächst mußte ich die Idee mit meinen Dozenten abklären. Als ich wenige Tage später an ihren Bürotüren anklopfte, rechnete ich fest mit einer Ermahnung, die Scherze lieber zu lassen, wenn ich mir noch Hoffnungen auf einen

Abschluß machte. Aber weil sie die Idee für cool hielten oder weil ich ihnen leid tat, wie ich da mit meiner zerzausten kleinen Göre stand, oder weil es schon spät war und alle heimgehen wollten, lächelten sie, nickten und meinten, ich solle die erste Ausgabe in vier Monaten fertig haben.

Mit Hilfe einer kleinen Truppe von Journalistinnen, Fotografinnen, Dichterinnen, Illustratorinnen, Grafikerinnen, Korrektorinnen und Druckerinnen (sowie den Computern der Collegezeitung) hatte ich bis Dezember sechs Kartons mit der Nummer eins fertiggestellt.

Wir verteilten sie zunächst unter Freunden, verkauften sie an Buchläden in der Nachbarschaft und verschickten sie an verschiedene Zeitungen in der Hoffnung auf eine kleine Besprechung. Es gab nur 500 Exemplare dieser ersten Ausgabe, aber fast umgehend erhielt ich Anrufe und fand kleine Zettel in der Post. Und nicht alle waren von den Freundinnen meiner Großmutter.

Ich hatte mir anfangs vorgestellt, daß *Hip-Mama*-Leserinnen mir sehr ähnlich sein würden: jung, Single, arm, vielleicht Städterinnen, Akademikerinnen. Doch als die Briefe und Anrufe schon bald aus dem ganzen Land kamen, war mir klar, daß *Hip Mama* etwas Größeres losgetreten hatte. Die Gemeinschaft, die sich um die Zeitschrift herum formierte – und sich weiterhin formiert –, ist eine Mischung von Eltern aller Couleur. Eine vereinte Front gegen die »Familienmoralisten«, wenn man so will. Wir sind verheiratet, Singles oder liiert. Wir bewegen uns altersmäßig zwischen vierzehn und vierundsechzig. Wir sind Großstadtmädels, Vorstädterinnen und Leute vom Land. Wir sind homo-, hetero- und bisexuell. Wir stammen aus jedem erdenklichen Background. Wir sind schwarz, braun, pfirsichfarben und alles, was dazwischen liegt. Doch trotz all unserer Unterschiede verbindet uns das Wesentliche: Wir kennen unsere Rechte; wir erfreuen uns an unseren Kindern; wir identifizieren uns genausowenig mit mütterlich-jovialen schicken Talkshowmasterinnen wie mit

den 1,80 m großen 50-Kilo-Supermodels, die die Seiten in Frauenzeitschriften bevölkern; und wir ziehen das Echte und Gelebte, in all seiner beängstigenden Unvollkommenheit, dem Übertünchten und Künstlichen vor.
Als ich zum ersten Mal daran dachte, ein *Chaostraining rund ums Kind* zu schreiben, wußte ich, es konnte kein »Ratgeber« im üblichen Sinne des Wortes sein. Ich wußte, wir brauchten nicht noch mehr »Meine-Methode-ist-die-beste«-Tips über Elternschaft. (Davon kriegen wir genug von Fremden im Supermarkt.) Was wir statt dessen brauchen, ist Unterstützung. Wir brauchen Informationen, damit wir unsere eigene Vorstellung von Elternschaft verwirklichen können. Wir brauchen Alternativen. Wir brauchen etwas, das uns aufbaut, wenn wir das Gefühl haben, unsere Kinder in der Hölle großzuziehen, und etwas, das uns entspannen hilft, wenn jeden Moment alles über uns zusammenzubrechen droht. Wir brauchen Einblicke, die aus dem wirklichen Leben kommen. Wir brauchen etwas, das leicht zu schlucken ist ohne die Nebenwirkungen von Valium. Im Grunde brauchen wir ein Buch, das all dies vereinigt – Erfahrungen, Geschichten und Ratschläge darüber, wie man das kaum Überlebbare überlebt.
Beim Durchforsten der Regale in Buchhandlungen habe ich kein solches Buch gefunden. Also beschloß ich, es selbst zu schreiben.
Im *Chaostraining rund ums Kind* werdet ihr hier und da auf eine »Experten«-Stimme stoßen, aber meistens werdet ihr Geschichten anderer Mütter finden. Geschichten, die mir weitergeholfen und mich zum Lachen gebracht haben. Geschichten, die euch, so hoffe ich, vor Augen halten werden, daß ihr nicht allein seid, und euch ein paar nützliche Werkzeuge mit auf den Weg geben, um Mutterschaft ganz neu zu definieren.

Teil eins
Der Weg zur Mutterschaft

Kapitel 1
Aller Anfang

> Vielleicht werden sich die Hautabschürfungen vom Kokosteppich, die der Schwangerschaft vorausgingen, am Ende doch gelohnt haben
>
> – *Vicky, neunundzwanzig*

Die Erkenntnis, daß ich rundum schwanger war, zog wie ein Sommergewitter herauf. Die ersten wolkenähnlichen Symptome schienen recht harmlos: Ich erwachte eines Morgens mit schmerzenden Brüsten. Einige Tage später kam mir in der Armenküche im spanischen Valencia, wo ich bei Freunden wohnte, die Paella wieder hoch. Die Nonnen gaben mir Erdbeerjoghurt, weil ich so blaß aussah, doch selbst als ich den erbrach, war ich mir nicht hundert Prozent sicher. Vielleicht litt ich ja an einem obskuren, langwierigen Fall von Lebensmittelvergiftung.

Es dauerte einige Wochen, bis mein Leugnungsreflex allmählich erlahmte. Ich begann, kleine Kinder im Park anzustarren und das Gesicht meines Freundes mit neuem, prüfendem Blick zu mustern – wie würden sich unsere Züge mischen? Ich ging nun gar nicht mehr in die Armenküche und verbrachte die Abende auf unserer Terrasse. Dort saß ich und zählte die Tage zurück bis zu meiner letzten Periode, biß mir auf die Unterlippe, rang damit, wenigstens ein Glas Wasser im Magen zu behalten, und betrachtete den Himmel, der vor Regenwolken immer schwärzer zu werden schien. Der Sturm würde kommen, so viel stand fest, doch die Einzelheiten schienen wichtig. Hatte meine letzte Regel am Tag, als wir Mallorca verließen, eingesetzt oder am Tag unserer Ankunft? Hatte ich wirklich immer ein B-Körbchen getragen, oder war es nicht schon immer ein C-Körbchen gewesen? Und konnte ich in jener Nacht schwanger geworden sein? Oder war es in dieser anderen Nacht? Vielleicht hatte sich meine Periode einfach ohne Grund verspätet.

Während ich dasaß und meinen Gedanken nachhing, war die kleine Masse von Zellen, die dereinst meine Tochter sein würde, damit beschäftigt, sich zu teilen, nochmals zu teilen und sich in meiner Gebärmutterwand einzunisten, wo sie neun verwirrende, Übelkeit erregende Monate verweilen würde.

Ich habe nicht sehr lange über mögliche Alternativen nachgedacht. Ich wußte zwar nicht genau warum, aber ich wollte ein Baby haben. Ich würde das Gewitter abwarten und aufs Beste hoffen.

Vielleicht liegt's ja nur an mir. Ihr wußtet vielleicht, warum ihr Mama werden wolltet. Ich weiß nur, daß ich mir immer vorgestellt hatte, einmal ein Kind zu haben, und dann war ich plötzlich schwanger – »so etwa fünf Minuten, nachdem ich die Pille abgesetzt hatte«, wie meine Freundin Molly sagt –, und es fühlte sich ganz okay an. Ausgezeichnet sogar.

Ob am Beginn eurer langen, seltsamen Reise zur Mutterschaft ein »Scheiße, das Kondom ist geplatzt, Schatz«, jahrelanges Planen, Timing und Probieren oder ein Inserat im *Rolling Stone:* »Zur Adoption gesucht ...« stand – nach dem Schwangerschaftstest oder dem morgendlichen Erbrechen oder dem Anruf, der zugleich beängstigend und surreal und aufregend ist, sind wir alle demselben Sturm ausgesetzt – wir versuchen, uns auf den Zauber zu konzentrieren, aber der Gedanke an das Chaotische und Nervige der ganzen Prozedur läßt uns nicht los. Wir fragen uns, ob wir wirklich reif dafür sind, ob wir jetzt *erwachsen* sein müssen, ob wir damit fertig werden, *neun Monate lang* schwanger zu sein oder die Schwangerschaft einer Leihmutter abzuwarten. Wir fragen uns, ob wir auch wirklich gute Mamas sein werden oder ob wir einfach nicht mehr alle Tassen im Schrank haben.

Ich würde euch gern sagen, daß diese gemischten Gefühle mit

der Zeit zusammenströmen und sich in einen Fluß vollkommener Zufriedenheit ergießen, aber das kann ich nicht. Ich kann euch nur eins sagen: Die Antwort auf all diese Fragen ist wahrscheinlich »ja«, und solange ihr nicht vergeßt, während der Schwangerschaft, der Entbindung und der jahrelangen, so hingebungsvollen Sorge für eure Kinder eure eigene Seele zu pflegen, wird das Gefühl der Reue nur flüchtig sein. Nachdem alles gebrüllt und getan ist, wird euer Leben ein wenig cooler und sehr viel interessanter sein.

Bist du bereit fürs Mamatum?

Ist das überhaupt irgend jemand? Nicht wirklich. Aber einige von uns müssen etwas mehr daran arbeiten als andere. Nur um euch zu ärgern, habe ich ein kleines Quiz vorbereitet, damit ihr euer Mamapotential besser analysieren und all eure Sorgen schwinden (oder bestätigt) sehen könnt. Ihr braucht für diesen Test nicht zu büffeln, und nein, ihr müßt auch keinen bestimmten Stift benutzen. Vervollständigt einfach die folgenden Sätze mit der zutreffendsten Antwort.

1. Acht Stunden Schönheitsschlaf sind:
a. eine Notwendigkeit.
b. ein Segen.
c. völlig überflüssig; zwei oder drei Stunden am Stück reichen vollkommen.

2. Schildkröten, Nagetiere und Eidechsen gehören:
a. in die freie Natur.
b. in Käfige.
c. ins Haus, wo sie mit dem Rest der Familie frei herumlaufen.

3. Kinder sollte man:
a. weder sehen noch hören.

b. sehen, aber nicht hören.
c. sehen und hören und ernst nehmen.

4. Bei der Vorstellung, am Elternabend auf einem dieser winzigen Stühle zu sitzen:
a. erstarrst du vor Schreck.
b. bist du verwirrt; warum ist der Stuhl so winzig?
c. fühlst du dich ein bißchen high mit Rückblenden in deine Grundschulzeit, aber immer noch funktionstüchtig.

5. Bist du bereit, von deiner Mutter als »Oma« zu sprechen und von dem Typ, mit dem du geschlafen hast, als »dein Vater«?
a. Nie und nimmer; lieber würdest du sterben.
b. Nein, aber du könntest dich vielleicht mit »Nana« und »Papa« oder ähnlich annähernden Ausdrücken anfreunden.
c. Warum nicht?

6. Bei der Aussicht, demnächst 10 bis 20 kg zuzunehmen und nur etwa die Hälfte davon wieder abzunehmen, würdest du:
a. dich umbringen.
b. sofort zu den Weight Watchers rennen.
c. dich freuen, wie eine Göttin auszusehen.

7. Es ist 8 Uhr früh: Das Telefon klingelt, ein Baby schreit, ein leichter Duft von Scheiße liegt in der Luft, Barney Bär singt laut und schrill, und mitten im Zimmer wiederholt ein Spielzeugroboter unablässig »suchen und zerstören, suchen und zerstören ...« Du bist:
a. im Krankenwagen auf dem Weg in die Psychiatrie.
b. dabei, hin und her zu laufen und vor dich hin zu murmeln: »Ich krieg das schon hin ...«
c. in deinem Element und am Lachen.

8. Pat Robertson ist:
   a. Gott.
   b. der Teufel.
   c. irgendein Trottel, der einen Braß auf seine Mutter hat.

9. Ein sauberes, ordentliches Zuhause ist ein Zeichen von:
   a. geistiger und emotionaler Reinheit.
   b. einer Menge Hausarbeit übers Wochenende.
   c. einem verkorksten Innenleben.

10. Das Wort »erweitern« bezieht sich auf:
   a. das, was deine Pupillen unter dem Einfluß bestimmter Rauschdrogen tun.
   b. die Absichten der NATO in Richtung Osten.
   c. die zukünftige Tätigkeit deines Gebärmutterhalses.

11. Wenn du Kinderlachen hörst, bist du:
   a. verärgert – was fällt denen ein, in dieser vermurksten Welt so glücklich zu sein?
   b. ein nostalgisches Wrack – welche Unschuld …
   c. froh und lächelst.

12. Dein Kind liegt schreiend, tretend und zuckend auf dem Fliesenboden. Du sagst mit größter Wahrscheinlichkeit:
   a. »Halt's Maul und sitz still, du kleines Miststück.«
   b. »Hör auf, du machst mich absolut wahnsinnig.«
   c. »Ich verfrachte dich jetzt auf den Teppich, damit du dir nicht am Kopf weh tust.«

Punkteverteilung: Gebt euch für jedes C 10 Punkte und für jedes B 5 Punkte. A-Antworten bringen nichts ein, aber ihr kriegt 5 Bonuspunkte, wenn ihr bereits den Unterschied zwischen »Abba« und »Wawa« kennt. Zählt eure Punkte nun zusammen.

100–125 Punkte:	Du bist spitze. Bist du sicher, daß du nicht schon Mutter von sechs Kindern bist?
60–95 Punkte:	Du bist dafür prädestiniert, Freundin. Mach dir keine Sorgen wegen der paar rauhen Kanten. Du bist auf dem besten Weg, eine fabelhafte Mamafrau zu werden.
30–55 Punkte:	Na schön, du bist eher eine Flickwerkmama. Nein, ehrlich, das Potential ist da, aber wir haben noch etwas Arbeit vor uns – mach dich auf eine Wandlung gefaßt.
10–25 Punkte:	Äh, hast du schon über mögliche Alternativen nachgedacht? Wenn du von der Mutterschaftskiste partout nicht abzubringen bist, empfiehlt es sich vielleicht, in eine Therapie zu investieren (oder eventuell in ein Kindermädchen).
Unter 10 Punkten:	Urg! Deine Ängste sind berechtigt. Halt. Tu's nicht! Schieb das Kind deiner Schwester unter, wenn's denn sein muß.

In der Annahme, daß ihr fürs Mamatum bereit seid (bzw., wie die meisten von uns, total in Panik seid und wie der Teufel betet), fasse ich für euch kurz zusammen, was euch erwartet, wenn ihr demnächst einen Mieter im Leib habt. Wenn auch das nicht genügt, gibt es eine erstaunliche Anzahl von Handbüchern über Schwangerschaft auf dem Markt mit Hunderten von Seiten von Informationen. Ich hatte das zweifelhafte Vergnügen, etwa zwei Dutzend solcher Ratgeber zu lesen – die meisten haben etwa 300 Seiten, enthalten Schnappschüsse aus den siebziger Jahren von schwangeren weißen

Frauen mit ihren Partnern (und mit oder ohne Köpfen, die aus ihrer Vagina herauslugen), und bieten ganz gute medizinische und physische Informationen über alles von der Embryoentwicklung bis zur postnatalen Depression. (Eine Auswahl von Lektüre zum Weiterlesen findet ihr in »Überlebensnotizen«.) Da ich jedoch nur ein paar Dutzend Seiten zur Verfügung habe, überspringen wir die Schnappschüsse und konzentrieren uns auf die Highlights.

Warten auf eine Adoption

Wenn du vorhast, ein Baby zu adoptieren, ersparst du dir vielleicht die physische Hölle einer Schwangerschaft, aber die Vorfreude und die Ungewißheit können genauso einzigartig sein. Ohne die direkte Tuchfühlung mit dem Baby in deinem Bauch mag es schwierig sein, die Realität deiner bevorstehenden Mutterschaft zu erfassen, und ohne den sichtbaren Wink für deine vielen, manchmal ratlosen Freunde und Bekannten kann es schwierig sein, alle davon zu überzeugen, daß *sich hier in der Tat einiges gewaltig verändern wird.* Wie eine Mama mir sagte: »Man wird eine Baby-Party* für dich schmeißen, wenn du schwanger bist – obwohl jeder weiß, daß zwischen heute und dem Tag deiner Niederkunft sonstwas passieren könnte – aber wenn du eine Schwangerschaft durchmachst, die körperlich nicht deine eigene ist, nehmen die Leute eher eine Erst-mal-abwarten-Haltung ein.«
Natürlich weiß man bei einer Adoption nie, wie die Sache ausgeht. Ich kenne Familien, die von ihren neuen Kindern erst wenige Stunden, bevor sie sie mit nach

* »baby shower« – in den USA übliches Fest, bei dem die werdende Mutter Ausstattung fürs Kind geschenkt kriegt – A. d. Ü.

Hause nahmen, erfuhren, und Familien, deren Leihmütter es sich anders überlegten. All das kann enormen Streß mit sich bringen. Es ist daher wichtig, daß wir uns während der ganzen Prozedur selbst gute Mütter sind.
Eine Mama, mit der ich gesprochen habe, hat vier Kinder adoptiert und sagt, sie sei beim ersten sehr nervös gewesen, habe aber allmählich erkannt, daß viele ihrer Ängste von außen kamen. »Meine Eltern und die Eltern meines Mannes haben sich immer viel mehr Sorgen gemacht als wir. Das Leben ist nun mal ungewiß. Ich könnte heute von einem Laster überrollt werden, und doch steh' ich auf und erledige meine Geschäfte und denk' nicht an so was. Wenn ich pausenlos denken würde: ›Oh mein Gott, ich werd' heut bestimmt von einem Laster überrollt‹, würde ich natürlich total durchdrehen. Wenn ich während der Schwangerschaft meiner Leihmutter immer nur denke: ›Sie überlegt's sich bestimmt anders‹, wäre damit niemandem gedient. Die Chance, daß das eintritt, ist sogar ziemlich gering.«
Viele Mamas finden, während sie auf eine Adoption warten, auch Zeit, ihre Situation gründlich zu verarbeiten (wenn ihr das Wort aus der Krisenbewältigungskultur entschuldigt). Manchmal müssen wir einen Trauerprozeß durchleben, weil wir keine Kinder haben können, die unserem eigenen Körper entspringen.
Wir müssen uns auch mit anderen Mamas, die im selben Boot sitzen, kurzschließen. »Macht euch all die wunderbaren Informationsquellen und Netzwerke zunutze, die es zum Thema Adoption gibt«, schlägt Luca vor, die ihre beiden Kinder adoptiert hat. »Ihr könnt auf Konferenzen gehen, Leute kennenlernen und die vielen unglaublichen Bücher und Informationsmaterialien lesen, die über Adoption geschrieben wurden.«

Als Luca ein Inserat im *Rolling Stone* aufgab, mußte sie Unmengen von Anrufen bewältigen, aber, sagte sie: »Ich hab' mich in Leihmütter als Personengruppe verliebt.« Nachdem sie und ihr Mann schließlich ihre Leihmutter gefunden hatten, lud das Paar die junge Frau ein, bei ihnen zu wohnen, um die zweite Hälfte ihrer Schwangerschaft in ihrer Nähe zu verbringen. »Wir waren zuweilen etwas betreten«, räumt Luca ein. »Aber die Erfahrung hat uns auf jeden Fall zusammengeschweißt. Einmal fragte sie uns, was wir tun würden, wenn sie es sich anders überlegte, und wir sagten, so ehrlich wir konnten: ›Na ja, wir wären sehr traurig, aber wir würden deine Entscheidung respektieren.‹«

Die Leihmütter von Lucas Kindern kommen heute gelegentlich zu Besuch, und Luca beschreibt die Beziehung als »überraschend phantastisch.«

Mamas, die von Frauen adoptieren, die sie nicht kennen, oder von Frauen, die lieber nicht direkt mit der Familie zu tun haben wollen, haben andere Erfahrungen. Aber wie eine Adoptivmama es ausdrückt: »Wenn wir es uns erst mal aus dem Kopf geschlagen haben, daß unsere Familie genauso sein muß wie irgendeine andere – z. B. genau wie eine biologische Kleinfamilie oder genau wie eine Familie, die eine offene Adoption vorgenommen hat –, eröffnet sich uns eine ganz neue Welt. Dies ist mein Kind. Mein Körper hat es zwar nicht geboren, aber glaub mir, meine Seele hat Schwangerschaftsstreifen.«

Dein Körper wird zur Wohnung

Schwangerschaft und Geburt sind, soweit mir zu Ohren gekommen ist, schon mit fast jedem schöpferischen Akt auf diesem Planeten verglichen worden. Autoren sagen, ein Buch zu schreiben sei wie ein Kind austragen; Bildhauer sagen, einen Bronzeguß anzufertigen sei wie eine Entbindung; Oscar-Preisträger vergleichen diejenigen, die ihnen bei ihrem Film geholfen haben, mit Hebammen; und Maler sprechen von ihrem kreativen Prozeß wie von einer Schwangerschaft. Ich fühle mich daher verpflichtet, alle Künstlerinnen und Autorinnen unter euch zukünftigen Mamas zu warnen: Was euch erwartet, ist *keine* Erfahrung, die ihr schon kennt. Abgesehen von der Tatsache, daß ihr aus nichts etwas formt, ist die Buch-als-Schwangerschaft- (oder Bronzeguß-als-Schwangerschaft- oder Neoimpressionistisches-Gemälde-als-Schwangerschaft-)Metapher völlig daneben. Ich hämmere schon seit über drei Monaten an der Niederschrift dieses Buches und habe mich noch kein einziges Mal übergeben. Um ganz sicher zu sein, habe ich ein paar andere Schreibende und Künstlerinnen, die ich kenne, angerufen. Klar, auch sie hätten die Metapher schon benutzt, aber keiner von ihnen fielen irgendwelche tatsächlichen Ähnlichkeiten ein. Das kommt daher, weil in der Realität nur sehr wenige Kunstprojekte Brechreiz oder Schwangerschaftsstreifen verursachen, deine Haarstruktur verändern, Heißhunger auf Eiscreme und Ekel vor Eiern in dir hervorrufen oder dich zu der Frage veranlassen, ob du jemals wieder derselbe Mensch sein wirst.

Schwanger sein ist eher wie an Malaria oder Wurmbefall erkranken.

Als meine Schwester und ich in Hongkong lebten, kannten wir eine Schottin, die nach einigen Monaten auf der Insel plötzlich überzeugt war, sich irgendeine gefürchtete Krankheit zugezogen zu haben, die im Südchinesischen Meer lauerte. Da sie ebenso überzeugt war, daß ein Arzt in Hongkong ihr Leiden niemals behandeln könne, flog unsere Freundin nach London, um einen Spezialisten für Tropenkrankheiten aufzusuchen. Die britischen Ärzte mußten nicht allzu viele Tests durchführen, ehe sie ihr mitteilen konnten, daß sie, natürlich, schwanger war.

Alice Walker beschrieb ihre Schwangerschaft 1969 folgendermaßen: »Die ersten drei Monate erbrach ich mich. In den mittleren dreien fühlte ich mich prächtig und flog nach Mexiko, um dort Ruinen zu besichtigen. In den letzten dreien war ich mit knapp 80 Kilo so dick, daß ich wie jemand anders aussah, was mir sehr mißfiel.« Und das ist ein recht zutreffendes Resümee.
Jede Frau hat ihr Lieblingsdrittel. Meine Freundin Dionne bevorzugte das erste: »Ich wußte, daß da etwas in mir war, das sonst niemand sehen konnte, wie ein mystisches Geheimnis.« Die beliebtesten drei Monate sind die mittleren, wenn der Sturm des Gefühlschaos und der Übelkeit des ersten Schwangerschaftsdrittels sich gelegt hat, dein Bauch auf mysteriöse Weise verheißungsvoll zu wachsen beginnt und der Sex am besten ist. Einigen Frauen, mit denen ich gesprochen habe, waren die letzten drei Monate am liebsten. »Jeder Teil meines Körpers war so voll«, sagte eine Frau, »daß ich mir wie ein kleines Mädchen vorkam, das sich auf Weihnachten freut. Jeden Tag dachte ich *Ist heute der Tag?* Und ich achtete genau auf alles, was passierte, so daß ich meinem Sohn würde sagen können: *Das passierte an dem Tag, an dem du geboren wurdest – unser Pflaumenbaum bog sich unter der Last der Früchte, oder ich hatte eine Autopanne, oder eine alte Frau auf dem Markt hat mir gesagt, du würdest groß werden und schöne Augenbrauen haben.«*

Die Hip-Mama-Grundausbildung

Egal, welche Aspekte deiner Schwangerschaft dir am Ende die liebsten sind und bei welchen du am liebsten losrennen und -schreien würdest, um die Uhr zurückzudrehen und das verdammte Kondom durch ein zweites zu verstärken – von dem Moment an, da du erfährst, daß du schwanger bist, betrachte dich als zur Hip-Mama-Grundausbildung eingezogen. Wir beginnen damit, wie du mit deinem Körper umgehst.

Wenn du so bist wie ich und dich bereits täglich daran erinnern mußt, daß frau nicht allein von Cola und Lakritze leben kann, dann könnte die Gewöhnung an gesunde Ernährung etwa so leicht sein wie das Unterfangen, dich an jedem Tag der Woche um 7 Uhr früh zum Zahnarzttermin zu schleppen. Aber es *ist* machbar. Meine Psychologin-Freundin sagt, man braucht zwei Wochen, um mit einer alten Gewohnheit zu brechen, und achtundzwanzig Tage, um eine neue zu beginnen; das heißt, nach diesem mühsamen ersten Monat bist du vielleicht schon gesundheitssüchtig.

Ganz allgemein gilt, daß du äußerst vorsichtig damit sein mußt, was du deinem Körper in den ersten drei Monaten deiner Schwangerschaft (im ersten Trimenon, wie der Fachausdruck heißt) zuführst. In dieser Zeit »bildet« sich der Embryo »aus«, d. h. die winzigen Körperteile des Babys entwikkeln sich. Wenn sich dein Bauch abzeichnet, bist du in der »Wachstums«phase, in der der Fetus nur noch groß und kräftig zu werden braucht. Wenn du feststellst, daß du schwanger bist, verlier nicht allzu viel Zeit mit Ausrasten darüber, was du vielleicht schon in deinen Organismus hineingeschüttet hast, bevor dir klar war, daß du dein werdendes Baby beherbergst. Sprich mit deiner Hebamme, falls du dir ernsthafte Sorgen machst, aber konzentriere dich auf das Hier und Jetzt. Das wichtigste ist, auf gesunde, ausgewogene Ernährung zu achten und natürliche sowie unnatürliche Giftstoffe zu meiden. Klär mit deiner Ärztin oder Hebamme ab, ob du vor der Geburt Vitamine plus Eisen (man hat schnell eine Anämie) und Vitamin E (kann deiner Haut helfen) zu dir nehmen solltest.

Als ich schwanger war, habe ich einiges von dem konsumiert, vor dem ich euch jetzt warnen will, wie es auch manche der Frauen getan haben, die für dieses Buch interviewt wurden.

DIE NORMALE SCHWANGERSCHAFT

Die durchschnittliche Schwangerschaftdauer beträgt 40 Wochen bzw. 9 Monate oder 10 Monde, je nachdem, wie du sie berechnest. Nun wird jede Frau mit dieser hormonell aufgewühlten Zeit auf ihre Weise fertig, aber wenn deine Stimmungsschwankungen etwa so aussehen, kommst du doch ziemlich nah an »NORMAL« heran… Was immer das heißen mag.

4. WOCHE
Panik. Großer Gott. Ist es das jetzt? Das ist es. Ogottogott. Ich überleg's mir anders. Nein. Ich mein', ich muß mal kotzen.

8. WOCHE
Sag Boß und Partner, sie sind Arschlöcher. Kotz. Kauf BHs. Ertapp dich dabei, wie du im Park Kinder anstarrst.

12. WOCHE
Sag allen Bescheid. Merke, daß alle es bereits geahnt hatten. Bilde dir ein, du könntest den Herzschlag des Babys hören.

16. WOCHE
Lies, daß Embryos auf Mamas Emotionen reagieren. Zwing dich, »positiv zu denken«.

20. WOCHE
Positiv denken funktioniert. Fühl dich ekstatisch (bis auf periodische mitternächtliche Panikanfälle). Beschließe, Kind Elvis zu nennen.

24. WOCHE
Hab Sex. Näh fetziges kleine Outfit für Baby. Organisiere »Schwangere-Mädels-für-Abtreibung«-Kundgebung.

28. WOCHE
Kauf noch mehr BHs. Schwöre, daß deine Milch schon in die Brust einschießt. Sieh dir die Nachrichten an und heule. Sieh dir *Beverly Hills* an und heule.

32. WOCHE
Frag dich, ob diese letzte Periode tatsächlich eine Periode war – phantasiere, daß du schon in der 40. Woche bist.

36. WOCHE
Schreib an Gesetzgeber böse Briefe über Frieden und Erziehung. Mal dir aus, ewig schwanger zu sein.

40. WOCHE
Fang an, dich wie ein perfekter Nestbau-Freak zu benehmen. Drohe, einige Männer, die du kennst, umzubringen. Die Wehen beginnen – endlich.

Ich sage das nicht, weil ich die Risiken herunterspielen will, sondern weil ich über den Ängstepegel vieler Mamas besorgt bin. Wenn du beispielsweise an einem Nachmittag ein paar Bier kippst, nimm's am besten einfach hin, und denk nicht weiter drüber nach. Wenn du dich allerdings jeden Abend zulaufen läßt, brauchst du Hilfe. Sobald du eine Schwangerschaft ins Auge faßt, verlierst du das Recht, selbstzerstörerisch zu sein. Dieses spezielle Recht bekommst du, nebenbei bemerkt, nie wieder zurück. Es war ein Privileg der Jugend – streich es aus deinem Hirn. Nun also zu den Verbrauchsgütern, die zu meiden sind, solange du einen Mieter im Leib hast.

Die Grundregeln für deine Schwangerschaft

- Sorg für ausgewogene Ernährung.
- Sieh zu, daß du für die Schwangerenvorsorge regelmäßig Termine beim Arzt bzw. der Hebamme vereinbarst und einhältst.
- Entspann dich so oft wie möglich und sorg für ausreichenden Schlaf.
- Meide Impfungen, Röntgenaufnahmen und alle medizinisch nicht notwendigen Medikamente.
- Laß dir keine neuen Piercings unterhalb der Halslinie machen.
- Hände weg von Katzenstreu. (Katzenkot kann mit Toxoplasmose infiziert sein, einer Krankheit, die deinen Fetus gefährdet.)
- Bleib aktiv. Klär mit deiner Ärztin oder Hebamme ab, was für Bewegungsübungen du machen solltest, aber Aktivitäten ohne großen Kraftaufwand wie Spazierengehen, Tanzen und Schwimmen sind immer gut.
- Trag den Sitzgurt tief.

- Treib dich nicht mit Leuten rum, bei denen du dich beschissen fühlst.
- Lies nicht *Sofies Welt.* (Dieser letzte Tip stammt von meiner Mutter, die mir, als ich im fünften Monat war, tatsächlich ein Telegramm schickte mit folgendem Wortlaut: »Lies nicht Sofies Welt. STOP. Ruf deine Mutter an. STOP.«)

- **Lebensmittel, die schimmelig oder sonstwie unangenehm riechen:** Iß nichts, was dich vom Geruch her abstößt. Schwangere haben einen von Natur aus verstärkten Geruchssinn, um Giftstoffe in Nahrungsmitteln aufzuspüren. Wenn etwas für dich nicht frisch riecht, laß dir von niemandem einreden, du seist übergeschnappt. Dieser »faule« oder schimmelige Geruch sollte ein rotes Warnlicht sein.

- **Kaffee, Tee und sodahaltige Getränke:** Wenn du unbedingt Kaffee, Tee, Kräutertee oder Cola trinken mußt, solltest du die Mengen, die du trinkst, strikt einschränken, besonders während der ersten drei Monate. All das Koffein und alle sonstigen natürlichen Toxine machen dich – und dein Baby – nur krank.

- **Alkohol:** Alkoholgenuß kann zu ernsthaften angeborenen Schädigungen und Behinderungen führen und ist für Tausende von Fällen von Alkohol-Embryopathie jedes Jahr verantwortlich. Es gibt keine festgesetzte tägliche Alkoholdosis, die Schwangere unbedenklich zu sich nehmen können, doch Studien zufolge erhöht mehr als ein Drink pro Tag das Risiko einer leichten bis schwerwiegenden geistigen Behinderung.

- **Zigaretten:** Ich könnte dieses ganze Buch mit Gründen füllen, warum Rauchen während der Schwangerschaft nicht zu empfehlen ist, aber ich beschränke mich auf die wesentlichen: Babys von Raucherinnen sind leichter und kommen früher zur Welt. Rauchen belastet Plazenta und Embryo mit Unmengen von Giftstoffen und ruft beim Fetus Angstgefühle hervor. Rauchen beeinträchtigt deinen Geruchs- und Geschmackssinn, die dir ansonsten bei der Erkennung verdorbener Nahrung helfen würden. Und Rauchen entzieht deinem Blut Vitamin C. Darüber hinaus nimmt das geborene Baby das Nikotin über die Brustmilch auf und wird so nikotinsüchtig. Wenn du rauchst, hör auf damit. Reduziere zuallermindest deinen Zigarettenkonsum drastisch, nimm zusätzlich Vitamin C zu dir und besorg dir ein Exemplar von Margie Profets *Protecting Your Baby-to-Be*, um dich umfassend darüber zu informieren, welche Lebensmittel du meiden würdest, wenn du nur riechen könntest.

- **Medikamente:** Nimm nur Medikamente, die medizinisch notwendig sind, und falls du Arzneien verschrieben bekommst (einschließlich Antibiotika), sag deinem/r Arzt/Ärztin, daß du schwanger bist. Verlang nach einer aktuellen Liste von frei verkäuflichen Medikamenten, die als unbedenklich für Schwangere gelten. Nein, du solltest kein Aspirin nehmen – das einzige, wovon du sparsamen Gebrauch machen kannst, ist Paracetamol (aber nur, wenn es *absolut notwendig* ist). Wenn du eine durch Allergie oder Erkältung verstopfte Nase hast, solltest du nur homöopathische Mittel oder eine Kochsalzlösung nehmen.

- **Drogen:** Muß ich dir sagen, daß du nicht kiffen, nicht koksen, keine Trips schmeißen und auch sonst keine Rauschdrogen nehmen darfst, wenn du schwanger bist? Wenn du drogenabhängig bist, laß dich sofort behandeln, und sprich mit deiner Ärztin oder Hebamme über die Gefahr, der du deinen Embryo womöglich schon ausgesetzt hast. Illegale Drogen sind besonders gefährlich, weil man nie genau weiß, was alles drin ist (hier ein bißchen Körperpuder, dort ein bißchen Batteriesäure). Wenn du von harten Drogen abhängig bist, kommt dein Baby süchtig zur Welt und wird einen Entzug durchmachen. Das Jugendamt wird dir dein Kind wahrscheinlich wegnehmen. Wenn du regelmäßig Drogen nimmst und noch nicht schwanger bist, sprich mit deiner Hebamme, bevor du eine Empfängnis anstrebst. Das ist eine ernste Angelegenheit. Mach keinen Mist.

Das erste Schwangerschaftsdrittel

Nia nennt ihre Ausflüge zum Supermarkt »Horrortrips«. Während sie sich, den Einkaufswagen fest umklammert, durch endlose Gänge Übelkeit erregender Lebensmittel kämpft, erscheint ihr die Vorstellung, die Fleischabteilung tatsächlich hinter sich zu bringen und sich zur Kasse durchzuwühlen, wie eine kolossale Prüfung. Schließlich schafft sie es, den Laden mit ihrer kleinen Tüte Lebensmittel zu verlassen, klettert erschöpft in den Bus, und just in dem Moment, da sie sich vorne hinsetzt, erbricht sie sich in ihre Handtasche. Nia ist (a) blau wie ein Veilchen, (b) Opfer einer schweren Supermarktphobie und braucht ärztliche Hilfe, oder (c) in den ersten drei Monaten ihrer Schwangerschaft. Ihr kennt die Antwort. Wie eine frisch schwangere Freundin von mir es ausdrückt: »Bei mir ist es immer morgens.«

Während du herauszufinden versuchst, ob du eine Tropenkrankheit hast und ob sie tödlich verläuft, und darüber ausflippst, warum es »Morgen«übelkeit heißt, wo es morgens, mittags und nachts passiert, ist dein werdendes Baby ein rühriges Bündel von Zellen. Beinahe jede Woche wächst deinem Fetus – oder Embryo, wie er in der Phase der Organentwicklung genannt wird – ein neues lebenswichtiges Organ. Es beginnt mit einem Herzschlag, und von da an geht's bergauf. Dennoch ist dein zukünftiges Baby, selbst nach all dieser Aktivität, nur so groß und so schwer wie ein Mini-Marsriegel.

Was bildet sich aus?

3. Woche	Rückenmark und Nervensystem
4. Woche	Leber, Magen, Eingeweide, Lungen
5. Woche	Arme und Beine
6. Woche	Diaphragma (nein, das ist keine Methode zur Empfängnisverhütung, sondern das Zwerchfell)
7. Woche	meßbare Gehirnstromwellen, und das Geschlecht des Embryos wird sichtbar (hmmmm … ob da ein Zusammenhang besteht?)
8.–9. Woche	Gesicht
10. Woche	Kommunikation zwischen Muskeln und Gehirn
11. Woche	Stimmbänder

In den ersten drei Monaten deiner Schwangerschaft nimmst du vermutlich nur etwa drei oder vier Pfund zu, aber du wirst feststellen, daß du langsam Alanis Morissette zu verstehen beginnst, wenn sie singt: »… ich fühl' mich beschwipst, doch ich bin nüchtern … ich bin traurig, doch ich lache … ich bin bei Verstand, doch ich bin überwältigt …« Füg ihrer Liste noch hinzu: *Ich bin müde, doch ich kann nicht schlafen … ich hab' Verstopfung, doch ich pinkle … mir ist schwindlig, und mir fließt der Speichel aus dem Mund.* Wundere dich nicht, wenn dein Appetit wächst, wenn du bizarre Eßgewohnheiten – Ekel vor diesem, Heißhunger auf jenes – entwickelst, wenn deine Brüste schmerzen, deine Brustwarzenhöfe dunkler werden und du von Sodbrennen, Verdauungsstörungen, Blähungen, Stimmungsschwankungen und Weinkrämpfen geplagt wirst. Ich weiß, das klingt alles nach einem Heidenspaß, aber betrachte es als eine dreimonatige Initiation. Der Rest dieses Initiationsritus ist nicht annähernd so schlimm – d. h. bis zur Geburt.

Das zweite Schwangerschaftsdrittel

Was soll ich sagen? Der Sex ist phantastisch. Du kannst nicht nur erwarten, total geil zu sein, sondern der Sex selbst ist umwerfend. Manche Frauen behaupten sogar, ihren ersten Orgasmus oder ersten Mehrfachorgasmus in diesem glorreichen Zeitabschnitt erlebt zu haben. Du kannst während deiner Schwangerschaft getrost so viel Sex haben, wie du willst, es sei denn, deine Hebamme sagt etwas anderes. Nur wirst du, während dein Umfang wächst, mit den Stellungen kreativer werden müssen, und mit der Missionarsstellung wirst du dich womöglich gar nicht erst abgeben wollen.

Starke Orgasmen können deine Wehen nur dann auslösen, wenn die Geburt unmittelbar bevorsteht, aber superintensive vibratorausgelöste Orgasmen können tatsächlich zu vorzeitigen Wehen führen – also sei vorsichtig mit dem Zauberstab. Auf analen Sex solltest du verzichten, da du ohnehin zu Hämorrhoiden neigst, wenn du in anderen Umständen bist.

Ich habe zwar schon ein paar Geschichten über Männer gehört, die schwangere Frauen nicht sexy finden. Aber gebt bitte nichts auf solchen Unsinn. Wenn dein Typ dich nicht umwerfend findet, braucht er eine Therapie, oder vielleicht sollte er sich einfach dort, wo der Pfeffer wächst, ins Knie fikken und dich in Ruhe lassen.

Und obwohl du dir keine Sorgen ums Schwangerwerden zu machen brauchst, ist Safer Sex doch immer ratsam, also besorg dir ein paar bunte Kondome und amüsier dich.
Was Aktivitäten außer Haus anbelangt, so wirst du dich um diese Zeit wahrscheinlich verzweifelt nach Schwangerenkleidung umschauen und feststellen, daß das meiste davon für angehende Mütter Beimer gemacht wurde. Wenn du nicht irgendwo eine etwas poppigere Boutique für Umstandsmode findest, können die Kleider, die sie Schwangeren anzudrehen versuchen, einem geradezu Gänsehaut über den Rücken jagen. Ich empfehle, ausgesprochene Umstandskleidung mit Ausnahme von Overalls, Stretchhosen und Jogginganzügen zu meiden und statt dessen Leggings und Riesen-T-Shirts zu wählen. Bequemlichkeit sollte das oberste Gebot sein, also sag allen, die über deine Garderobe lästern, sie sollen sich zum Teufel scheren.
Zu den weiteren verräterischen Zeichen des zweiten Schwangerschaftsdrittels zählen Ödeme (Anschwellen der Füße, Knöchel und Hände), Krampfadern, Gewichtszunahmen von ein bis drei Kilo pro Monat und (ja!) dein anschwellender Bauch. Nicht eingeweihten Bekannten werden allmählich die Augen aufgehen, worauf sie zögernd und zunächst ganz vorsichtig fragen werden. ... *bist du?* Ihre größte Sorge ist, daß du vielleicht antwortest: »Nee, ich trink' nur 'ne Menge Bier.« Wenn du diese Leute also nicht ausstehen kannst, kannst du dir jetzt einen kleinen Spaß erlauben, indem du sie noch ein paar Monate in blankem Entsetzen leben läßt.
Je nach deinen Genen und deinem Alter können jetzt Schwangerschaftsstreifen auf deinem Bauch, deinen Brüsten und deinen Beinen auftreten. Diese wunderbaren Zeichen können violett, weiß oder dunkelbraun sein, je nach deiner Hautfarbe, und werden mit der Zeit verblassen, bis sie fast durchsichtig sind. In der Kosmetikabteilung und in Ökoläden wird man dir teure Cremes und Lotionen zur Verhinderung von Schwangerschaftsstreifen verkaufen wollen, und

ich habe mit vielen gesprochen, die auf Vitamin-E-Öl und Kakaobutter schwören, aber das ist alles Humbug. Hautmassagen mit Öl können sehr angenehm und entspannend sein und gegen Juckreiz helfen, doch du kannst es ruhig akzeptieren: Wenn deine Haut zu Schwangerschaftsstreifen neigt, dann kriegst du sie.
Falls du ein Bauchnabelpiercing hast, solltest du den Ring entfernen, aber einen Brustwarzenring kannst du so lange tragen, wie es dir behagt. Die netten Leute von Body Manipulations in San Francisco raten ihren Kunden, »auf ihren Körper zu hören« und entsprechend zu handeln. Wenn du Ringe entfernen mußt, kannst du dir ein Monofilament (das ist ein kleines Stück Plastik-Angelschnur oder Chemie-Endlosgarn) durch das Loch ziehen lassen, damit es in der Zeit deiner Schwangerschaft nicht zuwächst. Auch wenn du deine Piercings nicht in einem renommierten Studio hast machen lassen, muß das Monofilament unbedingt in einem solchen ausgeführt werden – eine Infektion kannst du jetzt nicht gebrauchen. Klitoris- und Schamlippenringe müssen zwar nicht entfernt werden, bis die Wehen einsetzen, und können, rein technisch, gleich nach der Geburt des Babys wieder angebracht werden, aber ich würde sie lieber ziemlich früh rausnehmen und diese Piercings abschreiben. Da unten wird so viel Action stattfinden, daß man sich mit zusätzlichem Metall und weiteren Löchern lieber nicht herumplagen möchte. Du kannst sie dir nach beendeter Fortpflanzung ja wieder machen lassen – im Vergleich zu den Wehen wird dir der Schmerz eines neuen Piercings wie ein Klacks vorkommen.

Die Reaktion der anderen

Wenn du erzählst, daß du schwanger bist, sollte die allgemeine Reaktion »Herzlichen Glückwunsch!« sein. Je nach deinem Alter, Familienstand, Beruf und deiner Frisur kann es an der üblichen freudigen Aufregung in der Stimme von Freunden und Familienangehörigen mangeln. Statt dessen bekommst du vielleicht zu hören: »Oh mein Gott!« »Hast du dir wirklich überlegt ...« oder sogar »Wie konntest du!« Ich selbst habe keinen aufrichtigen Glückwunsch gehört, bis mir meine Großmutter, die Königin der Etikette, in meinem zweiten Schwangerschaftsdrittel eine Karte schickte.
Dein Chef und deine Partyfreundinnen werden sich vermutlich ein kleines bißchen im Stich gelassen fühlen. Deine Mutter wird wahrscheinlich einen leisen Groll hegen (»Ich bin zu jung, um Oma zu sein!«). Und nicht wenige lockere Bekannte werden die Probleme, die sie mit sich selbst haben, nur allzu bereitwillig auf dir abladen.
Doch egal, wie all diese Menschen auf die Nachricht reagieren, sag ihnen einfach erhobenen Hauptes: »›Herzlichen Glückwunsch‹ sind, glaub ich, die Worte, nach denen du suchst.«
Wenn wir schwanger werden, passiert etwas Komisches. Alle Welt glaubt auf einmal, sie könne ihre Nase in unsere Angelegenheiten stecken (bzw. ihre Finger in unseren Bauch pieksen) und alle möglichen Wertungen abgeben. Dieses merkwürdige und – wenn ihr mich fragt – ungehörige Benehmen setzt sich über unsere gesamte Laufbahn als Mama fort. Der beste Zeitpunkt, fürderhin auf die Meinung anderer zu pfeifen, ist also jetzt.

Das letzte Schwangerschaftsdrittel

Meiner Meinung nach sollten sich Frauen in den letzten drei Monaten vor allem dem Faulenzen, Tanzen, Tagträumen und dem Stillen jenes eigenartigen Nesttriebs widmen, der sie dazu zwingt, genug Lasagne für eine kleine Armee zu machen und den Küchenboden mit einer Zahnbürste zu schrubben. Die feministische Essayistin Alta erklärt das so: »Man hat Hemmungen, Kinder in die Welt zu setzen, ohne diese vorher etwas aufzupolieren. Einen besonderen Raum neu anzustreichen. Sexismus abzuschaffen. Lieben zu lernen.« Bei so vielen Dingen, die noch zu erledigen sind, tust du gut daran, allen unnötigen Kram von deinem Terminkalender zu streichen.

Selbst wenn du dir nicht freinehmen kannst, um den Sexismus abzuschaffen, wirst du genug zu tun haben mit Sodbrennen, Verdauungsstörungen, Blähungen, Verstopfung, Kopfweh, Kurzatmigkeit, Zahnfleischbluten, Rückenschmerzen oder auch Absonderung von Vormilch. Deine Brüste sowie dein Bauch werden bedeutend größer werden, und du wirst wahrscheinlich einen dickeren, weißlichen Scheidenausfluß bemerken. Wenn du das Gefühl hast, in deinem Innern geht alles drunter und drüber, dann weil sich deine Gebärmutter in deinem Körper breitmacht und alle anderen Organe ausweichen müssen. Du wirst auch oft pinkeln müssen, weil der Fetus auf deine Blase drückt.

Zu dieser Zeit solltest du deine/n Ärztin/ Arzt oder deine Hebamme etwa alle zwei Wochen aufsuchen und ausschließlich Umgang mit netten Leuten pflegen. In den letzten paar Wochen solltest du möglichst nicht arbeiten, da jede Aufgabe zu einer kolossalen Anstrengung ausarten kann – viele Mamas arbeiten allerdings bis zum letzten Augenblick.

Solange dein Arzt oder deine Hebamme dir keine vollkommene Bettruhe verordnet, kann Bewegung – wie spazierengehen und zu einer Kombination aus Folkrock und Hiphop tanzen – helfen, deinen Fetus daran zu erinnern, sich in die richtige Position zu bringen und bei der Einleitung deiner Wehen behilflich zu sein. Im Schlaf kannst du dich mit Kissen zwischen den Beinen und im Rücken abstützen. Verbring jeden Tag einige Zeit auf allen vieren (im Ernst!). Zu viel Sitzen beim Fahren, Arbeiten oder Faulenzen kann einen Fetus ermutigen, in Beckenendlage zu bleiben, was wiederum zu der gefürchteten und äußerst schmerzhaften Steißgeburt führt.

Was dein Fetus so treibt

12.–15. Woche	wächst bis zur Größe von ca. 13 cm heran und lutscht Daumen mit neu ausgebildeten Fingern, Zehen und Zahnpolsterkissen
16.–19. Woche	bewegt sich spürbar herum und tritt dir in den Bauch
20.–24. Woche	kriegt ein paar Haare auf den Kopf, greift mit den Händen, kann deinen Herzschlag, deine Stimme und einige Außengeräusche vernehmen wie Nina Hagens voll aufgedrehten *NunSexMonkRock*

Die Risikoschwangerschaft

Wenn du über fünfunddreißig oder unter zwanzig bist, eine Fehlgeburt und/oder mehrere Abtreibungen hinter dir hast, Gesundheitsprobleme hast oder sonstigen Risikofaktoren ausgesetzt warst, könnte deine Ärztin oder Hebamme deine Schwangerschaft als »Risikoschwangerschaft« einstufen. Dies

bedeutet lediglich, daß du während deiner Schwangerschaft unter etwas verschärfter ärztlicher Beobachtung stehen wirst und noch umsichtiger bei deiner Ernährung und Gymnastik sein mußt. Wenn du über fünfunddreißig bist, wird sich dein/e Geburtshelfer/in um angeborene Schädigungen bei deinem Kind sorgen und Tests, Tests und noch mal Tests empfehlen, insbesondere die Fruchtwasserpunktion.
Junge Mamas müssen auf Anämie, Bluthochdruck und Schwangerschaftstoxikose achten, was eher bei Teenagern vorkommt. Je jünger die Mutter, desto höher das Risiko von Frühgeburten und Babys mit geringem Geburtsgewicht. Diese Risiken sind auf den Umstand zurückzuführen, daß sich ein Teenager selbst noch im Wachstum befindet und mit größerer Wahrscheinlichkeit unterernährt ist. Das kann man umgehen, indem man tüchtig ißt. Und überhaupt, paßt gut auf euch auf, meine Damen.

Denk bitte daran: Die Chance, daß etwas schiefgeht, selbst wenn du einer Risikogruppe angehörst, ist sehr gering. Fehlgeburten in den ersten und Toxikose in den späteren Schwangerschaftsmonaten sind die häufigsten Probleme, doch sogar die kommen nur bei etwa 20 % der Schwangerschaften vor. Meine italienischen Ärzte stuften meine als Risikoschwangerschaft ein, weil sie mich für zu jung hielten, und später, weil sie meinten, ich nähme nicht genug zu. Sie machten ungefähr 50 Millionen Ultraschalluntersuchungen (okay, es waren vielleicht nur fünf) und erzählten mir ununterbrochen, wie schrecklich gestreßt ich sein müsse, aber alles ist gutgegangen, und es wird sicher auch bei dir gutgehen. Hauptsache, du hältst deine Termine vor der Geburt ein und sagst deiner Hebamme oder deinem Arzt Bescheid, wenn dich irgend etwas beunruhigt.

Fetale Entwicklung in letzter Minute

27.–28. Woche	Augen offen, bringt 2 bis 4 Pfund auf die Waage, Netzhaut kann Licht aufnehmen, Gehirn bildet Furchen und Einbuchtungen, Augenbrauen und Wimpern entwickeln sich
28.–39. Woche	wird dicker
39.–40. Woche	bringt sich in Position (mit Kopf nach unten, bleibt zu hoffen) für die Reise durch den Geburtskanal und in die Welt hinein.

Die Hip-Mama-Babyausstattung

»Ich werde mein Baby ganz in Schwarz kleiden«, sagt Anne Marie. »Sie wird supercool aussehen.«
Tatsächlich wird sie superschmuddelig aussehen. Es gibt einen Grund dafür, warum Babys weiß gekleidet werden. Vor allem ist es verdammt schwer, schwarze Windeln zu finden, ganz zu schweigen von schwarzen Stramplern. Aber der Hauptgrund ist, daß Babys sehr viel aufstoßen. Und das Aufgestoßene ist weiß.
Ich garantiere dir, daß du dir dein Leben bedeutend leichter machst, wenn du dich einfach an althergebrachte Weisheiten wie diese hältst:

- 8 weiße Hemdchen
- 2 weiße Strampler
- 3 Schlafanzüge in hellen Farben
- 3 Jäckchen in hellen Farben
- ein Dutzend weiße Moltontücher

Für Kreativität ist genug Raum. Mützen, Fäustlinge und Stiefelchen z. B. (vorausgesetzt, dein Baby trägt sie) können echt hip sein. Es gibt inzwischen schon viele Anbieter von unkonventioneller Babyausstattung. Besorg dir ein paar Mützen, zwei Paar Fäustlinge und Stiefelchen und was immer dein Herz begehrt. Stürz dich auch auf ein Bettdeckchen oder eine Wolldecke. Besorg dir ein paar Decken für Kinderbett oder Babytragetasche und Kinderwagen. Vergewissere dich, daß irgend jemand eine Baby-Party für dich schmeißt und daß die Einladungen einige Wochen vorher rausgehen. Wenn dies dein erstes Baby ist, kriegst du bei der Fete alles, was du brauchst. (Denk dran, alles aufzuheben. Bei zweiten und dritten Babys ist man nicht annähernd so freigebig.)

Meide am besten Kleider mit losen Bändern oder Schnüren, Oberteile mit Flatterärmeln oder Reißverschlüsse, die am Hals einengen. Ich muß dir wahrscheinlich nicht sagen, daß du auf Waschbarkeit und Weichheit achten sollst. Falls der Begriff »Trockenreinigung« je ein Bestandteil deines Wortschatzes war, kannst du ihn jetzt getrost daraus streichen. Wirf bei der Gelegenheit auch gleich dein Bügeleisen weg.

Sobald dein Kind eine hübsche kleine Garderobe hat, geht's weiter mit Windeln und Fläschchen. Wenn du die Stoffvariante wählst, brauchst du etwa sechs Dutzend Mullwindeln, sechs wasserdichte Windelhöschen und zwei Plastikeimer mit Deckeln – oder einen Windeldienst. Sonst besorgst du dir eine Großpackung Einwegwindeln und etwa ein Dutzend Mullwindeln. Wenn du mit dem Fläschchen fütterst, brauchst du um die fünfzehn Babyflaschen in verschiedenen Größen und ein Desinfektionsgerät. Wenn du stillst (was einfacher, billiger und gesünder ist), besorg dir zwei Saugflaschen und, besonders wenn du sofort wieder deine Arbeit aufnimmst, eine Brustpumpe.

Nun muß das Badezimmer ausgestattet werden. Ein paar weiche Babyhandtücher und -waschlappen, milde Babyseife,

Babylotion oder -öl, Wundsalbe, Babypuder, Wattebäusche, eine weiche Haarbürste und ein Baby-Nagelknipser müßten reichen.
Schließlich muß noch entschieden werden, wo dein Kind schlafen soll. Ich bin nicht unbedingt dafür, es sofort in eine Wiege zu stecken, aber es schadet bestimmt nicht, eine für später zu haben.
Wenn man nicht gerade im Geld schwimmt, sollten Babymöbel ausgeliehen oder aus zweiter Hand gekauft werden, ausgenommen der Kindersitz fürs Auto, der neu sein sollte. Wickeltische sind im Grunde nutzlos – Babys können runterfallen, und Windeln auf dem Boden zu wechseln ist kein großer Umstand – aber wenn's denn sein muß, besorg dir einen. Die meisten Babys, die ich kenne, haben in den ersten Monaten in einem Weidenkorb, einer Wiege oder einem großen alten Kinderwagen neben Mamas Bett geschlafen. Nachts landen sie dann irgendwann bei Mama im Bett. Meine Tochter hat in einem Kinderwagen geschlafen, der natürlich gleichzeitig zum Spazierenfahren diente und mir das Leben ein wenig erleichterte. Eine Freundin von mir sagte kürzlich, der Kinderwagen sei keine gute Idee – bei einem Erdbeben könnte er wegrollen. Das ist Paranoia. Aber bitte, wenn's die Mama glücklich macht …

Das Hip-Mama-Wohlfühlprogramm

Weiter zu den wichtigen Dingen: was *du* brauchen wirst. Sei realistisch. Du wirst keine Lust haben, um 2 Uhr morgens in die Nachtdienst-Apotheke oder zur nächsten Nachttankstelle zu rennen, um Stilleinlagen bzw. was zum Naschen zu kaufen. Plane also entsprechend. Ich schlage folgendes vor:

Alltagskleidung

- ein paar Jogginganzüge
- ein paar Flanellhemden, in denen du stillen kannst
- ein paar Riesen-T-Shirts
- Pantoffeln
- Socken
- Still-BHs
- genügend Unterwäsche

Frauenhygiene

- Stilleinlagen
- ein Vorrat von riesigen Damenbinden (schnapp dir nach Möglichkeit die großen aus dem Krankenhaus)
- Kondome (ja, Virginia, du kannst wieder schwanger werden)

Entspannungshilfen

- ein paar sanfte, aber nicht einschläfernde Kassetten, z. B. Tracy Chapman, Sweet Honey in the Rock, John Coltrane oder The Cranberries
- Badesalz
- ein paar kitschige/nostalgische Videos, die dich *nicht* zu Tränen rühren, wie z. B. die gesamte *Bonanza*-Reihe, die komplette Serie *Drei Mädchen und drei Jungen*, *Tank Girl* oder irgendein Bill-Murray-Streifen wie *Was ist mit Bob?*

Verbrauchsgüter

- soviel Bargeld wie möglich zwecks Kauf von Pizza und anderer Gerichte zum Mitnehmen
- eine Liste von Telefonnummern der örtlichen Restaurants mit kostenlosem Lieferservice
- einige Portionen Lasagne und ein paar Bottiche Hühnersuppe aus der Tiefkühltruhe, die du gemacht hast, als du im Nestbaumodus warst (neunter Monat deiner Schwangerschaft)

- dunkles Bier (solange du dich nicht mehr in der Genesungsphase befindest, zur Entspannung und Anregung der Milchproduktion)
- Paracetamol

Füg dieser Liste alles hinzu, was du brauchen kannst, um ein, zwei Wochen zu relaxen, und sieh zu, daß du alles um den siebten Monat herum bereit und vorrätig hast (außer dem Tiefkühlproviant). Aber mach dir bitte keinen Streß wegen deiner Babyausstattung oder deinem Wohlfühlprogramm. Wenn du echte Freunde hast, werden sie dich gleich nach der Entbindung anrufen und fragen, ob du irgendwas brauchst. Bitte sie, dir Essen zum Einfrieren zu bringen, vorbeizukommen und zu kochen, die Küche aufzuräumen oder sonst was Notwendiges für dich zu tun. Diese Menschen rufen nicht aus Höflichkeit an – sie wollen wirklich vorbeikommen und dein hinreißendes Baby sehen. Benutze sie. Die Begeisterung klingt allzu rasch wieder ab.

Vorbeugendes Familienrecht

Aus irgendeinem Grunde glauben viele, sie brauchten sich keine Gedanken um Familienrecht zu machen, bis sie mitten in einer Krise stecken. Du solltest jedoch nicht warten, bis dir jemand das Sorgerecht streitig macht, um Grundlegendes über die Gesetze zu erfahren, die dein Leben als Mama bestimmen. Daher will ich dir einen schnellen Überblick verschaffen.
Die Familiengerichte variieren stark von Bundesland zu Bundesland, von Bezirk zu Bezirk, aber die meisten sind frauenfeindliche Institutionen mit wenig oder gar keinem Verständnis für alternative Familienstrukturen und sind mehr an patriarchaler Gesellschaftsmanipulation interessiert als am individuellen Wohl deines Kindes. Übersetzt heißt das, ein

strittiges Sorgerechtsverfahren – ein Verfahren, in dem du oder der Vater deines Kindes von einem Richter die Entscheidung darüber erwartet, wie deine Familie leben soll – ist ein Alptraum. In vielen Fällen kann der Alptraum jedoch vermieden werden.

Ich kann euch gar nicht sagen, wie viele derer, die ich interviewt habe, wünschten, sie hätten ein bißchen vorbeugendes Familienrecht betrieben, *bevor* ihre Kinder geboren wurden. Damit ihr von all ihren Erkenntnissen profitieren könnt, habe ich die 10, 12 Frauen mit den gräßlichsten mir bekannten Trennungen und Sorgerechtskriegen angerufen, denn ich dachte, ich könnte eine Art »Kleinen Höllenführer« für euch zusammenstellen. Leider geben die meisten dieser Mamas jedoch zu: »Ich war [damals] bis über beide Ohren verliebt in ihn und wollte den Rest meines Lebens mit ihm verbringen.« Nach weiterem Nachhaken gestanden die meisten auch noch: »Na ja, er war schon ein tobsüchtiger Alkoholiker«, oder: »Als ich ihm sagte, ich bin schwanger, hat er mich in den Bauch geboxt« oder ein ähnliches Ich-hätt's-wissen-Müssen. Diese beiläufigen Interviews schienen immer mit denselben Worten zu enden: »Ich dachte, alles würde sich ändern, wenn das Baby erst mal da ist.« Können wir diese Denkweise auf der Welt bitte ein für allemal ablegen, zum Beispiel AB SOFORT? Kennt ihr allen Ernstes irgend jemanden, der sich in neun Monaten vom Arschloch in einen Prinzen verwandelt hätte? Nein, wage ich zu behaupten, tut ihr nicht, und ich auch nicht.

Ich plädiere hier nicht dafür, mit einem absolut tollen Typ zu brechen. Ich sage nur, trennt euch von jedem, der Grund zu der Annahme gibt, daß er ein Arsch ist. Wenn dein Arschloch-o-meter defekt ist (dieses an sich schon ein Zeichen dafür, daß du womöglich mit einem schläfst), dann hast du hier die Top-Ten-Anzeichen für Arschlochtum:

1. Er hat dich mal geschlagen, getreten, geohrfeigt, gestoßen, angespuckt oder gedroht, dir weh zu tun.
2. Er greift regelmäßig zur Flasche bzw. zu Drogen.
3. Er beschuldigt dich grundlos fremdzugehen bzw. verschwindet selbst immer mal wieder ohne Erklärung für längere Zeit.
4. Er ist sauer, weil du schwanger geworden bist, obwohl dir irgendwie deucht, daß er etwas damit zu tun hatte.
5. Er sagt, deine Wehen sollen ja nicht während eines bestimmten Ballspiels einsetzen, und er macht keine Witze.
6. Wenn du mit ihm eine Zeitlang zusammen warst, fühlst du dich schlechter als vorher.
7. Er mag Rush Limbaugh*.
8. Er führt Buch über deine Ausgaben und/oder darüber, wie du deine Zeit verbringst.
9. Er droht, er werde sich, dir bzw. den Kindern etwas antun, wenn du ihn verläßt.
10. Er hat sich angewöhnt zu sagen: »Es wird nie wieder passieren.«
    (GRATISTIP: Es *wird* wieder passieren.)

Familienfürsprecherinnen weisen warnend darauf hin, daß ein prügelnder Ehemann oder Freund seine Partnerin oft zum erstenmal schlägt, wenn sie schwanger ist. Halte dir bitte vor Augen, daß dieses neue Verhalten in der Regel über die gesamte Zeit der Schwangerschaft anhält und auch nach der Geburt des Babys weitergeht. Mit anderen Worten: Hau ab, so weit weg und so schnell du kannst.
Wenn dir irgendeins dieser Zeichen bekannt vorkommt, befindest du dich sehr wahrscheinlich in einer Notsituation und solltest einen Anwalt und vielleicht eine Beratungsstelle aufsuchen, möglichst gestern. Aber selbst wenn dein Partner

* reaktionärer Radio- und Fernseh-Talkshowmaster – A. d. Ü.

Gruselige Fakten über Familienrecht

- Wenn bei nicht verheirateten Eltern ein Elternteil das Baby entführt, unternehmen die meisten Polizeidienststellen NICHTS, wenn kein gerichtlicher Herausgabebeschluß vorliegt.
- Selbst wenn der Vater deines Kindes damit einverstanden ist, daß dir die Alleinsorge übertragen wird, kann ein Gericht anders entscheiden.
- Der nicht-sorgeberechtigte Vater deines Kindes muß zwar Unterhalt für das Kind bezahlen, hat aber in jedem Fall ein Umgangsrecht, auch wenn er dich geprügelt hat und ihr nie verheiratet wart.
- Nicht biologische lesbische oder schwule Elternteile haben keine gesetzlichen Rechte.
- In den USA gewinnen Männer sieben von zehn strittigen Sorgerechtsverfahren. Daß die meisten Kinder bei ihren Müttern leben, liegt daran, daß Männer insgesamt seltener das Sorgerecht beantragen.
- Prügelnde Partner bemühen sich mit doppelt so hoher Wahrscheinlichkeit um das alleinige Sorgerecht für ihre Kinder wie nicht prügelnde Partner.

kein totaler Arsch ist, kann ein bißchen vorgeburtliche Rechtskunde nicht schaden, und gewöhnlich hilft sie.

Wenn du zum Zeitpunkt, da dein Baby zur Welt kommt, verheiratet bist, haben dein Mann, dein Kind und du nach dem Gesetz automatisch Rechte, und beide Eltern haben automatisch Pflichten. Die Einzelheiten des ehelichen Güterstands können für den Fall einer Scheidung durch vor und nach der Heirat getroffene Vereinbarungen geregelt werden, aber Fragen des Sorgerechts und des Unterhalts von Kindern für den Trennungsfall können nicht im voraus von den Eltern endgültig entschieden werden. Wenn du nicht verheiratet bist, wäre es eine prima Sache, dir noch während der Schwangerschaft zu überlegen, wie deine zukünftige Familie leben soll. Sobald du weißt, was du willst, kannst du entscheiden, ob du das alleinige Sorgerecht für dein Kind, das du als ledige Mutter automatisch hast, beibehalten willst oder ob du dir die Sorge mit dem Vater des Kindes teilen willst. Dazu bedarf es deiner Einwilligung und einer Sorgeerklärung beider Eltern, die (sogar schon vor der Geburt des Kindes) bei einem Notar oder dem Jugendamt abgegeben werden kann. Wenn du mit dem Vater deines Kindes bereits im Clinch liegst, empfiehlt es sich wohl, bei der Alleinsorge zu bleiben. Die Sorgeerklärung über die gemeinsame Sorge für das Kind hat zur Folge, daß nach einer Trennung – wie bei einer Scheidung – automatisch die gemeinsame Sorge für euer Kind bestehenbleibt. Du kannst zwar nach der Trennung die Alleinsorge beantragen, aber das Familiengericht kann in strittigen Fällen gegen deinen Willen entscheiden, wenn es der Meinung ist, daß dem (nicht näher definierten) »Kindeswohl« so am besten gedient sei, oder wenn ein über vierzehn Jahre altes Kind widerspricht. Daher ist es wichtig, schon früh eine Vorstellung von deinem künftigen Familienleben zu haben. Im Prinzip wirst du entweder sicherstellen wollen, daß jeder in deiner Familie die gleichen Rechte hat, die er/sie hätte, wenn du verheiratet wärst, oder du wirst diese Rechte einschränken wollen. Meiner bescheidenen Meinung nach sollte die Person, die das Baby in ihrem Leib trägt, hier am meisten zu sagen haben, doch die Rechtsprechung sieht das nicht immer genauso. Sei sehr vorsichtig bei allem, was du unterschreibst, und bedenke immer die Folgen. Du willst ja deine Rechte als Mutter nicht einschränken, und du willst auch nicht auf einen Anwalt hören, der von jemand anderem bezahlt wird.

Sollte deine Lage komplizierterer Natur sein (z. B. wenn mehr als zwei Erwachsene die Elternschaft beanspruchen könnten), wirst du dich mit einer Anwältin beraten und ver-

suchen müssen, die Sache irgendwie mit dem Jugendamt abzuklären bzw. gerichtlich klären zu lassen. Eine/n Fachanwalt/anwältin für Familienrecht kannst du über die zuständige Anwaltskammer, die Gelben Seiten, ein Frauenzentrum oder ein Frauenhaus ausfindig machen. Such dir eine Spezialistin für Familienrecht, die schon länger in deinem Gerichtsbezirk tätig ist. Ein Erstberatungsgespräch kostet maximal um die 400 Mark. Wenn du kein Geld hast, kannst du Beratungshilfe beantragen.
Im folgenden werden einige gängige Grundkonstellationen beschrieben. Während ich dies niederschreibe, sind die juristischen Informationen auf dem neuesten Stand, aber Gesetze können sich ändern, Gerichte können sie unterschiedlich auslegen, und nichts hiervon soll professionellen juristischen Rat ersetzen.

Gemeinsame Elternschaft

Gemeinsame Elternschaft bedeutet, daß sich die Eltern die Verantwortung für die Erziehung ihres Kindes teilen, auch wenn sie nicht zusammenleben. Seit dem 1. Juli 1998 tritt dieser Fall in Deutschland bei der Trennung der Eltern automatisch ein und gilt für Elternpaare – mit oder ohne Trauschein –, die die elterliche Sorge vor der Trennung gemeinsam innehatten und ein ähnliches Arrangement für die Kinder in Zukunft beibehalten wollen. Egal, wie freundschaftlich deine Beziehung zum anderen Elternteil sein mag, das gemeinsame Sorgerecht ist ein hartes Brot. Eine Standardvereinbarung beim gemeinsamen Sorgerecht, mit der viele Eltern ganz gut klarkommen, ist, daß die Kinder bei der Mama leben und, solange sie noch Babys sind, ein paar Nachmittage pro Woche, und wenn sie älter werden, ein paar Wochenenden im Monat mit dem Papa verbringen.

Alleinige Elternschaft und informelle Samenspender-Vereinbarungen

Wenn du nicht verheiratet bist und alleinerziehende Mutter zu bleiben gedenkst, hast du automatisch die Alleinsorge für dein Kind. Wenn du und dein nichtehelicher Ex eine Sorgeerklärung für euer Kind abgegeben habt, dieser sich jedoch als Arschloch entpuppt, dem du nicht einmal einen Hund anvertrauen würdest und der gern auf seine elterlichen Rechte verzichtet, mußt du das alleinige Sorgerecht beantragen. Falls du durch künstliche Befruchtung schwanger geworden bist und der Vorgang durch einen Arzt überwacht wurde, erledigt in den USA der Arzt gewöhnlich den Papierkram. Auf alle Fälle solltest du darauf achten, daß in deiner Vereinbarung mit dem biologischen Vater jeder Anspruch seinerseits auf Elternschaft, Sorgerecht oder Umgangsrecht sowie jeder Anspruch deines Kindes auf Unterhaltszahlung des Vaters ausgeschlossen wird. (Hierfür wirst du beeiden müssen, daß dein Einkommen ausreicht, um dein Kind allein großzuziehen.)
In Deutschland, wo sich aufgrund rechtlicher Bedenken der Ärztekammern in der Regel nur verheiratete, in Ausnahmefällen in fester (heterosexueller) Partnerschaft lebende Frauen künstlich befruchten lasssen können, gibt es (noch) keine spezifischen gesetzlichen Regelungen zur Elternschaft durch Samenspende. Es können auf solche Fälle also nur die bestehenden Gesetze angewendet werden. Danach kann niemand auf den Unterhalt für ein Kind verzichten, da dieser Anspruch nur dem Kind zusteht. Wer also seinen Samen spendet, kann in jedem Fall zur Unterhaltszahlung gegenüber dem Kind verpflichtet werden und hat somit auch ein Umgangsrecht, ungeachtet aller eventuell getroffenen Vereinbarungen. Und wenn man bedenkt, daß ein Kind auch ein Recht auf Kenntnis der eigenen Abstammung hat, wird klar, daß man sich bei der künstlichen Befruchtung derzeit auf recht dünnem Eis bewegt.

Auch wenn der Vater deines Babys sich bereits aus dem Staub gemacht hat, solltest du, sofern ihr die elterliche Sorge gemeinsam ausgeübt habt, das alleinige Sorgerecht beantragen. Du hast einen Anspruch auf Beratung und Unterstützung durch das Jugendamt in allen Fragen, die Sorgerecht und Unterhalt für dein Kind betreffen.

Lesbische und schwule Mitelternschaft

Rechtsprechung und Einstellung zu schwulen und lesbischen Familien befinden sich in den USA in einem verwirrenden Übergangsstatus. Nach neueren Trends zu urteilen werden aber schwule und lesbische Elternpaare dort vielleicht bald in den zweifelhaften Genuß kommen, denselben Gesetzen unterworfen zu sein wie heterosexuelle Elternpaare. Deutschland hinkt dieser Entwicklung noch weit hinterher. Solange es keine gesetzlichen Regelungen zu diesem Themenkomplex gibt, ist es äußerst wichtig, daß ihr beide ganz klare Vorstellungen davon habt, was ihr voneinander erwartet, wie ihr leben wollt, wenn dein Baby geboren ist, und wie die Einstellung zu homosexuellen Familien in deinem Bundesland bzw. an dem Gericht ist, an dem dein Fall (wenn es denn einen gibt bzw. gäbe) verhandelt würde. Über das Referat für gleichgeschlechtliche Lebensweisen (in Berlin und weiteren neun Bundesländern) findest du sachkundige Personen, die dich an Experten in deiner Gegend weitervermitteln oder dir Up-to-date-Informationen zum Thema geben können, welche zum Schutz deiner Familie vielleicht lebensnotwendig sind.

Häusliche Gewalt

Wenn du mit einem prügelnden Mann zusammenlebst, wende dich bitte an ein Frauenhaus, brich die Beziehung ab, und such Rechtsberatung. Falls du nicht sicher bist, ob dir häusliche Gewalt widerfährt, wird dir ein Frauenhaus auch dabei helfen, die Lage zu sondieren. Ich weiß, daß es sehr schwer sein kann, einen prügelnden Partner zu verlassen, aber deine rechtliche Situation (ganz zu schweigen von deinem körperlichen und seelischen Wohlergehen sowie dem des Babys) verschlechtert sich, je länger du bleibst. Untersuchungen über Gewalt in der Familie in den USA belegen, daß prügelnde Männer mit doppelt so hoher Wahrscheinlichkeit das Sorgerecht für ihre Kinder anstreben wie nicht prügelnde. Um die Sache noch zu verschlimmern, wird diesen Typen etwa genauso oft wie den Frauen das Sorgerecht zugesprochen.
Ich betone noch einmal, daß ich keine Anwältin bin, aber ich weiß, wovon ich rede, und da gibt's wenig Schönes zu berichten. Hier sind daher ein paar Gedanken, mit denen du spielen kannst, wenn du nicht verheiratet bist. Zunächst, wenn du glaubst, du kannst deinen mitsorgeberechtigten Ex dazu bewegen, auf seine elterlichen Rechte zu verzichten, indem er der Übertragung der Alleinsorge auf dich zustimmt, mach das. Umgangsrecht hat er zwar trotzdem, aber es ist eine gute Regelung, denn dein Kind wird seinen Vater vermutlich nur nach deinen Bedingungen sehen. Wenn die Hoffnung, daß er irgend etwas unterschreibt, ein reines Hirngespinst ist, und das Baby noch nicht geboren ist, hatten schon manche Mamas in den USA Glück damit, ihren prügelnden Freunden ihre Schwangerschaft zu verschweigen, jeglichen Kontakt mit ihnen abzubrechen und irgendeinen anderen Namen auf die Geburtsurkunde zu setzen (wie den eines berühmten Toten). Andere Mamas verschwinden einfach spurlos. In Deutschland ist es schon aufgrund der andersgearteten Meldegesetze

nicht so einfach, »spurlos« zu verschwinden. Und wenn du bewußt einen anderen als den richtigen Vater angibst, gilt das als Betrug, und du könntest damit deinen Anspruch auf Sozialhilfe aufs Spiel setzen. Eine einfallsreiche Mama, die ich kenne, ließ den Arsch, mit dem sie zusammen war, ganz schnell sitzen und brannte mit einem guten Freund durch, dem sie absolut vertraute. Das Baby wurde nach ihrer Trauung geboren, und stellt euch vor – ihr Freund / Ehemann hatte automatisch elterliche Rechte. Und nach dem Gesetz kann die Vaterschaft eines Ehemannes *nicht einmal* aufgrund eines 99,8 % sicheren Bluttests aberkannt werden.
Die Quintessenz: Hau ab ins Frauenhaus oder an einen anderen sicheren Zufluchtsort, und zwar so bald wie möglich. Laß dich rechtlich beraten und versuch nicht, dich deinem Exmißhandler gegenüber fair zu verhalten. Er hat sein Vorrecht auf zuvorkommende Behandlung spätestens an dem Tag verwirkt, als er dich verprügelte. Gerichte kümmern sich oft nicht um häusliche Gewalt, wenn sie sich nicht direkt gegen das Kind gerichtet hat. Führe aber dennoch ein Tagebuch über alle seine Mißhandlungen – wann er dich geschlagen hat, was er gesagt hat usw. Dieses Tagebuch mag vor Gericht nicht als Beweis anerkannt werden, aber wenn detailliert Buch geführt wurde, kann es den Richter eventuell davon überzeugen, daß deine Ängste nicht übertrieben sind.

Für weitere aufregende und ausführlichere Informationen (oder um nachzulesen, was passieren könnte, wenn du die Suche nach Rechtsberatung so lange aufschiebst, bis es zu spät ist) verweise ich auf Kapitel 11.

Ist heiraten out? Keineswegs.

Allison Abner, schreibende Mama, Autorin von Finding Our Way

Haben Sie und Ihr Partner Ihre Schwangerschaft geplant?
Na ja, ich hatte immer gedacht, daß ich gegen Ende Zwanzig ein Kind haben würde, aber als ich dann Ende Zwanzig war, wurde mir immer mulmiger. Ich war eigentlich nicht der Typ für ein Baby – die Vorstellung, eine völlig hilflose und abhängige Person zu versorgen –, ich konnte das nur rein theoretisch sehen. Ich war mit jemandem zusammen, der wirklich gern heiraten wollte und wirklich gern ein Kind haben wollte. Schließlich haben wir beschlossen, daß wir eigentlich doch gern ein Baby hätten, wir haben den Zeitpunkt festgesetzt, damit ich mein Buch erst beenden konnte (*Finding Our Way: The Teen Girl's Survival Guide)*, und dann ist es plötzlich früher passiert.

Und auf einmal waren Sie schwanger?
Ja. Dann war es sehr real, und die Frage, die sich mir jetzt stellte, war: *Was nun?* Jetzt kam's drauf an. Ich stand an einer Wegscheide. Welchen Weg wollte ich nehmen? Wenn ich dieses Baby nicht bekam, müßte ich mich von meinem Freund trennen, denn es wäre vorbei gewesen. Oder wollte ich meine Gefühle für ihn akzeptieren? War er der Richtige? Ich sah diesen Menschen immer mit der Bildunterschrift »Der Richtige« vor mir.

Unheimlich
Mir war ganz schwindlig, mir wurde fast schwarz vor den Augen. Ich stand unter einer Art Schock.

Hatten Sie je das Gefühl, daß sich der Anspruch, Feministin zu sein, und der Wunsch, eine traditionelle Familie zu haben, sich nicht vertragen?

Das Problem, das ich immer mit dem Feminismus hatte, und ich bin eine sehr ausgeprägte Feministin, ist, daß in bestimmten Kreisen Frauen das Gefühl vermittelt wurde, sie müßten zwischen Ehe und Feminismus wählen. Die Ehe gefährdet deinen Feminismus doch nicht. Wen du dir als Mann aussuchst, das könnte ihn gefährden.

Wenn Ihre Glücksfee damals erschienen wäre, wonach hätten Sie sie gefragt?

Ich hätte wissen wollen: *Was sind die Vor- und Nachteile, wenn man heiratet, weil man ein Kind haben will?*

Und was hätte sie Ihnen geantwortet?

Mach eine Liste der Pros und Kontras. Mir hat es geholfen, meine Bindung zu vertiefen. Aber es gibt Vor- und Nachteile. Natürlich sind sie für jeden Menschen anders, doch der größte Nachteil ist, daß es sehr schwierig ist, da wieder rauszukommen. Es ist sehr schmerzvoll und sehr aufreibend (und sehr teuer). Die Ehe ist eine rechtliche Vereinbarung, wir sind also zu einem Anwalt gegangen, um noch mehr zu erfahren. Im Hinblick auf die Rechte des Kindes und unsere Rechte als Eltern schien es sinnvoller, verheiratet zu sein.

Haben Sie sich richtig entschieden?

Ja. Ich glaub' schon. Ich hab' mir nie ausgemalt, ein Baby allein zu haben. Die Vorstellung, alles allein zu machen, würde mir einfach zu viel Angst machen. Ich hatte es immer als eine geteilte Verantwortung betrachtet. Man muß nicht unbedingt verheiratet sein, um eine solche Art von Partnerschaft zu haben. Die Ehe ist nicht das Entscheidende. Entscheidend ist nur der Wille zu einer Bindung.

Und wie ist das mit der Karriere?

Jede Mama muß für sich entscheiden, wie sie mit ihren beruflichen Ambitionen umgeht. Zügelst du deinen Ehrgeiz, oder veränderst du bloß deine Ambitionen? Wenn du ein Baby hast, jonglierst du im Grunde genommen mit der Zeit. Vielleicht mäßigst du deinen Ehrgeiz, oder vielleicht gehst du in eine andere Richtung. Ich habe nicht das Gefühl, etwas verloren zu haben dadurch, daß ich Mutter geworden bin. Wenn du ein Baby hast, mußt du dich darauf konzentrieren, was wichtig ist und worauf du Wert legst. Ich glaube, Leute, die keine Kinder haben – und Leute, die ihr Leben nicht etwas abbremsen, wenn sie Kinder haben –, brauchen länger, um dahin zu kommen. Ironischerweise tue ich jetzt genau das, was ich immer tun wollte. Ich bleibe zu Hause und schreibe. Aufgrund des Babys war ich gezwungen, irgendwie auszutüfteln, wie ich das schaffe. Ich mußte mich darauf konzentrieren, das Leben aufzubauen, das ich mir immer gewünscht hatte.

Es gibt während der Schwangerschaft so vieles, woran man denken muß, und so viel zu tun, daß dir das Leben langsam wie eine neun Monate lange Zu-erledigen-Liste vorkommen kann, aber mein bester Rat bleibt dieser: Kriech mit einer Zeitschrift oder einem Buch ins Bett, wann immer du kannst und sooft du kannst, und entspann dich. Du wirst die Energie für die Geburt brauchen.

Kapitel 2
Entbindung ist echt beschissen

Natürliche Geburt? Toller Zeitpunkt, um mit Drogen aufzuhören.

– *Lily Tomlin,* Schauspielerin und Komikerin

Klar, eine Geburt ist ein wunderschönes Erlebnis«, sagt Karen, eine Mama von achtundzwanzig, die alles über die natürliche Geburt gelesen hatte, bevor ihre Wehen einsetzten. »Solange es jemand anderem passiert.« Karen muß lachen, wenn sie an die Nacht zurückdenkt, als sie ihr Kind gebar. »Ich hab' nur gedacht, heee, welcher Idiot hat gesagt, das tut nicht weh, wenn ich nur richtig atme?«

Sie und ihr Trainer-Ehemann absolvierten ihr Lamaze-Training haargenau und schafften es (»mit Ach und Krach«), die Geburt ohne Medikamente hinter sich zu bekommen, aber da Karen gelesen hatte, daß die Entbindung nicht schmerzhaft sein muß, war es ihr fast peinlich, Freunden zu erzählen, wie grauenvoll es war.

Natürlich wird dir nicht jeder erzählen, daß die Geburt schmerzfrei sein kann, doch du wirst mit großer Wahrscheinlichkeit Übertreibungen in beide Richtungen hören.

Elaine war mit siebzehn ganz heiß darauf, ihr erstes Kind natürlich zu entbinden, und hatte viel Gutes über das alternative Geburtszentrum im Krankenhaus ihres Wohnorts gehört. Sie brauchte nur noch die Unterschrift ihres Arztes, dann konnte sie sich auf eine natürliche Geburt in einer »häuslichen Atmosphäre« vorbereiten. Eine große Auswahl bei den Frauenärzten hatte sie nicht – am Ort gab es nur einen, der bei der gesetzlichen Krankenkasse Versicherte akzeptierte – und so war sie diesem ausgeliefert.

»Sie wollen bestimmt keine natürliche Geburt«, knurrte der ach-so-verständige Doktor. »Haben Sie schon mal Football gesehn? Haben Sie gesehn, wie sich diese Kerle verletzen? Wenn sie total aus dem Leim sind und ihre Gliedmaßen gebrochen sind und ihre Knochen aus der Haut springen? Ein Kind zu kriegen tut noch hundertmal mehr weh.«

Dr. ______________________

Der Arsch, der keine Ahnung hat,
aber Mütter anlügt

Elaine nahm ihren Überweisungsschein und schlurfte niedergeschlagen von dannen.
Sollte irgendein Arzt mal so etwas zu dir sagen, mach bitte ein Foto von ihm, kleb es auf dieses kleine Plakat, kopier es hundertmal und häng's in der ganzen Stadt auf.
Es bedurfte einiger Tage Zeit und einiger Ermutigung von seiten ihrer Tante, ehe Elaine in die Praxis zurückging und ihrem Doktor-Arsch eine Szene machte. Schließlich unterschrieb er die Überweisung, und kurz vor Mitternacht des 4. Juli entband sie ihr Töchterchen ganz natürlich, während

draußen vor dem Fenster des Geburtszentrums die Feuerwerkskörper zur Feier des Independence Day explodierten.

Es ist ja nicht so, daß eine Geburt ganz und gar mystisch und schmerzfrei und himmlisch ist. Eine Geburt ist echt beschissen. Und genau aus diesem Grund brauchst du keinen bellenden Arzt, der dich bei der Entbindung mit Sportmetaphern foltert, oder irgend jemanden, der dir erzählt, brave Frauen schreien nicht.

Ich bin zufällig eine Verfechterin der natürlichen Geburtsmethode, aber ich kenne und schätze eine ganze Menge von Frauen, die der Ansicht sind, daß von allen göttlichen Erfindungen nur die Peridural-Anästhesie an die Waschmaschine herankommt.

Für welchen Weg du dich auch immer entscheidest, du mußt dich sowohl über die natürliche Geburt als auch über sämtliche Schmerzmittel und Eingriffe kundig machen, die bei der Geburt zum Einsatz kommen können. In der Regel wird alles nach Plan ablaufen, aber für jede Frau, die es sich anders überlegt oder Komplikationen erlebt, die bei der Geburt einen ärztlichen Eingriff erforderlich machen, gibt es wiederum eine, bei der die Peridural-Anästhesie nicht anschlägt.

Die Grundregeln für die Geburt

- Entscheide, wo du entbinden willst.
- Mach im voraus weitreichende Pläne für Wehen und Entbindung, und bitte deine/n Geburtspartner, dir bei der Einhaltung dieser Pläne zu helfen, außer in einem absoluten Notfall.
- Schreib deinen Plan auf. Vergewissere dich, daß alle eine Kopie davon haben (siehe »Dein Geburtsplan«, Seite 94ff.).

- Du (und die Natur) dürft es euch anders überlegen
- Sorg für einen »Plan B«, mit dem du leben kannst.
- Wenn du schamhaft bist, überwinde es. Viele Leute werden deinen Schritt sehen ... und mehr.
- Dreh nicht durch. Du kannst dich dabei wahnsinnig aufregen, und damit ist niemandem gedient.
- Sieh zu, daß zusätzlich zu deinem Partner eine Hebamme bzw. eine Freundin, die schon mal geboren hat, auf Abruf stehen, um zu deiner Entbindung zu kommen. Du kannst Leute, die dich nerven, immer nach Hause schicken, aber es wäre doch echt ätzend, am Ende mit dem Arzt und ein paar medikamentegeilen Krankenschwestern allein dazustehen bzw. -zuliegen.
- Kenne deine Rechte, kenne deine Rechte, kenne deine Rechte.
- Weigere dich, einem Eingriff zuzustimmen, der dir nicht behagt, und drohe mit Klagen, falls man dich ignoriert.
- Hab keine Hemmungen, gegen deinen Partner zu wüten und später jede Erinnerung an den Vorfall abzustreiten.
- Wenn du ins Krankenhaus gehst, nimm keine öffentlichen Verkehrsmittel. Ruf dir ein Taxi.

Geburtsleugnung

»Bevor ich schwanger wurde, dachte ich immer, ich würde lieber eine Hebamme als einen Arzt haben, aber jetzt glaub' ich, ich will überhaupt nicht so viel Wind um diese Geburt machen«, sagte meine Freundin Juana in ihrem zweiten Schwangerschaftsdrittel. Sie hatte gerade den Schmerz und die Ungewißheit der Fruchtwasseruntersuchung und aller anderen Tests überwunden, die ihr Arzt mit ihr durchgeführt hatte, weil sie eine »ältere« Mama war. »Ich will nicht, daß irgend jemand in mein Leben tritt und mir sagt, was ich tun soll.«

Ich konnte das nachempfinden. Was wäre, wenn eine Ich-weiß-alles-besser-Matrone plötzlich in dein Ich-tue-was-ich-kann-Leben hereinspazierte und dir die Peridural-Anästhesie verbieten oder verächtlich schnauben würde, wenn du dir gelegentlich eine Diätcola genehmigst? Das könnte ziemlich lästig werden. In Wahrheit aber sind die meisten Hebammen cooler, als die Götter in Weiß verehrende Gesellschaft, in der wir leben, uns glauben gelehrt hat. Als ich mit Juana darüber sprach, fing sie an, den kompetenten, aber kalten Geburtshelfer in ihrem Krankenhaus zu beschreiben. Ich wiederum erzählte ihr Geschichten von traumatischen Entbindungen und leichten Geburten, von Hebammen, die gebärenden Frauen Rückhalt gaben, und Hebammen, die in Panik gerieten. Sie ließ sich das Ganze noch mal durch den Kopf gehen.

Als ich ihr sagte, daß keinen Wind um die Geburt machen zu wollen, genauso sei, wie keinen Wind um einen Atomkrieg machen zu wollen, lächelte sie.

»Ja«, sagte sie. »Ich glaube, ich bin in einer Geburtsablehnungsphase.«

Natürlich war der Atomkriegvergleich – ein wenig – übertrieben, doch eine Entbindung kann zu einem echten Horrortrip werden, wenn du bei einem unsensiblen Arzt oder in einem bürokratischen Krankenhaus landest. Nicht, daß ich der Meinung wäre, jede Frau müßte *unbedingt* eine Hebamme haben, aber ich finde es wichtig, einen wohlüberlegten Geburtsplan zu machen.

Sheila Kitzingers Buch *Geburt ist Frauensache* ist eine empfehlenswerte Quelle, wenn es um die Einzelheiten geht. Sprich mit Hebammen, Geburtsvorbereiterinnen und Freundinnen, die Kinder geboren haben. Erkundige dich, welche

Möglichkeiten es in deiner Gegend gibt, und versuche herauszufinden, bei welchen Helferinnen und an welchen Entbindungsorten du dich wohl fühlst. Die Auswahl des Krankenhauses mag durch deine Krankenversicherung eingeschränkt sein, oder eine fehlende Krankenversicherung mag dir die billigere – und ebenso sichere – Hausgeburt nahelegen. Die ambulante Geburt im Krankenhaus, ein Entbindungsheim oder ein Geburtshaus sind oft eine gute Alternative, da sie den »goldenen Mittelweg« anbieten können, was die gemütliche Atmosphäre, das medizinische Know-how im Bedarfsfall und Personal rund um die Uhr betrifft.

Es ist immer schön, wenn du neben deinem Partner und deiner Hebamme mindestens eine weitere Begleitperson zum Aushelfen hast, am besten eine gute Freundin, die selbst schon Kinder hat, doch du kannst auch eine professionelle Helferin finden, indem du dich bei befreundeten Müttern umhörst oder im Branchenbuch bzw. in den Gelben Seiten unter Hebammen nachschaust. Wenn du zu Hause entbindest, wirst du wahrscheinlich zwei Hebammen wollen, oder eine Hebamme und eine Doula* – eine, die sich auf die Bedürfnisse des Babys konzentriert, und eine, die sich um *dein* Wohlergehen kümmert. In einer Klinik oder einem Geburtshaus wirst du dich nach deren Verfahrensweisen richten müssen, aber eventuell kannst du neben den Geburtshelfern eine Hebamme dabei haben, die dir ihre ungeteilte Aufmerksamkeit schenkt und dich bei jedem Schritt über deine Entscheidungsmöglichkeiten informiert.

Spätestens wenn du dir darüber im klaren bist, bei wem du entbinden willst, wirst du dich vermutlich zu einem Geburtsvorbereitungskurs anmelden, wo man all die blutrünstigen

* eine einfühlsame Geburtsbegleiterin (aus dem Altgriechischen, wörtlich »Dienerin der Frau«), die der Gebärenden eine kontinuierliche nicht-medizinische, emotionale Unterstützung gibt. Eine Doula hat mindestens eine eigene natürliche Geburt hinter sich. In Deutschland noch eine Seltenheit. In der Schweiz ist schon eine Ausbildung zur Doula möglich. – A. d. Ü.

Details mit dir und deinem Geburtspartner durchgehen kann. Diese Kurse umfassen im allgemeinen die natürlichen Geburtshilfetechniken, die von einem bzw. von verschiedenen bekannten Theoretikern entwickelt wurden.

Lamaze hebt Atemübungen und die Konzentration auf einen Punkt hervor, um dich von den Schmerzen abzulenken. Die Lamaze-Methode hat die Natürliche-Geburt-Bewegung der 60er Jahre beflügelt und zahllose TV-Comedy-Macher dazu inspiriert, ihre künftigen Mütter im Abendprogramm hechelnde Hunde imitieren zu lassen.

Read entwickelte seine Methode in den 30er Jahren und hebt unterschiedliche Atemübungen für die verschiedenen Wehenstadien hervor. Seiner Theorie nach ist der Geburtsschmerz hauptsächlich auf das »Angst-Spasmus-Syndrom« zurückzuführen. Während da durchaus was dran ist, verdanken wir Read überdies die Erkenntnis, daß wir, wenn es weh tut, ganz einfach nicht hoch genug entwickelt sind.

Leboyer ist berühmt für seine Unterwasserentbindungen. Doch ob im Wasser oder außerhalb, er legt größten Wert auf eine »gewaltfreie Geburt«, und seine Methode zielt auf eine sanfte Entbindung ab in einem entspannenden, ruhigen Raum mit gedämpftem Licht und möglichst ohne Störungen. Leboyer erkannte, daß zur Verstärkung der Bindung zwischen Mama und Baby das Neugeborene gleich nach der Geburt auf Mamas Bauch gelegt und gestreichelt und anschließend in warmem Wasser sanft gebadet werden sollte.

Bradley legt Wert auf einen Trainerehemann und ermutigt zur Weiterführung normaler Aktivitäten bis nach dem ersten Wehenstadium. Die Bradley-Methode wird oft als vom Ehemann trainierte Geburt bezeichnet und scheint irgendwie für all diese Typen verantwortlich zu sein, die man in Krankenhausgängen mit Jogginganzügen, Baseballmützen und Stoppuhren um den Hals herumlaufen sieht und irgendwas von der letzten Runde murmeln hört.

Ina May Gaskin ist die legendäre Radikal-Hippie-Hausgeburt-Gurufrau, deren Anhängerinnen in ihrem 1977 erschienenen Buch *Spirituelle Hebammen* Zitate wie das folgende von sich geben: »Mir war klar, daß der Schmerz weggehen würde, wenn ich mich entspannte, und alles wäre psychedelisch und heilig.« Sie gilt als die Göttin der modernen Hausgeburtshilfe, und ihrer Arbeit ist der Anstieg der Hausgeburten und die Zurück-zur-Natur-Einstellung zur Geburt in den vergangenen paar Jahrzehnten im wesentlichen zu verdanken. (Siehe »Überlebensnotizen«)

Es bleibt zu hoffen, daß auch du mit der Zeit lernst, dich auf Kommando zu entspannen und dich auf deinen Körper zu verlassen. Du wirst dieses Baby schon rauskriegen, egal wie.

Wer sind diese Leute?

Hebamme, freie (oder frei praktizierende) Hebamme: Eine Hebamme hat in der Regel keine Krankenschwesternausbildung absolviert, sondern hat an der Hebammenschule eines Krankenhauses eine dreijährige Lehre in Geburtshilfe und Schwangerenberatung gemacht und weitreichende Kenntnisse des vorgeburtlichen, Wehen-, Geburts- und nachgeburtlichen Prozesses. Die meisten Hebammen sind mindestens ebenso kompetent wie Leute, die Geburtshilfe studiert haben. Sie respektieren die Tatsache, daß eine Geburt keine Krankheit ist, sondern eine Ganzkörpererfahrung, die das Potential eines größeren Traumas oder einer größeren Verwandlung in sich birgt. Sie können sowohl frei praktizieren als auch an einem Krankenhaus angestellt sein und selbständig entbinden. Sie sind außerdem für die Betreuung der Wöchnerin zuständig. In Deutschland arbeiten etwa 8–10 % der Hebammen außerhalb von Kliniken.

Geburtsvorbereiterin: Eine Geburtsvorbereiterin ist häufig eine Hebamme oder Krankengymnastin, eventuell auch Angehörige einer anderen Berufsgruppe, mit einer Zusatzausbildung in Geburtsvorbereitung, die neben Schwangerengymnastik entspannende Massagetechniken, Wehenatmung und meditative Elemente umfaßt. Sie sorgt dafür, daß du physisch, psychisch und mental optimal auf die Geburt eingestellt bist.

Krankenschwester mit Hebammenausbildung: Eine Krankenschwester-Hebamme ist eine staatlich geprüfte Krankenschwester mit zusätzlicher Hebammenausbildung, die meist an einer Klinik fest angestellt ist.

Geburtshelfer / in: Ein / e Geburtshelfer / in ist ein / e Frauenarzt / ärztin, der / die sich auf Schwangerschaft und Geburtshilfe spezialisiert hat und somit weiß, was zu tun ist, wenn etwas medizinisch schiefläuft. Er / sie kann die Geburt als natürlichen Vorgang behandeln oder auch nicht und kann deine Geburtsplanwünsche respektieren oder auch nicht. Um sicher zu sein, daß dein potentieller Geburtshelfer deine Ansichten über Wehen und Entbindung teilt, ist ein Gespräch mit ihm oder ihr von größter Wichtigkeit.

Geburtstrainer: Während der Vater des Kindes, dein Mann oder dein Partner, normalerweise diesen Job aufgebrummt kriegt, sollten Singlemamas eine Freundin suchen (vorzugsweise eine, die schon Kinder geboren hat), die einspringt. Geburtstrainer oder -partner sollten mit dir zum Geburtsvorbereitungskurs gehen und über den gesamten Zeitraum der Wehen und der Entbindung bei dir sein.

Anästhesist: Es ist die Aufgabe des Anästhesisten (Narkosearztes), dich zu betäuben. Du hast wahrscheinlich nicht viel Auswahl in bezug auf die Person, aber frag auf jeden Fall deine Hebamme oder Geburtshelferin, wie das an dem Ort, wo du entbindest, gehandhabt wird.

Hausgeburt

Die Vorstellung, dein Baby zu Hause zur Welt zu bringen, mag dir unheimlich erscheinen, wenn du nicht viele kennst, die es schon gemacht haben, aber viele Mamas erleben, wie sich ihre anfänglichen Ängste in helle Begeisterung verwandeln, wenn sie über die Sicherheit einer Hausgeburt lesen und lernen. Etwa 1 % der Geburten in den USA – 30 000 pro Jahr – finden heutzutage zu Hause statt, in Deutschland sind es etwa 2 % (in Holland 35 %!), und Mamas haben alle möglichen Gründe dafür.

Eine Hausgeburt ist billiger als eine Krankenhausgeburt, die Eltern können selbst über den Geburtsverlauf bestimmen, und die Erfahrung kann ohne fremdes Klinikpersonal, das ins Zimmer rein- und wieder rausrennt, viel intimer und privater sein. Eingriffe und peridurale Betäubung stehen auch nicht mehr zur Debatte.

Du wirst einen Ersatzplan für die Einlieferung in ein Krankenhaus vorsehen müssen, falls etwas schiefgeht, doch Noteinlieferungen sind sehr selten. Das liegt unter anderem daran, daß diejenigen, die Hausgeburten praktizieren, Risikoschwangere ablehnen.

Keine Geburt ist risikofrei, aber es gibt keine Studien, die belegen, daß Krankenhausgeburten sicherer sind. In einer Untersuchung der Stanford University von 1976 wurden z. B. über 1000 Haus- und 1000 Klinikgeburten verglichen und keine erheblichen Unterschiede bezüglich der Mütter- oder Säuglingssterblichkeit gefunden. Auch eine Studie des

American Journal of Public Health von 1992, die von Hebammen betreute Hausgeburten mit arztbetreuten Krankenhausgeburten verglich, fand die Hausgeburt gleich sicher. Wie meine Freundin Justine sagt: »Wenn ich erzähle, daß ich meine Kinder beide zu Hause bekommen habe, nennen mich andere immer mutig, aber ich glaube, es ist viel mutiger, alle Kontrolle dem Klinikpersonal zu übergeben.«

Die Hausgeburt wird wie die Klinikgeburt von der Krankenkasse bezahlt, einschließlich der Wochenbettbetreuung.

Wenn du dein Baby zu Hause entbinden willst, mußt du die Initiative zur Planung und zur Suche der richtigen Helfer ergreifen. Erwarte keine große Hilfe von der Ärzteschaft. Du stehst einer Kultur und einem Ärztestand gegenüber, die die Mutterschaft als eine Krankheit und nicht als einen natürlichen Prozeß betrachten.

Hebammen und Hebammenpraxen findest du in den Gelben Seiten. (Du kannst auch in den »Überlebensnotizen« im Anhang dieses Buches nachsehen.)

»Ich hab' Benjamin im Krankenhaus bekommen, und ich hatte es echt schwer mit den Ärzten, aber mir war klar, daß ich das Ganze leicht hätte in meinem eigenen Schlafzimmer erledigen können«, sagt meine Freundin Carrie. »Als ich dann wieder schwanger wurde, beschlossen wir, die Entbindungsstation ganz zu meiden. Letztlich entpuppte sich die Hausgeburt als leichter als die Klinikgeburt. Ich mußte mir keine Sorgen darum machen, was die Ärzte machen würden, weil keine da waren. Ich hatte zwei tolle Hebammen, denen ich ganz und gar vertraute, und Dana kam völlig gesund zur Welt.«

Wichtige Probleme zum Wälzen, wenn du eine Woche überfällig bist und immer noch wartest

- War dies womöglich die ganze Zeit nur eine eingebildete Schwangerschaft?
- War irgendeine Frau jemals, sagen wir, ein Jahr lang schwanger? Fünf?
- Suchen sich Babys ihre Eltern aus, oder leben wir in einem anarchistischen, chaotischen Universum?
- Wird mein Kind vielleicht nicht unter dem richtigen Sternzeichen geboren? Wartet es etwa auf das nächste?
- Werde ich je wieder in meine alten Klamotten passen?
- Gibt es Leben auf dem Mars?
- Wenn es Leben auf dem Mars gibt, wie lange dauert eine außerirdische Schwangerschaft?
- Müßte man fester pressen, wenn man ohne Schwerkraft gebärt?

Wie der Geburtsprozeß bei dir verlaufen könnte

Laß mich mit einem Haftungsausschluß beginnen: Ich habe keine Ahnung, wie die Geburt bei dir verlaufen wird. Die erste Wehe trifft dich vielleicht mit der Wucht eines D-Zugs, oder du schwebst mit der Anmut einer Tänzerin in die Sache hinein. Kann sein, daß deine Wehen ein paar heftige Stunden dauern, kann sein, daß du mich und meine antimedikamentöse Einstellung zwei Wochen lang verfluchst. Bei jeder Frau verläuft die Geburt anders, und wenn du auch eine Menge tun kannst, um sicherzustellen, daß der Verlauf bei dir deinen Vorstellungen entspricht, so hatten die Hindus doch recht, als sie die Geburt Kali, der Göttin des Chaos, zuordneten. Kaum glaube ich, ein klares Bild eines »normalen« Geburtsablaufs zu haben, kommt irgendeine Mama mit ihrem Erlebnis an und wirft alles über den Haufen. Dies vorweg. Nun habe ich hier eine kleine Landkarte von Kaliland – bzw. vom *möglichen* Verlauf deiner Geburt:

Eröffnungsphase: Pizza, Bier und Orgasmen

Wir wissen alle, wie die Geburt beginnt – wir haben es hundertmal auf dem Bildschirm und auf der Leinwand gesehen. Mama, die aussieht, als hätte sie einen Korbball unter ihrem T-Shirt, läuft herum und denkt an nichts Böses, als sie plötzlich – peng! – auf die Couch zurückfällt und aussieht, als hätte sie ein Panther angesprungen. Worauf ihr Partner und alle möglichen Fremden in Slapstick-Panik geraten und in wilde Zuckungen verfallen. Nach einer rasanten Fahrt durch tobende Schneestürme, einigen Autozusammenstößen und langwierigen Verhandlungen mit einem Taxifahrer, der nur ausländisch spricht, landet Mama gerade noch rechtzeitig im Krankenhaus, um unter Neonleuchten ihr Gesicht zu verzerren und niederzukommen. Wehen finden überhaupt nicht statt. Das Ganze spielt sich in weniger als einer halben Stunde ab und ist obendrein noch unterhaltsam.
Streich dir bitte all diese Hollywoodbilder einer Geburt sofort aus dem Kopf. Dein Baby wird nicht auf dem Rücksitz des Straßenkreuzers geboren, mit dem du per Anhalter zur Klinik fährst. Im wirklichen Leben kommst du wahrscheinlich eher zu früh im Krankenhaus an als zu spät. Zugegeben, unlängst erblickte ein Baby in der U-Bahn von San Francisco das Licht der Welt, aber es war das erste und vermutlich auch das letzte.
In der Eröffnungsphase solltest du deinen normalen Tagesablauf fortführen können, einschließlich des Schlafens. Bei meiner Freundin Julie setzten die Wehen während einer dreistün-

digen Klausur ein. Sie schrieb die Arbeit zu Ende (und bekam eine 1), ging nach Hause, schlief ein paar Stunden und rief mich erst gegen 2 Uhr nachts an, damit ich auf ihre anderen Kinder aufpasse.

Du weißt, daß der Geburtsprozeß bald einsetzt, wenn ...

- dein Gebärmutterhals sich zu weiten beginnt und der kleine Schleimpfropf, der den Muttermund geschützt hat, herausfällt. Er sieht aus wie ein großer rosafarbener Spuckeklecks in deiner Unterhose (eklig, aber wahr). Das kann Tage oder Stunden vor den tatsächlichen Wehen eintreten.
- ein stetes Rinnsal oder ein Schwall von Flüssigkeit aus deiner Scheide kommt. (»Ich pinkle und kann nicht aufhören!«) Das bedeutet, daß deine Fruchtblase geplatzt ist und dein Fruchtwasser abgeht. Wenn du zu diesem Zeitpunkt noch keine regelmäßigen Wehen hast, solltest du deine Hebamme anrufen und dich auf den Weg ins Krankenhaus oder zum Geburtshaus machen. (Manche Leute empfehlen, gegen Ende deiner Schwangerschaft ein Glas Gurken mit dir herumzuschleppen – falls du dich an einem öffentlichen Ort befindest, wenn dein Fruchtwasser abgeht, kannst du das Glas fallen lassen und dir vielleicht etwas Peinlichkeit ersparen. ... na ja, wie auch immer.)
- du das Gefühl hast, jemand hätte dir LSD untergejubelt, du zwei Tage lang auf Händen und Knien einen Heizungskanal mit einem Wattestäbchen gereinigt hast oder Fremde auf der Straße angerannt kommen und brüllen: »Machen Sie, daß Sie heimkommen!

Wollen Sie das Baby hier auf dem Bürgersteig kriegen?«

- deine Wehen beginnen – was sich wie böse, starke Menstruationskrämpfe oder wie ein Zusammenziehen und Verhärten anfühlt – sie halten etwa vierzig Sekunden an und können in regelmäßigen Abständen kommen oder auch nicht. Die Eröffnungswehen können sich über Stunden oder Tage hinziehen, ehe du tatsächlich ins Krankenhaus mußt, aber ruf deine Hebamme an, wenn du glaubst, es ist soweit oder deine Wehen regelmäßig alle fünf Minuten kommen – was auch immer zuerst eintritt.

Falls du jedoch keine Klausur schreiben mußt, solltest du in der Zeit deiner Eröffnungswehen spazierengehen, duschen (vorausgesetzt, deine Fruchtblase ist noch nicht geplatzt und jemand ist bei dir, um auszuhelfen), Sex haben, wenn dein Fruchtwasser noch nicht abgegangen ist, und sanft zelebrieren. Wie eine Krankenschwester in *Unser Körper, unser Leben* vorschlägt: Iß Pizza, trink ein Bier und hab Orgasmen. Es geht wahrscheinlich auch ohne das Bier, aber diese Dinge können dir helfen, dich zu entspannen und die Wehen herbeizuführen. In diesem meist erträglichen Wehenstadium dehnen sich deine Uterus- und Zervikalmuskeln und ziehen sich wieder zusammen, um deinen Gebärmutterhals – die Zervix – bis zum Maximum von etwa 10 cm zu weiten.
Du mußt zwar nicht gleich ins Krankenhaus eilen, aber ruf auf jeden Fall deine Hebamme oder Ärztin an, wenn du glaubst: »Jetzt geht's los.« Sie kann dir entscheiden helfen, wann was zu tun ist. Es gibt verschiedene Theorien darüber, wann du im Krankenhaus oder Geburtshaus sein solltest, und sie hängen fast ausschließlich davon ab, wie cool der Entbindungsort deiner Wahl ist. Entbindungsstationen und

Geburtshäuser können ganz angenehme Aufenthaltsorte für die langen Stunden der Eröffnungswehen sein, und viele Mamas fühlen sich wohler, wenn sie wissen, daß sie nicht quer durch die Stadt fahren müssen. Manche Entbindungsstationen machen allerdings gar keinen Spaß. Da ist es schöner, den Tag oder die Nacht zu Hause zu verbringen, vorausgesetzt, es ist nicht zu unordentlich. Ruf auf jeden Fall jemanden an, sobald deine Wehen in regelmäßigen Abständen von fünf Minuten kommen.

Übergangsphase: Selbstmord, Mord und Verzweiflung

Gerade wenn der Muttermund fast völlig geöffnet ist und du schon denkst, daß eine Geburt vielleicht doch nicht ganz so schlimm ist, schlägt »die Übergangsphase« zu. Dieser letzte Zentimeter ist die wirkliche Hölle. Die Zeit scheint unendlich lang stillzustehen. Vielleicht drohst du, wie meine Freundin Kamara, ein paar Leute umzubringen – verängstigter Ehemann eingeschlossen. Vielleicht versuchst du auch, wie Dionne, aus dem Krankenhausfenster zu springen. Deine Beine können zittern und sich verkrampfen, du mußt vielleicht kotzen, und du wirst wahrscheinlich pressen wollen, bevor die Zeit reif ist.

Als ich in den Wehen lag, glaubte ich noch an das verbreitete Märchen, wonach ein »seltsamer Gedächtnisschwund« einsetzen würde, wenn alles vorbei war, und ich den Schmerz vergessen würde. Ich habe ihn nie vergessen, aber aus Furcht vor dieser Amnesie kritzelte ich in der Übergangsphase in Panik eine Notiz für mich selbst: »TU DAS NIE WIEDER.«

Was kann ich euch über diese Zeit der Verzweiflung sagen, außer daß sie nicht ewig dauert? Es müssen Frauen in den Wehen gewesen sein, die das Sprichwort prägten: »Die dunkelste Stunde ist die vor dem Morgengrauen.«

In *The American Way of Birth* hat Jessica Mitford geschrieben, es beruhige sie, »daß sich das [englische] Wort ›travel‹ (Reise) von ›travail‹ ableitet, das den Schmerz der Geburt bezeichnet. Es gibt in der Tat eine Ähnlichkeit der beiden Zustände.« Und sie hat recht. Ich habe diese vier Wörter nur noch ein einziges Mal niedergekritzelt, und zwar auf einer 36stündigen Busfahrt über eine halbgepflasterte tibetische Landstraße: »TU DAS NIE WIEDER.«
Normalerweise kann ich es nicht ausstehen, wenn Leute Sprüche von sich geben wie: »Ohne Schmerz kein Gewinn« oder »dies oder jenes macht alles wett«, aber die Geburt eines winzigen neuen Geschöpfes oder die lang erwartete Ankunft in Lhasa sind von einem Zauber, der nicht überboten werden kann. Erschöpfung fühlt sich plötzlich an wie Erleuchtung, und Schmerz – obwohl unvergeßlich – nimmt die Qualität einer mystischen, aufwühlenden Initiation an.

Schrei!

Während der Wehen und bei der Geburt zu schreien mag in zahlreichen Kulturen als Tabu gelten, unserer eingeschlossen. Um so mehr Grund, es zu tun. Du darfst dich natürlich nicht in eine Panik hineinsteigern, doch wenn du zu Schamhaftigkeit neigst, bedenke folgendes: Du liegst/sitzt/hockst/stehst splitternackt und schwitzend mit gespreizten Beinen da, und egal, wie sehr du dich im Griff hast, du hast einen wenig schmeichelhaften Ausdruck im Gesicht. Es ist Zeit, die Scham über Bord zu werfen.

Aufbruch zu neuen Ufern: Erschöpfung, Erleichterung und Glückseligkeit

Ich zögere, dir viel vom Ende der Wehen zu erzählen – wenn du dein Baby endlich hinauspreßt und es von Angesicht zu Angesicht siehst –, weil du dich höchstwahrscheinlich nicht an meine Worte erinnern wirst.

Wenn sich dein Muttermund endlich weit genug geöffnet hat, um das Baby durchzulassen, wird dir dein Arzt oder deine Hebamme das Startzeichen geben: »Pressen.« Am besten liegst du dabei nicht auf dem Rücken – hocken, knien oder auf der Seite liegen sind die besten Positionen, um dein Baby »auszutreiben«. Aber wie sagte doch eine Geburtshelferflasche zu meiner Freundin, als sie ganz natürlich auf der Seite lag und im Begriff war zu entbinden? »Ich entbinde nicht auf der Seite.« So etwa wie: »Ich mache keine Installationsarbeiten.« Aber ob du nun so entbinden »darfst«, wie dein Körper dir sagt, daß es richtig ist, oder ob jemand anders diese Entscheidung trifft, glaub mir: Es sind schon Millionen von Babys herausgeschlüpft – aus Frauen, die zweifellos kleiner waren als du oder ich.

Wenn du eine Peridural-Anästhesie hast, muß sie jetzt nachlassen, damit du genug Gefühl im Körper zum Pressen hast. »Viele Frauen fühlen sich hin und her gerissen zwischen dem Pressen mit aller Kraft, um das Baby rauszudrücken, und dem Zurückhalten, weil sie Angst haben, der Kopf könnte sie aufreißen«, sagen die Body-Shop-Autorinnen von *Mamatoto, Geheimnis der Geburt*. Aber du mußt pressen, und du mußt *fest* pressen. Dies sind magische Momente, aber sie sind auch beängstigend. Selbst deine Helfer können in leichte Panik geraten. Es kann sein, daß du am Ende zwanzig Minuten preßt oder aber zwei Stunden, bevor du ein Brennen verspürst und der Kopf des Babys erscheint, worauf es in die Welt hinaus rutscht oder gezogen wird.

Dann geht alles ganz schnell – dein plötzlich leerer Bauch

wird zittern; dein Baby tut seinen ersten Atemzug; dein Partner, deine Hebamme oder der Arzt wird sich um die Nabelschnur kümmern; und du wirst dein Kind zum ersten Mal berühren.
Was kann ich noch sagen? Ob du entsetzt oder glückselig bist, atme diese Augenblicke ein. Sie werden keinem Gedächtnisschwund zum Opfer fallen.

Was hat's mit der medizinischen Intervention auf sich?

Trotz der Bewegung hin zur natürlichen Geburt kommt es in vielen Krankenhäusern immer noch routinemäßig zum Einsatz einer verzwickten kleinen Serie von unnötigen Eingriffen, die die Geburt tatsächlich noch komplizieren können, anstatt den Ablauf zu fördern. Viele Interventionen erfordern eine elektronische Überwachung der Wehentätigkeit und der Herztöne des Fetus (Fetal Monitoring), was wiederum erfordert, daß du stilliegst, und stilliegen wird deine Wehen garantiert weniger wirksam, dafür schmerzhafter machen und führt daher – du hast's erraten – zu noch mehr Intervention. Es überrascht nicht weiter, daß einkommensschwache Mamas und Frauen, die ohne Geburtsvorbereiterin oder Hebamme als Fürsprecherin entbinden, am meisten unter den Krankenhauspraktiken zu leiden haben, die auf den Druck von Versicherungen, die Angst vor Schadensersatzklagen und die allgemeine Frauenfeindlichkeit zurückzuführen sind.
Als ich meine Tochter bekam, lächelte die Göttin auf mich herab und schenkte mir eine relativ schnelle (zehnstündige) und unkomplizierte Geburt. Doch weil die Krankenschwestern und Ärzte des Krankenhauses, an dem ich entbunden wurde, gerade einen Haufen neuer Apparaturen erhalten hatten, die sie ausprobieren wollten, mußte ich doch einiges an Folter über mich ergehen lassen.

Das italienische Klinikpersonal ließ mich über den größten Teil der Eröffnungsphase in Ruhe, und es gelang mir ganz gut, sie in der Übergangsphase zu verscheuchen, indem ich auf Englisch herumfluchte, wenn sie mir mit ihren Nadeln zu nahe kamen. Sie lachten und nannten meinen Freund und mich »die Zigeuner aus dem Norden«. Aber gerade als ich von der natürlichen Hölle der Geburt die Nase voll hatte und im Badezimmer in einer Ecke kauerte, mit der Planung meines Selbstmordes und verschiedener Morde beschäftigt – wobei ich in dem kurzen Patientenkittel und mit meinem ungezähmten Haar den Bilderbuchkandidaten für eine Gehirnoperation abgab –, entdeckte mich eine der Schwestern und fing an, da sie offensichtlich meine Verwundbarkeit spürte, mich auf Italienisch anzuschreien. Als ich aufstand, platzte meine Fruchtblase, worauf mich die Schwester in einen Rollstuhl drückte und in den gefürchteten Kreißsaal schob. Dort hob mich das Folterteam aus dem Rollstuhl, ließ mich auf einen Metalltisch plumpsen, zwängte meine Knöchel in Fußklammern und begann im Chor *»spingere«* zu leiern.

Meine Schwester und der Vater meines Babys, die sich irgendwie in den Raum gemogelt hatten, brüllten: »Keine Medikamente!« und hielten eine blonde Krankenschwester mit einer riesigen Nadel in der Hand zurück. Unterdessen hielt mir eine zweite Krankenschwester, offenbar weil ich nicht fest genug preßte, den Kiefer zu, während eine dritte einen breiten Ledergurt unter dem Tisch hervorzog und ihn fest über meinem Bauch runterdrückte, in einem grotesken Versuch, das Baby selbst hinauszuschieben. Während ich mich bemühte zu pressen und mir diesen ganzen Wahnwitz einzuprägen, starrte mir ein Typ, den ich noch nie gesehen hatte (mein Geburtshelfer war in Urlaub), zwischen die Beine, rief irgendwas aus und schlitzte plötzlich meinen Damm. Als er nach der Zange griff, die er nicht brauchen würde, kam meine Tochter heraus. Einen Sekundenbruchteil später warf eine Schwester sämtliche Instrumente in ein tiefes Metallspülbek-

ken, wo das Klirren von Metall auf Metall meine Tochter in dieser rauhen, rauhen Welt willkommen hieß.
Glücklicherweise ist ein solches Drama eine Seltenheit. (Ich habe zum Beispiel noch nie von einem anderen Opfer des Lederriemens gehört.) Und glücklicherweise scheint nichts hiervon mir oder meiner Tochter Maia nachhaltigen Schaden zugefügt zu haben. Aber jung und gutgläubig und irgendwie lahm, wie ich war, habe ich nach solchen Dingen vorher nicht einmal *gefragt*.
Beim normalen Geburtsverlauf ist medizinische Intervention unnötig. Es geht hier also mehr darum herauszufinden, ob dein Geburtshelfer irgendwelche Verfahren routinemäßig anwendet; und denk immer daran, daß du das Recht hast, eine Maßnahme abzulehnen. Falls doch Komplikationen auftreten, wird dir wahrscheinlich jeder Trick, den dein Arzt oder deine Hebamme aus der Kiste zieht, willkommen sein, aber selbst dann ist es wichtig, daß er oder sie – bei jedem Schritt – genau erklärt, was gemacht wird und warum.
Hier ist eine Liste der häufigsten Interventionen mit der Anmerkung, wann sie sinnvoll sind. Ich habe das Rasieren der Schamhaare von meiner ursprünglichen Liste gestrichen, weil es inzwischen so gut wie überholt ist. Wenn dir dein Arzt das also vorschlägt, sag ihm, er sei wohl von gestern.

Intervention	**Warum sie gut ist**	**Warum sie Mist ist**
Peridural-Anästhesie (PDA) (Betäubungsmittel, das zwischen deine Lenden-	Schmerzfreiheit. Wenn du eine wohlüberlegte Entscheidung getroffen hast	Schlägt vielleicht nicht an, erschwert dir das Pressen, erfordert elektro-

wirbel gespritzt wird)	bzw. wenn die Geburt lang und traumatisch ist, dann tu's.	nische Überwachung des Fetus, erfordert Stilliegen, kann weitere Maßnahmen notwendig machen wie Beschleunigung der Übergangs- bzw. Austreibungsphase durch Medikamente.
Einlauf (Pumpen von Wasser in den Po, damit du Durchfall bekommst)	Du fühlst dich vielleicht besser, und er kann verhindern, daß du während der Entbindung kackst (als würde dich das in dem Augenblick jukken).	Völlig unnötig, du fühlst dich danach vielleicht *schlechter*, worauf du eventuell eine PDA verlangst.
Elektronische Überwachung des Fetus (extern und intern)	Wenn du eine PDA hast, die Geburt eingeleitet oder beschleunigt wird, ist sie notwendig.	Es ist nie nachgewiesen worden, daß sie sicher ist, sie kann unbequem sein und erfordert, daß du liegst.

Liegen	Es ist nicht gut. Aber es ist notwendig, wenn der Fetus elektronisch überwacht wird.	Erhöht das Risiko von Fetal Distress *, verlangsamt oder stoppt die Wehen, führt zu weiteren Interventionen zur Beschleunigung der Wehen.
Sprengen der Fruchtblase (damit das Fruchtwasser abgeht)	Kann Geburt beschleunigen und die Wehen effektiver machen, wenn es nach Öffnung des Muttermundes auf 4 bis 5 cm durchgeführt wird und du mit deinen Kräften am Ende bist; erleichtert dem Geburtshelfer die Untersuchung auf Fetal Distress, wenn der Muttermund etwa 8 cm geweitet ist.	Manche Ärzte sprengen die Membrane in der Eröffnungsphase nur, damit alles schneller geht. Wenn du mich fragst, sollten Ärzte, die das gewohnheitsmäßig tun, selbst ein paar Tranquilizer schlucken und dich und dein Fruchtwasser in Ruhe lassen.

* Oberbegriff für alle Gefahren, die dem Kind kurz vor, während oder kurz nach der Geburt drohen – A. d. Ü.

Intravenöse Injektion	In seltenen Fällen, wenn du alles, was du trinkst, wieder erbrichst, kann eine intravenöse Injektion verhindern, daß du zu sehr austrocknest.	In vielen Kliniken bekommt jede Frau in den Wehen eine i. v. Injektion »für alle Fälle«. I. v. Injektionen erschweren es dir, dich zu bewegen und sind bei normalen Entbindungen völlig unnötig.
Pitocin (ein Medikament zur Einleitung oder Beschleunigung der Geburt)	Wenn das Leben des Babys in Gefahr ist, bei Schwangerschaftstoxikose oder Diabetes der Mutter kann eine Geburtseinleitung oder -beschleunigung eine gute Alternative zum Kaiserschnitt sein.	Dein Baby muß ständig elektronisch überwacht werden, eine beschleunigte Geburt bedeutet größere Schmerzen, es kann zu weiteren Interventionen führen, und es wird oft aus Bequemlichkeit und nicht aus Notwendigkeit gemacht.
Dammschnitt (ein Schnitt durch Haut und	Es ist nicht gut, obwohl manche sagen, er verrin-	Geburtshilfemaßnahmen (Massieren des

Muskeln zwischen Scheide und After zur Vergrößerung der Scheidenöffnung)	gert die Gefahr eines Risses. Du hast das Recht, einen Dammschnitt abzulehnen.	Dammes bzw. Auflegen von heißen Kompressen oder warmem Öl zur Entspannung) können ein Reißen minimieren, so daß der Schnitt unnötig ist; er kann die sexuelle Empfindung später beeinträchtigen; und die Naht kann schmerzen.
Einsatz von Saugglocke und Geburtszange (um das Baby herauszuziehen)	Wenn du nicht fest genug pressen kannst (etwa weil du eine Peridural-Anästhesie hattest), wenn sich die Nabelschnur um den Hals des Babys gelegt hat oder wenn Fetal Distress besteht, kann er eine gute Alternative zum Kaiserschnitt sein.	Wenn das Baby keine Schwierigkeiten hat rauszukommen, ist der Einsatz von Saugglocke und Zange vollkommen unnötig, und sie können den Kopf des Babys verletzen.

Kaiserschnitt	Das Ziel bei der Entbindung ist, das Baby herauszuholen. Kaiserschnitte retten Leben, und (entschuldigt bitte meine hohle Eitelkeit) die Narbe ist kaum zu sehen, wenn sie erst mal verheilt ist.	Hütet euch vor Ärzten und Krankenhäusern mit einer Kaiserschnittquote von über 15 %. Viele liegen mit ihren Quoten unter 5 %. Der Eingriff wird zu häufig angewandt, und die Genesung davon dauert sechs Wochen.

Dein Geburtsplan

Ein Geburtsplan ist lediglich eine Liste deiner Wünsche und der Dinge, die du vorziehst, mit einer kleinen Einleitung, in der so etwas steht wie: »Ich möchte, daß mir alle ärztlichen Maßnahmen, meine Fortschritte und alle etwaigen Komplikationen genau erklärt werden. Ich willige ein, ärztliche Einschätzungen und Eingriffe nach wohlüberlegter Entscheidung meinerseits nur zu akzeptieren, wenn ein medizinischer Notfall für mich oder mein Baby besteht. Ich möchte, daß mir folgendes zugestanden wird« oder: »Ich möchte so bald wie möglich eine Peridural-Anästhesie haben, und ich bin bereit, andere ärztliche Beurteilungen und Eingriffe mit meiner wohlüberlegten Zustimmung bzw. der meines Geburtspartners zu akzeptieren. Ich möchte ...«

Denk über die folgenden Möglichkeiten nach. Du möchtest sie vielleicht auch auf deiner Liste mit Wünschen haben:

- Kein Fetal Monitoring – intern oder extern –, es sei denn, es liegt Fetal Distress vor.
- Keine intravenöse Injektion außer in einem Notfall.
- Ich will mehr als eine Bezugsperson dabei haben.
- Ich will während meines Klinikaufenthalts nicht von meinem Geburtspartner getrennt werden.
- Ich will keinen Einlauf.
- Kein Rasieren meiner Schamhaare.
- Ich will eine Peridural-Anästhesie.
- Ich will keine Peridural-Anästhesie oder sonstigen Medikamente während der Geburt.
- Ich will während der Geburt umherlaufen und mich bewegen dürfen.
- Ich will während der Geburt meine eigene Kleidung tragen dürfen.
- Ich will nicht, daß die Fruchtblase künstlich gesprengt wird.
- Ich will nicht, daß die Geburt mit Pitocin eingeleitet wird.
- Ich will, daß mein Geburtspartner die Nabelschnur durchtrennen darf, wenn sie aufgehört hat zu pulsieren, es sei denn, sie war um den Hals des Babys geschlungen.
- Sollte ein Kaiserschnitt notwendig werden, will ich, daß mein Geburtspartner mich in den Operations- und Aufwachraum begleitet.
- Ich will kein grelles Licht.
- Ich möchte in jeder Position entbinden können, die ich mir aussuche.
- Ich möchte in einem ruhigen Raum entbinden.
- Ich will keinen Dammschnitt; wir wenden statt dessen perineale Massage an.
- Das Baby ist sofort nach der Geburt zum Stillen auf meinen Bauch zu legen.

- Das Baby darf nicht aus meiner Sicht entfernt werden.
- Sehen Sie fünfundvierzig Minuten Zeit für die Nachgeburt vor.
- Ich beabsichtige zu stillen. Verabreichen Sie dem Baby nichts Künstliches.
- Ich will nach der Geburt so bald wie möglich aus dem Krankenhaus entlassen werden.
- Sollte ein Krankenhausaufenthalt wegen Komplikationen erforderlich werden, möchte ich mein Baby bei mir im Zimmer haben.

Wenn du mit deiner Hebamme, deinem Geburtshelfer und anderen Mamas sprichst, fallen dir vielleicht noch weitere Dinge ein, die du auf deiner Liste unterbringen möchtest. Mach dir keine Sorgen darum, zu viele Wünsche zu haben, aber formuliere sie knapp und bring sie auf den Punkt. Es bleibt zu hoffen, daß dein Arzt und alle anderen in dem Krankenhaus oder Geburtshaus, das du dir zur Entbindung ausgesucht hast, ganz cool und auf deiner Seite sind, aber einen Geburtsplan zu erstellen kann dir auch helfen, eine klare Vorstellung von deinen Wünschen zu bekommen.

Und denk dran ...

- Eine Geburt ist ein natürlicher Vorgang, keine Krankheit.
- Ein Baby bekommen tut immer weh.
- Ärzte machen sich unter Umständen größere Sorgen wegen einer Kunstfehlerklage als um deine Gesundheit oder die Gesundheit deines Babys.
- Unnötiges Fetal Monitoring wird den Geburtsprozeß verlängern, weil du dabei stilliegen mußt. Um die Geburt voranzutreiben, mußt du herumlaufen.

- Der »Drang zu pressen«, von dem die Leiter von Geburtsvorbereitungskursen immer sprechen, fühlt sich sehr stark an wie der Drang zu kacken.
- Du hast ein Recht darauf, ohne medizinische Intervention zu entbinden.
- Wenn eine medizinische Intervention notwendig wird, ist es nicht deine Schuld, und du hast nichts »falsch gemacht«.
- Wenn dir ein Typ erzählt, seine Frau hätte bei ihrem ersten Kind nur zwei Stunden in den Wehen gelegen, meint er, daß er nur zwei von den Stunden wach war.

Die bestgeschmiedeten Pläne:
Der Umgang mit Enttäuschungen

»Ich hatte keine wunderschöne Hausgeburt«, sagt Janelle. »Ich weiß, es gibt viele unnötige Kaiserschnitte, aber in meinem Fall wäre ein Kaiserschnitt das beste gewesen.«

»Es war echt mörderisch«, erzählt Stephanie, während sie sich von einem unerwarteten Kaiserschnitt erholt. »Und enttäuschend.«

Wenn bei der Geburt nicht alles so läuft wie geplant, haben wir danach oft das Gefühl, irgendwas versäumt zu haben, wir fragen uns, was wir hätten anders machen können, und wir werfen uns vor, es nicht irgendwie besser gemacht zu haben. Wie meine Freundin Delma über ihren Kaiserschnitt sagte: »Mir war, als hätte ich als Frau versagt.«

Streich dir solche Vorstellungen bitte aus dem Kopf. Viele, viele große Frauen haben durch Kaiserschnitt entbunden. Gedanken wie diese sind klassische Zeichen für mütterliche Schuldgefühle, und ob nun deine Geburt glatt verläuft oder Komplikationen eintreten, eins mußt du dir immer vor Au-

gen halten: Du hast dein möglichstes getan nach bestem Wissen und Gewissen. Und dies: Dein Geburtserlebnis war ganz einfach dein Geburtserlebnis. Keine zwei Entbindungen werden sich je gleichen, also empfinde deine bitte nicht als »falsch«. Wenn dein Kind heranwächst, wird es dich nach seiner Geburt fragen, und glaub mir, wenn die Sache nicht nach Plan verlaufen ist, ist deine Geschichte um so spannender.
Obwohl Janelle fünf Jahre wartete, ehe sie über ihre Hausgeburt und die anschließende Unterbringung ihres Sohnes auf der Intensivstation schrieb, erzählte sie Freunden die Geschichte fast sofort. Wir müssen mit Leuten reden. Wir müssen niederschreiben, was passiert ist. Wir müssen uns gestatten, über unsere Enttäuschungen zu trauern.
Das Leben ist bizarr. Danach bist du stärker.

Über die Beschneidung

Die Beschneidung (Zirkumzision) ist die chirurgische Entfernung der Vorhaut, eines losen Stücks Haut, das die Eichel (Glans) des Penis bedeckt. Obwohl bei Juden und Moslems aus religiösen Gründen schon lange praktiziert, IST SIE MEDIZINISCH NICHT NOTWENDIG. Dennoch werden jährlich in den USA rund eine Million Babys (etwa die Hälfte aller männlichen Neugeborenen) beschnitten. Der Eingriff ist äußerst schmerzhaft und wird gewöhnlich ohne Betäubung ausgeführt, eine Tradition, die von dem altmodischen Glauben übriggeblieben ist, daß Neugeborene keinen Schmerz empfinden. Während einige Leute behaupten, der beschnittene Penis sei leichter sauberzuhalten, kann die Operation mindestens ebenso viele Probleme hervorrufen, wie sie verhindert. Wenn du dich mit dem Gedanken trägst, deinen Jungen beschneiden zu lassen, denk bitte sehr sorgfältig über deine Entscheidung nach. Wie Betty Katz-Sperich, eine Krankenschwester und Beschneidungsgegnerin, sagt: »Es ist

[auch] eine jüdische Tradition, sehr überlegt zu sein und nicht einfach Dinge zu tun, ohne darüber nachzudenken.«

Und dank der ständigen Abnahme der Routinebeschneidungen in den vergangenen Jahrzehnten wird dein Sohn alles andere als »allein« im Umkleideraum sein.

Wenn du unentschlossen bezüglich der Maßnahme bist, wird der Film *The Nurses of St. Vincent: Saying »No« to Circumcision* (»Die Schwestern von St. Vincent: ›Nein‹ zur Beschneidung«) dich (oder eventuell den Partner, den du umzustimmen versuchst) garantiert überzeugen, davon Abstand zu nehmen. In dem kurzen Dokumentarstreifen erzählen sechs Krankenschwestern, was sie im Beschneidungsraum erlebt haben und sie veranlaßt hat, die Ärzte des New Mexiko Hospital, wo sie arbeiteten, davon in Kenntnis zu setzen, daß sie nicht länger bei dem Eingriff assistieren würden. Das Video umfaßt auch Nahaufnahmen einer Säuglingsbeschneidung, bei denen einem das Blut in den Adern gerinnt. Nennt mich ruhig zart besaitet, aber ich konnte kaum hinsehen, geschweige denn mir vorstellen, meinem Kind so was anzutun.

In Amerika muß man sogar heute noch auf der Hut vor altmodischen Ärzten sein, die nicht wissen, wie man den nichtbeschnittenen Penis pflegt. Häufig empfehlen sie alle möglichen Reinigungsmethoden, mit und ohne Bürste, und ein Zurückziehen der Vorhaut. All dies Geschrubbe kann aber tatsächlich zu den Infektionen führen, die du eigentlich zu verhindern suchst. Wie mit jedem Körperteil eines neugeborenen Babys solltest du auch mit dem Penis behutsam umgehen. Benutz warmes Wasser und halte dein Baby sauber, doch wisse, daß die Vorhaut etwas Natürliches und der Penis im Grunde eine selbstreinigende kleine Vorrichtung ist.

»Ich kann dir gar nicht sagen, wie viele Namen ich ausprobiert habe, als ich schwanger war«, sagt Xan. »Ich weiß nicht warum, aber der Name war alles für mich. Ich könnte sie Sonnenblume nennen, aufs Land ziehen und ihr nur organische Kost geben. Oder ich könnte ihn Malcolm nennen und ihn lehren, ein starker schwarzer Mann zu sein. Oder ich könnte das Baby Lee nennen und müßte mir nie Sorgen um Geschlechtsdiskriminierung machen.«

Wie Xan weiß, dauert eine Schwangerschaft nur deshalb neun Monate, damit man Zeit hat, sich einen echt coolen Namen einfallen zu lassen. Du hast Zeit, ihn dir auf der Zunge hin und her zu rollen. Ihn unter der Dusche leise zu murmeln. Dich in die griechische Mythologie zu vertiefen und »Zeus« in Betracht zu ziehen, bevor dich deine Freunde auslachen und dich zwingen, es zu revidieren. Du hast Zeit herauszufinden, was die Namen, die dir schon immer gefallen haben, bedeuten. Du hast Zeit, über Familiennamen nachzudenken und Namen, die das Erbe deines Babys verkörpern.

Bei Mormonen, Zigeunern und anderen Kulturen ist es Tradition, den Babys zusätzlich zu ihren Vornamen noch einen geheimen Namen zu geben. Bei einigen Zigeunerstämmen wird dieser Geheimname dem Neugeborenen ins Ohr geflüstert und nie wieder ausgesprochen, bis das Kind die Pubertät erreicht. Das soll die Dämonen irreführen, die dann, da sie die wahre Identität des Kindes nicht kennen, keine Macht über es haben werden. Heutzutage kann die Wahl eines Nachnamens fast genausoviel Kopfzerbrechen verursachen wie die Wahl eines Vornamens. Klar, für manche Leute ist das kein Problem. Traditionell kriegt das Kind den Namen seines Papas. Wenn du aber z. B. eine Singlemama bist, willst du vielleicht sofort einen mutterrechtlichen Anspruch erheben. Wie ich höre, sinkt zwar zunehmend die Beliebtheit der Doppelnamen, je mehr von denen, die in den 70er Jahren mit

Bindestrich aufgewachsen sind, selbst Eltern werden. Doch wenn die Namen zusammen gut klingen, ist es sicher eine Überlegung wert.

Einige Familien, die ich kenne, denken daran, ihre Nachnamen ganz loszuwerden zugunsten von nagelneuen. Ich kenne eine Mama, die mit Nachnamen BraveWoman heißt. Ich hatte immer angenommen, daß sie mit diesem Namen geboren war, bis ich ihren Sohn, Mr. BraveMan, kennenlernte.

Meine Tochter heißt mit Nachnamen Swift, was frei erfunden ist – ihr Papa hatte sich mir ursprünglich als Mr. Swift vorgestellt, und als er irgendwann mit der Wahrheit herausrückte, daß er nämlich ein »Smith« sei, hatte ich mich schon mit dem ersten Namen angefreundet. Frag nicht weiter.

In Deutschland ist man mit der Wahl des Nachnamens weniger großzügig. Das Kind kann nur den Namen der Mutter oder den des Vaters erhalten, worauf sich die Eltern einigen müssen. Doppelnamen aus den Namen der Eltern sind nicht zulässig.

Sollte dir nicht gleich der richtige Name für dein Kind einfallen, nur keine Panik, sonst kriegt man am Ende einen Namen wie »Crisis« verpaßt. (Ist tatsächlich vorgekommen.) Irgendwann wird dir schon die Erleuchtung kommen.

Meine Schwester gehört zu den Leuten, die sich bereits im Alter von zehn Jungen- und Mädchennamen zurechtgelegt haben, aber als sie schwanger wurde, schien keiner so richtig zu passen. Dann setzten bei ihr die Wehen auf dem Leonardo-da-Vinci-Flughafen in Rom ein, und schon hatte ich einen Neffen namens Leonardo. Eine andere Mama, die ich kenne, sah einfach die Liste der Babys durch, die in letzter Zeit in dem Krankenhaus geboren wurden, wo auch sie ihren Sohn bekam. »Julian« klang süß, also klaute sie den Namen.

Ich kenne einen Typ, der Christian heißt. Seine Mutter hatte die Geburtsurkunde genommen, sich die blanke Stelle nach »First or Christian Name« (»Vor- oder Taufname«) angese-

hen und »Christian« eingekreist. Sein Glück, daß sie nicht »First« eingekreist hatte.
Und als ich auf die Welt kam, war meine Mutter so verdattert, daß ich ein Mädchen war und sie keinen Mädchennamen parat hatte, daß sie mir erst nach drei Monaten einen Namen gab. Auf meiner Geburtsurkunde steht »Gore Mädchen«, und ich habe eine »Nachträgliche Namensurkunde«, auf der »Ariel Fiona« eingefügt ist. Eigentlich habe ich diese Namensurkunde nie gesehen, und so weiß ich offiziell nur, daß ich eigentlich »Mädchen« heiße. Aber mal ehrlich, würdest du nicht lieber drei Monate lang »Baby« genannt werden, als hundert Jahre lang auf den Namen »Oskar« hören?
Unten ist eine subjektive Liste von fünfzig echt coolen Namen, aber solange ich dich überzeugen kann, dein Kind nicht nach einem Getränk zu taufen, sehe ich meine Rolle als Autorin als erfüllt an. Bisher bin ich Kindern namens Cappuccino, Daiquiri, Chardonnay Chablis, Water und Ice begegnet. Vielleicht liegt's ja nur an mir, aber mir erscheint es einfach nicht nett, ein Baby nach einem Getränk zu nennen.

FÜNFZIG ECHT COOLE NAMEN

Eine subjektive Liste (oder: Wo mein Hippieherz offenbart wird)

Aischa
Alana oder Alena
Alix
Anais
Andreij
Anilú
Ariadne
Calvin
Chanda
Clea
Danica
Dominik
Enzo
Farai
Francesco
Gianna
Gideon
Indigo
Jana
Janou
Jasper
Julian
Keanu
Kyrill
Lavinia
Leif
Leon
Luca
Marla
Marcel
Marvin oder Marven
Merlin
Naida
Naomi
Nastassja
Pablo
Raven
Ruben
Saskia
Sean
Serka oder Sidra
Sylvan oder Sylvana
Taela
Tamara
Tristan
Valeska
Wynona
Yannik
Zoë
Zoltan

Wie du deinen Kopf durchsetzt

Julie Bowles, Familienfürsprecherin und Mama von drei Kindern

Du hast viele Krankenhausgeburten von einkommensschwachen Müttern erlebt. Welche Art Pflege bekommen sie in der Regel?
Wenn du arm bist, aber nach stereotypem Maßstab nicht arm aussiehst, wirst du ganz gut behandelt. Wenn du aber sehr jung oder farbig bist oder kein Englisch sprichst, dann tendiert das Krankenhauspersonal dazu, alle Entscheidungen für dich zu treffen, selbst wenn du einen Geburtsplan gemacht hast. Oft erklärt dir eine Krankenschwester nur teilweise, warum sie zu einer bestimmten Maßnahme greift, und spielt die Folgen der Maßnahme herunter. Das kommt sogar vor, wenn die Mutter eine Fürsprecherin dabei hat.

Glaubst du, daß nur arme Frauen hiervon betroffen sind, oder besteht die Gefahr für alle Mamas?
Ich glaube, die Gefahr besteht für alle Mütter, besonders wenn du bei der Auswahl deines Geburtsbegleiters nicht pingelig gewesen bist. Es geht letztendlich um Rechte. Viele Ärzte, besonders die weiße männliche Abteilung, glauben, sie hätten das Recht, für dich zu entscheiden und dir irgendwelche Vorschriften zu machen. Bei armen Frauen besteht diese Gefahr in besonderem Maße, vor allem, wenn du dein ganzes Leben lang arm warst, denn dann hast du wenig Übung darin, Qualität zu fordern, und die Entbindung ist ein denkbar schlechter Zeitpunkt, damit zu beginnen.

Was können wir vor der Entbindung tun, um zu vermeiden, daß wir schlecht behandelt werden?

Wir können dafür sorgen, daß wir über unseren Körper und den Geburtsprozeß Bescheid wissen, wir können uns einen Geburtsbetreuer aussuchen, der uns respektiert, und wir sollten zwei Fürsprecher mitnehmen. Wir sollten auch die Sterblichkeitsstatistik kennen – nur wenige Babys sterben aus Mangel an medizinischer Intervention. Die meisten von uns würden ganz ohne Ärzte bestens zurechtkommen. Ein Kaiserschnitt ist nur bei einem ganz geringen Prozentsatz der Geburten notwendig, aber in manchen Krankenhäusern liegt der Anteil der Kaiserschnittentbindungen sogar bei 34 %. Wenn du Schmerzmittel willst, kannst du sie natürlich haben. Und wenn ein Kaiserschnitt notwendig ist, dann solltest du auch einen machen lassen. Die Probleme entstehen, wenn sie dir Sachen geben, die du nicht willst, und wenn sie dir nicht genau erklären, warum sie dies oder jenes tun.

Was ist, wenn die Geburtswehen schon einsetzen und wir ohne unsere Hebamme oder unseren Partner im Krankenhaus landen?

Versuch dich daran zu erinnern, was deine ursprünglichen Ziele waren, versuch dich an die Fakten über medizinische Intervention zu erinnern, und denk daran, daß das Krankenhauspersonal dir vielleicht nicht immer alles sagt. Natürlich werden dich nicht alle Kliniken und Ärzte schlecht behandeln, aber es kommt immerhin häufig genug vor, um mich zu so eindeutigen warnenden Stellungnahmen zu veranlassen. Einer der Gründe, warum du mehr als einen Fürsprecher haben solltest, ist der, daß du am Ende nicht allein im Krankenhaus bist. Du darfst auch nie vergessen, daß »nein« auch »nein« heißt. Wenn du eine bestimmte Maßnahme nicht willst, droh mit einer Klage, wenn man nicht auf dich hört. Was du dir auch stets vor Augen halten solltest, ist, daß du diese Leute dafür bezahlst, daß sie dich behandeln, und selbst wenn es nicht direkt aus deiner Tasche kommt – irgend jemand zahlt dafür, und niemand will dafür bezahlen, daß du schlecht behandelt wirst.

Manche Leute sagen, man sollte nicht dauernd Szenen machen, weil man jemanden beleidigen könnte, der einem später vielleicht mal das Leben retten soll. Was sagst du zu dieser Theorie?
Grundsätzlich ist es so, daß sie dein Leben retten müssen, selbst wenn du sie beleidigt hast. Darum geht's beim Eid des Hippokrates. Und wenn du jemals eine Szene machen willst, dann ist die Geburt der beste Zeitpunkt dafür.

Angenommen, wir tun unser möglichstes, um uns auf die Geburt vorzubereiten, und wir tun unser möglichstes bei der Entbindung, aber nichts läuft so, wie wir's uns vorgestellt hatten.
Auch wenn du all das zu tun vergißt, was ich vorhin erwähnt habe, hast du immer noch getan, was dir ganz spontan kam, und das ist völlig in Ordnung. Du solltest böse Briefe an alle schreiben, die es deiner Meinung nach verdient haben, dich mit vielen coolen Mamas unterhalten, Tee trinken, dich entspannen und dich an deinem Neugeborenen erfreuen. Wenn alles vorbei ist, zählt nur eins: nämlich akzeptieren, was passiert ist.

Ein paar Tage, nachdem ich Maia zur Welt gebracht hatte, kam meine Schwester vorbei und bemerkte, sie habe das Gefühl, es gebe etwas, was nur Frauen, die Kinder geboren haben, wüßten, etwas, was wir ihr nicht verraten könnten, selbst wenn wir wollten. »Weißt du«, sagte sie, »es ist wie dieses Gefühl, das man bei geheilten Heroinsüchtigen kriegt, oder dieses Band, das man zwischen Dieben spürt, als wären sie irgendwo gewesen und hätten was gesehen, von dem du gar nicht sicher bist, daß du es überhaupt wissen willst ...«

Und dann ließ sie mich dort auf meiner Couch zurück, wo ich mein Baby stillte und über diesen seltsamen Vergleich grübelte: Fixer. Diebe. Und Mütter. *Hmmm …*

Einige Jahre später erfuhr ich, daß es in alten Religionen heißt, Mütter blieben nach der Geburt ihrer Kinder eine Zeitlang in der Unterwelt. Wir wissen, wovon die Rede ist, und es dauert eine Weile, bis wir wieder oben sind. Vielleicht war es das, wovon meine Schwester gesprochen hatte.

Kapitel 3
Hey, Baby

> Es kommt mir vor, als würde ich in *Twilight Zone* babysitten. Ich warte immer darauf, daß die Eltern heimkommen, weil wir keine Chips und Diätcola mehr haben.
>
> – *Anne Lamott,* Operating Instructions

Plötzlich hatte ich dieses kleine Geschöpf, das wie ein Außerirdischer aussah«, erinnert sich Michelle, eine zwanzigjährige Singlemama. »Ich war voll von den verrücktesten Gefühlen, ich fühlte mich wie Courtney Love und eine Hallmark-Karte, alles zu einem einzigen Brei vermanscht.«

Michelle hat das Krankenhaus mit ihrer Tochter noch am Tag der Entbindung verlassen. Zu Hause halfen ihr ihre eigene Mutter und einige Freundinnen, doch als es Nacht wurde, waren sie nur noch zu zweit in der Wohnung, Michelle und das Neugeborene. »Ich hab' versucht zu schlafen, und das Baby ist ein paarmal aufgewacht, aber ich bin alle Viertelstunde aufgewacht, nur um sie anzusehen«, erinnert sie sich. »Du weißt doch, wenn du in einem fremden Land bist und träumst und dann aufwachst im Glauben, du bist zu Hause, und dann siehst du dich im Dunkeln um und erinnerst dich wieder, wo du bist? Genau so war es.«

Nur wenige Augenblicke im Leben sind so emotional und unfaßbar und erschütternd wie die ersten Stunden und Tage, nachdem ein Baby geboren ist. Aber wir schaffen es alle (jedenfalls die meisten von uns), es heil zu überstehen. Nichts ist zu vergleichen mit dem Duft eines milchigen Neugeborenen in deinen Armen, während du in deinem Lieblingssessel kuschelst. Und nichts ist zu vergleichen mit dem Plärren, das mitten in der Nacht einsetzt, gerade als du endlich eingeschlafen bist. Du kommst dir vor wie ein Opfer eines dieser

Schlafentzugsexperimente, und wenn du so bist wie ich, schleichen sich bei dir ein paar erschreckend gewalttätige Gedanken ein.

Manche Frauen beschreiben die ersten paar Tage nach der Geburt eines Babys als euphorisch, aber ungefähr am dritten Tag verfallen die meisten von uns in irgendeine Form von postnatalem Babyblues, was von ein bißchen Tränenseligkeit und Erschöpfung bis hin zu ernsthaften psychotischen Zuständen reichen kann. Wir sind nicht nur durch die hormonelle Umstellung gefordert, sondern wir sind plötzlich nicht mehr schwanger, *wir sind Mamas*. Unser Körper ist total aus dem Takt, unsere Gefühle sind außer Kontrolle geraten, und wir können ums Verrecken nicht schlafen. Ein Chemiker mag anderer Meinung sein, aber der passendste Vergleich, der mir einfällt, ist dieser: Elektrischer LSD-Cola-Cocktail.

»Hättest du je gedacht, daß du irgend jemanden so sehr lieben könntest?« fragte mich eine Freundin, als wir vom Krankenhaus heimkamen. Und ich schüttelte den Kopf, echt überwältigt von der Zärtlichkeit, die ich für dieses neue Leben empfand. Es war daher um so erschreckender, als ich, etwas später am selben Tag, bei einer anderen Freundin zu Hause saß, in den offenen Kamin stierte und das Baby verzweifelt hin und her wiegte, damit es endlich aufhörte zu weinen – und für den Bruchteil einer Sekunde hatte ich ehrlich Lust, dieses Baby in die Flammen zu werfen. Was mich hinderte, waren nicht meine bedingungslose Liebe und der Instinkt, meine Tochter zu schützen, sogar vor mir selbst. Was mich hinderte, war folgender Gedanke, der wie eine Offenbarung in mir aufblitzte: »Ich will nicht, daß Jo Beth Williams mich in einem Episodenfilm spielt.« Und ihr auch nicht. Ich rückte mit dem Stuhl schnell weg vom Feuer und stand auf, Maia fest an meine Brust gedrückt. Sie weinte immer noch, während ich in die Küche flitzte und sie meiner Freundin reichte. »Ich mach' die Pasta«, sagte ich. »Kümmer du dich um sie.«

Verständlicherweise werden wir nicht immerzu liebend gern

Mama sein. Dennoch habe ich erst Jahre später erfahren, daß meine momentane Psychose eigentlich ziemlich normal war. Wichtig ist nur, daß wir diese skurrilen Impulse nicht ausleben. Wenn du wirklich glaubst, du schnappst über, oder wenn deine Depression länger als ein paar Tage anhält, dann solltest du mit einer Therapeutin sprechen. Am besten, du suchst dir jemanden mit Erfahrung in postnataler Depression, oder du fängst erst mal mit einer vertraulichen Hotline an. Oder aber du redest mit Freundinnen und anderen Mamas, und wenn du das Gefühl hast, die Realität und deine neue Mutterschaft wachsen dir über den Kopf, dann sei gut zu dir selbst. Es kann hilfreich sein, die Geschichte der Geburt deines Babys niederzuschreiben oder mit einer Freundin noch mal durchzusprechen, um sowohl die freudigen Momente der Geburt als auch deine Enttäuschungen zu verarbeiten. Entspann dich, hol dir Hilfe, wo du kannst, schlaf, wenn das Baby schläft, iß ordentlich, und trink viel Wasser. Und gönn dir eine Pause, wenn du sie brauchst.

Kulturschock

Ich will hier ja keine Pferde scheu machen, aber wie Anne Lamott sagt: »Ein Baby zu kriegen ist wie den schlimmsten Zimmergenossen auf Erden zu kriegen. Wie Janis Joplin mit einem üblen Kater und PMS.« Und bestimmt brauchst du keine Hilfe, um die selige Zeit zu überstehen, wenn das Baby den ganzen Vormittag schläft, für eine halbe Stunde zum Trinken aufwacht und dann wieder unter süßem Glucksen entschlummert.

Es sind diese *anderen* Zeiten. Die Zeiten, wenn deine kinderlose Yuppy-Gipskopffreundin mit einem goldigen Geschenk reinplatzt und deine Wohnung ein heilloses Durcheinander ist, das Baby überall rumspuckt und du aussiehst wie eine Kreuzung zwischen Bon Jovi und Frankenstein; die Zeiten, wenn du das Gefühl hast, seit einer Ewigkeit keinen menschlichen Kontakt mehr gehabt zu haben, obwohl es nur acht Stunden waren; die Zeiten, wenn Magenkrämpfe das Baby plagen und du der Schwangerschaft nachtrauerst und langsam verstehst, wie deine eigene Mama so wunderlich werden konnte. All diese Zeiten sind es, die innerhalb weniger Tage oder Wochen zusammenzufallen scheinen, nur um deine Vorstellung von einer Bilderbuchmutterschaft zu zerstören.

Wie Jennifer sagte, als ihr Sohn drei Wochen alt war: »Gibt's bei diesem Job bezahlten Urlaub oder so was?« Leider nein. Aber irgendwie wird alles mit der Zeit, na ja, nicht gerade leichter, aber machbarer. Der Kulturschock ebbt ab, du wirst in diesem neuen Land der Mutterschaft seßhaft, und bald bist du die erfahrene Mama, die Neulingen ein mitfühlendes Lächeln schenkt, wenn du sie gequält über den Markt hetzen oder dem Zusammenbruch nahe an der Bushaltestelle warten siehst.

Als Maia etwa eine Woche alt und ich halbtot vor Schlafmangel war, schob ich sie im Kinderwagen den kleinen Hügel hinauf zu meinem Stammcafé, wo Freunde das Baby angurrten und der neuerdings Milch produzierenden Mama Bier und Cappuccino anboten. Ein Bekannter bemerkte die dunklen Ringe unter meinen Augen, klopfte mir sachte auf den Rücken und meinte beruhigend: »Die ersten drei Monate sind die schwersten. Wenn du da erst mal durch bist ...« Er hielt einen Augenblick inne, als versuchte er, sich daran zu erinnern, was genau mich nach diesem postnatalen Vierteljahr retten würde. »Wenn du da erst mal durch bist, weißt du, daß du alles kannst.«

Seine kurze Beteuerung, daß *ich nicht die einzige sei*, tröstete mich. Und im Rückblick hatte er recht. Immer wieder wirst du im Lauf der Zeit zu hören bekommen, daß das »Stadium«, in dem sich dein Kind gerade befindet, »das schwierigste« sei. Die ersten drei Monate dehnen sich auf das erste Jahr aus, dann erzählt man dir, dein Kind sei ein Frühentwickler, so daß es das »Schreckensalter von zwei« glatt zehn Monate zu früh erreicht habe. Wenn dann im Alter von drei nicht alles auf magische Weise Sahne geworden ist, heißt es, du sollst warten, denn »diese Übergangsphase ist die schwierigste Zeit«. Aber der Typ im Café wußte, wovon er sprach. Es ist derselbe Rat, den wir neuen Einwohnern in der Bucht von San Francisco geben, nachdem sie ihr erstes Beben erlebt haben – nicht, daß die Erdstöße vorhersehbarer werden oder auf der Richterskala niedriger rangieren, aber man gewöhnt sich doch an sie. Man lernt, bei den schwächeren durchzuschlafen; man schraubt die Möbel an den Wänden fest; man lernt, auf die Nachbeben zu warten; und man überlebt. Es ist immer noch unheimlich, wenn die Erde sich zu bewegen beginnt, aber man wird immer zuversichtlicher, und bald kann man sich gar nicht mehr vorstellen, irgendwo anders zu leben als exakt hier, im Epizentrum. Es ist genau, wie eine Mama zu sein.

Wie irre bist du?

Auch wenn ich Gefahr laufe, von meiner Psychologin-Freundin total zusammengeschissen zu werden, wenn sie dies zur Überprüfung des Klassifizierungsfaktors für psychische Gesundheit durchliest, biete ich euch Quiz Nr. 2 an: Wie irre bist du?

1. Beim Überfliegen dieses Quiz willst du:
a. alle Fragen beantworten, weil du dich langweilst (das Baby schläft so viel!)
b. ein kleines Depressionsderby starten, indem du eine andere frischgebackene Mama anrufst, um sie darauf zu testen, wie irre sie ist.
c. die Seiten aus dem Buch reißen und eine andere frischgebackene Mama anrufen, um ihr zu sagen, was für ein Miststück sie ist.

2. Wenn das Baby mitten in der Nacht schreit,
a. drehst du dich zu ihm um, flüsterst: »Was ist denn, Schätzchen?«, hebst es sanft aus dem Körbchen und legst es neben dich, damit es trinken kann.
b. ziehst du deinem Partner den Funk-Babysitter über die Rübe und sagst: »Kümmer du dich um sie, du Scheißpoofi.«
c. kommen dir kranke, abartige Gedanken über dein Kind in den Sinn, und du fängst an, den Vater des Babys telefonisch zu terrorisieren und ihm obszöne Nachrichten zu hinterlassen, bzw. du erwägst, eine Multiple Sklerose vorzutäuschen, so daß Dr. Kevorkian* dir hilft, Selbstmord zu begehen.

3. Wenn deine Freundin anruft und dich fragt, ob sie dir was aus dem Audio-Phono-Paradies mitbringen soll, sagst du, du bräuchtest unbedingt etwas:
a. Mozart und Reggae
b. Liz Phair und Blues
c. Nirvana und Hole.

4. Wenn du dich zum Ausruhen hinlegst, bist du manchmal überwältigt von:
a. Tränen und Erschöpfung.
b. Alpträumen, Panikattacken und/oder dem Gefühl, dich selbst verloren zu haben.
c. Gedächtnisschwund, Paranoia und seltsamen Stimmen, die dich zu abstrusen bzw. gewalttätigen Handlungen anstiften wollen.

* Berühmter Arzt, der in den USA mehrfach wegen Sterbehilfe angeklagt und freigesprochen wurde – A. d. Ü.

5. Wenn man einen Episodenfilm über deinen ersten Monat nach der Geburt drehen würde, wäre(n) die Person(en), die dich am besten spielen könnte(n):
a. Jill von *Hört mal, wer da hämmert*
b. Roseanne
c. Jo Beth Williams und Susan Lucci – die abwechselnd deine gespaltene Persönlichkeit spielen.

6. Ein Pfund Häagen-Dazs-Eiscreme klingt:
a. mmm, lecker.
b. etwas schwer.
c. blähh. »Bloß kein Essen mehr.«

7. Was du jetzt wirklich gern tun möchtest, ist:
a. ein warmes Bad nehmen, mal richtig ausschlafen und zu einer angemessenen Zeit aufstehen, um deinen Sprößling zu bewundern.
b. ganz schnell ganz weit weg rennen.
c. rausgehen und alle, die dir begegnen, anbrüllen: »Ich hab' gerade ein Baby gekriegt, ja?« ehe du ihnen in den Bauch boxt.

8. Wieder arbeiten willst du:
a. irgendwann demnächst, aber nicht so bald.
b. sofort, obwohl du arbeitslos bist; Hauptsache, du kommst aus dem Haus.
c. nie mehr. »Ich bin völlig inkompetent und werde nie wieder aus dem Bett kommen, geschweige denn arbeiten oder mit jemandem reden.«

9. Von allen Videos, die du dir ausleihst, ist das, das du dir immer wieder anschaust:
a. *Und täglich grüßt das Murmeltier*
b. *Basic Instinct*
c. *Die Satansweiber von Tittfield*

10. Wenn du dein eigenes Mamaimage überprüfst, kommst du zu dem Schluß, du bist:
a. dazu geboren.
b. ganz annehmbar.
c. nicht wirklich eine Mama. Das Ganze ist eine kranke Alptraumverschwörung, möglicherweise inszeniert von einer merkwürdigen internationalen Allianz zwischen deinem Geburtshelfer, deiner Hebamme, deinem Partner und Sadam Hussein.

Punkteverteilung: Gebt euch für jedes A einen Punkt, für jedes B zwei Punkte und für jedes C vier Punkte.

10 Punkte: Du bist spitze. Du scheinst *tatsächlich* dazu geboren zu sein, aber zerzaus dir doch ein bißchen die Haare, wenn du andere frischgebackene Mamas als Freundinnen gewinnen willst. Du bist genau der Typ Mutti, den wir geplagten Mamas nicht ausstehen können.

11–20 Punkte: Du kriegst das prima hin. Sieh zu, daß deine Familie und Freunde dir helfen, und überlege, ob du nicht einer Selbsthilfegruppe beitrittst. Leih dir ein paar Videos aus der Comedy-Abteilung aus und futtere Popcorn mit Freunden.

21–30 Punkte: Mach dir einen Kräutertee mit Jasminblüten, bestell einen Babysitter und geh mit ein paar coolen Freunden in die Spielothek, laß dir dann eine schöne Massage verpassen, ehe du zu deinem Termin beim Seelenklempner gehst. Du kommst wahrscheinlich wieder ins Lot.

31–40 Punkte: Lauf, so schnell du kannst, und laß dir unverzüglich von einem erfahrenen Therapeuten helfen. Ich mein's ernst. Paß gut auf dich auf, Freundin.

Entspannung

»Es gibt da so'n neuen Laden in der Stadt, der Pizza und Videos ins Haus liefert«, sagt Eva, eine fünfunddreißigjährige Mutter eines Säuglings, als hätte sie soeben das gelobte Land entdeckt. »Pizza *und* Videos«, wiederholt sie. Diese Mama weiß, daß die frühen Tage der Mutterschaft dazu da sind, um mit dem Baby zu relaxen, tief durchzuatmen und die Bienenkönigin zu spielen. Das ideale postnatale Überlebensprogramm besteht nach Eva aus einer Pizza mit Champignons, Kamillen- und Luzernentee, einem Schrottvideo und guter Lektüre. Wir reden hier natürlich nicht von *Krieg und Frieden*. Etwas mehr in Richtung *Neue Revue* tut's auch. Die komplette Serie *Melrose Place* auf Video könnte sogar echt geil sein.

Wenn du viel zu gesund für Billigfilme bist, kannst du die Videos durch Meditation und die Pizza durch Naturreis und Gemüse ersetzen. Sollte dir lesen und fernsehen zu anstrengend sein, dann sind diese inspirativen/entspannenden/heilenden New-Age-Bücher auf Kassette eine echt coole Alternative, wie ich finde. Musik von Clarissa Pinkola Estés oder irgendeinem netten Mönch eignet sich auch toll zum Relaxen.

Hilfe suchen

In vielen Teilen der Welt ist Wochenbettbetreuung so gut wie garantiert – die erweiterte Familie, häusliches Pflegepersonal und andere Gemeindemitglieder kommen ganz selbstverständlich vorbei, um einer Frau zu helfen, für sich selbst und ihr Neugeborenes zu sorgen, Essen zuzubereiten und ihr Zuhause einigermaßen in Ordnung zu halten. In Indien werden Frauen traditionsgemäß die ersten zweiundzwanzig Tage nach der Geburt ihres Kindes verwöhnt. In Holland wird die Wochenbettpflege in der Regel von Hebammenschülerinnen

übernommen, die etwa anderthalb Wochen mit im Haus wohnen.
Mir ist klar, daß es für dich jetzt etwas zu spät ist, dein Wöchnerinnenheil in anderen Ländern zu suchen, aber du solltest diese Traditionen vielleicht mal ganz nebenbei erwähnen, wenn jemand nach deinem Befinden fragt.
Viele Mamas sagen, sie bekommen alle Hilfe, die sie brauchen, von den wohlwollenden Besuchern, die mal einen Blick auf das jüngste Familienmitglied werfen möchten. Andere fühlen sich total isoliert, weil sie kaum jemanden in der Gegend kennen, weil die Besucher nach ein paar Tagen ausbleiben, weil ihre Partner schon bald wieder zur Arbeit gehen oder weil sie am Arsch der Welt wohnen. Wenn du das Gefühl hast, du könntest mehr Hilfe gebrauchen, mußt du das den Freunden, die du hast, unbedingt mitteilen. Leute bleiben oft weg, weil sie dich in Ruhe lassen wollen, und insgeheim warten sie sehnlich darauf, daß du sie anrufst und um einen Gefallen bittest. Mach dir keine Sorgen darum, jemandem zur Last zu fallen. Wenn die Leute nicht »nein« sagen können, ist das ihr Problem. Und wie oft hast du schon ein Kind?
Natürlich kann das alles, je nach deiner Lebenssituation, ganz leicht oder unheimlich schwer sein. Mich hat mal eine Unbekannte angerufen, die meine Zeitschrift gesehen hatte. Sie benutzte den Telefonapparat in einer Obdachlosenunterkunft an der Ostküste, wo sie gerade hingezogen war, und erzählte mir, sie habe vor, ihr Kind einer Pflegefamilie anzuvertrauen, bis sie wieder Boden unter den Füßen habe. Diese Form praktischer Hilfe war ihre letzte Zuflucht gewesen, aber nun brauchte sie jemanden, mit dem sie reden konnte. Meine Nummer war vermutlich nicht die erste, die sie gewählt hatte, aber sie traf mich zu Hause an, und ich hörte ihr gut zwei Stunden zu. Ich weiß nicht, wieviel ich ihr im Endeffekt geholfen habe, aber ich kann mir denken, daß eine Frau, die nach einem solchen Strohhalm greift – die eine Fremde in 5000 km Entfernung anruft in der vagen Hoffnung, daß diese

Wichtige Fragen, die du in deiner freien Zeit wälzen kannst

- Pinkeln Jungen und Mädchen so unterschiedlich, oder hat nur irgend so'n Werbefuzzi rosa und blaue Windeln besonders witzig gefunden?
- Ist dieses Badewasser wirklich »lauwarm«, oder habe ich mein Temperaturgefühl total verloren, nachdem ich mich mit einem Dutzend verschiedener Flüssigkeiten bespritzt habe?
- Wenn man Babypuder nicht wirklich auf ein Baby tun soll, wofür ist er dann?
- War mein Baby in einem früheren Leben Elvis oder nur irgendein Bauer?
- Wenn er Elvis war, sollte ich mich dann nicht mit einem Elvis-Lebt-Fanclub oder so in Verbindung setzen?
- Muß die Nabelschnur so komisch aussehen?
- Soll ich meiner Tochter eine von diesen grotesken Schleifen auf den Kopf stecken, damit die Leute sie nicht mehr Bengel nennen?
- Was würde es kosten, so kleine Karten drucken zu lassen, auf denen steht: »Kümmer dich um deinen eigenen Dreck«, damit ich mit diesen Armleuchtern im Bus, die überflüssigerweise an meinen elterlichen Fähigkeiten herummäkeln, gar nicht erst reden muß?
- Wohin geht die Zeit ... bzw. existiert sie überhaupt?

Fremde sie versteht –, das Zeug hat zu überleben, selbst unter den widrigsten Umständen.

Robin Lim, Autorin von *After the Baby's Birth,* schlägt vor, einen Zettel an die Tür zu heften, auf dem steht: »Schön, daß ihr an uns denkt. Baby und Mama ruhen sanft. Wir würden uns riesig freuen über etwas Hilfe bei ____________ (Hausarbeit, Besorgungen, den Kindern, dem Essen usw.).« Das ist übrigens auch netter, als ein Schild an die Tür zu hängen, auf dem »Verschwindet« steht. Wenn das nicht klappt, kannst du eine ähnliche Message auf den Anrufbeantwortern deiner Freunde und Bekannten hinterlassen. Schließlich – und das ist echt cool – gibt es außer den Hebammen, die bis zehn Tage nach der Entbindung vorbeikommen, noch professionelle private Pflegedienste, die für Wöchnerinnen und ihre Familien sorgen. Außerdem kann man für diese Zeit eine Haushaltshilfe einstellen, die unter Umständen von der Krankenkasse bezahlt wird.

Ehrlich, Mädels, das ist jetzt nicht der Zeitpunkt, um zu demonstrieren, wie stoisch und selbständig und allkönnend ihr seid. Es gibt im Grunde genommen nur zwei Arten von Mamas: die, die sich die Hilfe holen, die sie brauchen, und die, die einen Nervenzusammenbruch bekommen.

Du kannst sogar mit gepiercten Brustwarzen stillen

Stillen ist einfach das ultimative Mega-Ding. Ja, ihr Mamas, genau dafür sind eure Titten da. Na ja, jedenfalls dafür auch. Wenn du eine Adoptivmama bist oder eine Brustoperation hattest, bei der die Milchgänge durchtrennt wurden, kannst du mit Hilfe deines Arztes vielleicht trotzdem noch was vom Stillen haben. Es gibt sogar so komische Apparate, die über einen kleinen Schlauch neben deiner Brustwarze Milch aus einer Flasche in den Mund des Babys befördern, damit Babys, die keine Muttermilch kriegen können, die gleiche enge Mutterbindung erleben wie ihre saugenden Kumpane.

Wenn du nicht so recht nachvollziehen kannst, warum ich einen solchen Wind um das Stillen mache, dann laß mich einen Moment lang sein Loblied singen:

- Muttermilch ist die natürliche Nahrung eines Säuglings.
- Du brauchst dich mindestens vier bis sechs Monate nicht ums Einkaufen von Milchpulver zu kümmern.
- Durch das Stillen nimmst du unheimlich ab.
- Das Stillen unterstützt deine Gebärmutter dabei, sich zu ihrer ursprünglichen Größe zurückzubilden (keine schlechte Leistung, was?).
- Stillen fördert die Mutterbindung.
- Muttermilch, insbesondere die Vormilch (Kolostrum), die vor der richtigen Muttermilch einschießt, ist reich an Antikörpern, so daß du deine Widerstandsfähigkeit gegen Krankheiten an dein Baby weitergibst.
- Stillkinder bekommen weitaus seltener Ohreninfektionen.
- Sobald du und dein Baby den Dreh raus habt, ist Stillen ein Kinderspiel und macht Spaß.
- Wenn du eine stillende Mama bist, kannst du beim örtlichen Stillgruppen- oder La-Leche-Liga-Treffen neue Freundschaften schließen.
- Du mußt nicht mitten in der Nacht aufstehen, um eine Flasche vorzubereiten. (Nach ein paar Wochen Übung brauchst du noch nicht mal richtig aufzuwachen.)
- Wenn du arbeitest oder von deinem Baby getrennt sein mußt, kannst du zum Füttern Muttermilch in eine Flasche pumpen.
- Stillen ist billiger, als Milchpulver zu kaufen.
- Und last, but not least, es fühlt sich wirklich gut an.

Wie Cathy, eine Stillmama von dreißig, mir erzählte: »Ich lebe fürs Stillen, besonders in der Öffentlichkeit.«
Als sich in einer Stadt im Mittleren Westen herumgesprochen hatte, daß eine Frau bedrängt worden war, weil sie in einem Einkaufszentrum gestillt hatte (ihr wißt schon, Erregung öffentlichen Ärgernisses/unsittliches Benehmen), taten sich die Mütter der Stadt zusammen und inszenierten ein Still-in. Einfach tierisch.

Falls du immer noch meinst, Stillen sei nicht dein Ding, oder wenn dir meine Begeisterung einfach stinkt, weil du aus dem einen oder anderen Grund nicht stillen kannst, hast du meine Erlaubnis, zum Abschnitt über Empfängnisverhütung weiterzublättern (als brauchtest du meine Erlaubnis). Aber wenn ich dich auf den Geschmack gebracht habe oder wenn du bereits, wie etwa die Hälfte aller Mütter, selbst auf den Geschmack gekommen warst, bevor ich dir meine unmaßgebliche Meinung aufgedrängt habe, so muß ich dir sagen, daß Stillen eine erlernte Kunst ist. Deine Hebamme oder Krankenschwester wird dich sicher einweisen. (Das bringt es oft mit sich, daß eine Fremde deinen Busen grapscht und sagt: »So.«) Du kannst dich an eine freie Stillgruppe oder La Leche Liga wenden, wenn du weitere Hilfe brauchst. Wie Timera sagt: »Von wegen natürlich. Wir kommen nicht mit einer angeborenen Stillfähigkeit auf die Welt. Frag mich nicht, wie die ersten Menschen das jemals ausgeknobelt haben.« In der Zwischenzeit biete ich euch schon mal folgende Tips an, die ich mir von Müttern und kundigen Instanzen zusammengetragen habe.

Tips für die stillende Mama

- Entferne deine Brustwarzenringe.
- Fang möglichst gleich in den ersten Stunden nach der Geburt des Babys an.
- Wenn du eine Zeitlang nicht stillen kannst, es aber später tun willst, mußt du die Milch mit einer Pumpe ziemlich regelmäßig abpumpen, sonst trocknet deine Milch schnell weg.
- Untersage dem Klinikpersonal, deinem Baby Trokkenmilch oder Zuckerwasser zu verabreichen; das ist dem Stillen abträglich.

- Stille in der Öffentlichkeit, und wenn irgend jemand sagen sollte: »Iih, widerlich«, spritz ihm ins Auge.
- Praktisch alles, was du ißt, trinkst, rauchst oder auf andere Weise zu dir nimmst, gelangt in deine Muttermilch.
- Stille das Baby immer, wenn es Hunger hat, bzw. ein dutzendmal am Tag.
- Mach dich anfangs auf viel Schmerz und Leiden gefaßt. (Es ist sinnlos, nicht zu stillen; deine Brüste werden trotzdem weh tun.)
- Mach dir keine Sorgen, wenn dich das Stillen erregt.
- Je mehr du stillst, desto mehr Milch wird produziert, also füttere deinem Baby nichts hinzu, es sei denn, dein stillfreundlicher Arzt besteht darauf.
- Mach es dir möglichst gemütlich beim Stillen, am besten in einem großen, bequemen Sessel mit Fußraste und Kissen.
- Es kann sein, daß Milch aus deiner Brust austritt. (Es gibt Stilleinlagen, die die Milch absorbieren und das Durchnässen der Kleidung verhindern, wenn du in der Öffentlichkeit bist.)
- Still immer etwa gleich lange auf jeder Seite – zehn bis zwanzig Minuten. Laß dein Baby nach der Hälfte ein Bäuerchen machen und dann noch mal, wenn es satt ist.

Ich muß dir hier auch noch eine kleine Warnung mit auf den Weg geben. Wir wissen alle, daß Zigarettenkonzerne üble Schweine sind, wenn es um die Vermarktung ihrer Zigaretten geht, doch Pulvermilchhersteller können auch ganz schön abgefeimt sein. Sie bezahlen Krankenhäuser, damit sie dir umsonst Pulvermilch geben, in der Hoffnung, du hältst das für eine Empfehlung des Arztes, und dann schicken sie dir noch

Monate nach der Entbindung Coupons für Gratis-Pulvermilch mit putzigen Glückwünschen. Und gerade wenn du keine Milch mehr hast, ist es plötzlich nicht mehr umsonst, aber weiterhin weniger gesund. Vielleicht erzählen sie dir sogar, daß Zufüttern mit Pulvermilch dir in mancher Hinsicht helfen wird. Lügen, Lügen, nichts als Lügen. Daher jetzt die Allgemeine Hip-Mama-Warnung: Jedes Zufüttern von Trokkenmilch kann deine Stillbemühungen gefährden. Wenn du dich fürs Stillen entschieden hast, sind Pulvermilchhersteller nicht deine Freunde.

Stillmusik für dein Baby – Zwanzig erprobte Künstler und Alben

1. Joan Armatrading, *Track Record* oder *Whatever's for Us*
2. *Boys on the Side* – Soundtrack
3. Tracy Chapman, *New Beginning*
4. John Coltrane, *A Love Supreme*
5. Indigo Girls, *Swamp Ophelia*
6. *Janis Joplin's Greatest Hits*
7. Annie Lennox, *Medusa*
8. Bob Marley, *Legend*
9. Sanjay Mishra mit Jerry Garcia, *Blue Incantation*
10. Joni Mitchell
11. *Mozart for Your Mind*
12. Bonnie Rait, *Luck of the Draw*
13. Sade, *Stronger than Pride*
14. Michelle Shocked, *Kind Hearted Woman*
15. Sinéad O'Connor, *Universal Mother*
16. Steel Pulse
17. Sweet Honey in the Rock, *Sacred Ground* oder *Still on This Journey*

18. Talking Heads
19. TLC, *CrazySexyCool*
20. *Waiting to Exhale* – Soundtrack

Mutter Erde oder Mutter Vernunft: Die Windeldebatte

Um die Zeit herum, als Maia geboren wurde, fand eine ernstgemeinte Kampagne statt, um Mamas von der Verwendung von Papierwindeln abzubringen. »Du wirst doch einen Windeldienst beauftragen, *oder*?« wollten alle wissen, kaum daß ich mit meinem Säugling wieder in Kalifornien war. »Papierwindeln sind einfach *schrecklich.* Sie lagern sich *für alle Zeit* in den Mülldeponien ab.«

Die Umweltschützer haben recht. Stoff ist besser. Die Verwendung von Stoffwindeln ist außerdem billiger und besser für die Haut deines Babys. Aber findet ihr es nicht auch ein ganz klein bißchen faul, daß nach dem generellen Beschluß, die Welt zu retten, ausgerechnet wir Mamas als erste auf unsere Bequemlichkeiten verzichten sollen?

Ich habe ungefähr sechs Monate lang Stoffwindeln benutzt. Drei davon habe ich sie sogar selbst gewaschen und gekocht. Aber dann hatte ich die Nase gestrichen voll. Was machst du, wenn du den ganzen Tag außer Haus bist? Plastiktüten voller Scheiße mit dir herumtragen, das tust du. Was machst du, wenn dich der Windelwaschdienst eine Woche lang hängen läßt? Du sitzt rum mit einem Wäschekorb voller Scheiße – als würde dir die Sache nicht nach den ersten sieben Tagen schon ganz schön stinken. Und wie sieht's aus, wenn dein Säugling heranwächst und mit der Zeit die großen, stinkigen, alles andere als süßen Haufen macht? Dann bist du echt angeschissen, so sieht's aus.

Ich habe diese Windelsorte ausprobiert, von der es hieß, sie sei

umweltfreundlich, aber das hat nicht so recht hingehauen, und bald nahmen sie diese Windeln auch wieder vom Markt, weil sie sich am Ende als doch nicht so umweltfreundlich entpuppten. Denjenigen von euch, die es schaffen, die Stoffwindelkiste bis zum bitteren Ende durchzuziehen, gehört mein ganzer Respekt, aber als es hieß, entweder meine geistige Gesundheit oder irgendwelche plastikumhüllte Scheiße für alle Zeit in einer Mülldeponie – nennt mich ruhig eine Umweltverschmutzerin –, da hat die Scheiße den kürzeren gezogen.
Ich meine, könnten wir mit der Rettung der Welt nicht woanders anfangen? Könnten wir nicht Autos abschaffen? Oder einfach nur MacDonald's und Exxon schließen? Ja. Hier muß ich Erma Bombeck zustimmen: »Ich würde lieber auf Styroporbecher verzichten, mir den heißen Kaffee in die hohle Hand gießen lassen und schnell trinken, als auf Einwegwindeln zu verzichten.«

Impfen oder nicht impfen

In den ersten sechs Lebensmonaten deines Babys wirst du mit der Frage konfrontiert werden: Impfen oder nicht impfen lassen? Genaugenommen wird dir die Information über Schutzimpfungen wahrscheinlich gar nicht als »Frage« präsentiert. Dein Kinderarzt wird dir einfach einen Impfzeitplan in die Hand drücken, als hättest du in der Sache gar keine Wahl. Aber als Elternteil hast du das Recht, medizinische Entscheidungen für dein Kind zu treffen. Die überwiegende Mehrheit der Babys wird gegen Kinderlähmung, Tetanus, Keuchhusten, Diphtherie, Masern, Röteln und Mumps geimpft. Empfohlen wird zudem eine Immunisierung gegen Hepatitis B und Hib (Hirnhautentzündung). Doch unter den Eltern wächst die Zahl derer, die Schutzimpfungen für ihre Kinder ablehnen.
Manche Eltern entscheiden sich gegen das Impfen, weil ihnen

der Ärztestand suspekt ist oder weil sie wegen der Nebenwirkungen besorgt sind.

Der Streit konzentrierte sich im wesentlichen auf die Frage, ob Säuglinge in den ersten Lebensmonaten überhaupt und ob sie gegen nicht-lebensbedrohliche Krankheiten wie Windpocken geimpft werden sollen. Ein sicherer »Kompromiß« könnte es unter Umständen sein, wenn du wartest, bis dein Baby ein Jahr alt ist und die natürliche Immunität, die es durch die Muttermilch erhalten hat, nachgelassen hat. Selbst dann wirst du die Windpockenimpfung vielleicht überspringen wollen.

Ich habe Maia gegen alle großen potentiell tödlichen oder verkrüppelnden Krankheiten schutzimpfen lassen und würde es wieder tun, aber die Entscheidung liegt bei dir. Du kannst deinen Arzt über Schutzimpfungen befragen, dir ein Buch zum Thema besorgen oder weitere gute Informationen in etablierten Elternzeitschriften finden.

... es sei denn, du willst noch ein Kind ...

Na schön, mag sein, daß du eine Zeitlang nicht so wahnsinnig geil bist, und dein Baby wird wahrscheinlich nie lange genug schlafen, daß dich jemand antörnen könnte. Aber nach einer gewissen Zeit wirst du vermutlich wieder mit jemandem schlafen wollen.

Du hast bestimmt gehört, daß man nach einer Entbindung nicht gleich wieder schwanger werden kann. Vielleicht hast du auch gehört, daß Stillen eine Art der Empfängnisverhütung ist. Ich bin hier, um dir eines zu sagen: Das ist totaler Quatsch. Wenn dein Partner ein Mann ist, kannst du schwanger werden. Ja, es heißt wieder: zurück zu diesen beknackten Kondomen. Bis du wieder soweit bist, daß du ein Pessar tragen kannst, hol dir grünes Licht von deiner Ärztin für die Pille (nach dem Abstillen) oder greif zu einer anderen Art der

Empfängnisverhütung, am besten Kondome in Verbindung mit Schaum oder Gel. Und denk dran, Kondome nützen nichts, wenn sie nur auf dem Nachttisch rumliegen.

Weiterfeiern

Die meisten coolen religiösen Traditionen schließen besondere Rituale und Feierlichkeiten zur Geburt eines neuen Babys ein – es gibt Taufen, Segnungen, zeremonielle Rum- oder Bierfeste, Plazenta-Begräbnis-Rituale und Geburtsbäume, Festgelage und alle möglichen Aktionen, je nachdem, in welcher Tradition du stehst. Aber was ist, wenn du dich keiner bestimmten Religion verpflichtet fühlst? Natürlich wird trotzdem gefeiert. Ob du nun beschließt, sofort eine Party zu schmeißen oder ein paar Wochen zu warten, irgendeine Art von *Willkommen-in-der-Welt-* Fete ist unbedingt angesagt. Hier ein paar Ideen:

- Einer der Gründe für eine Taufe ist die Zusammenführung des Freundeskreises, auf den dein Kind sein Leben lang zählen können wird. Wenn du also keine Christin bist, kannst du den religiösen Teil weglassen und alle guten Freunde einladen, auf die deine Familie mit Sicherheit bauen kann. Laß jeden eine künstlerische Einlage beisteuern – einen Tanz, ein Lied oder so was, um das Baby auf dem Planeten willkommen zu heißen.
- Veranstalte eine Hausputzparty. (Ich meine es verdammt ernst.)
- In Jamaika köpft man eine Flasche Rum, wenn ein neues Familienmitglied hinzukommt. Spiel ein bißchen Reggae und mach einen drauf mit Freunden.

- Rühr keinen Finger. Laß eine dekorationswütige Freundin das Ganze organisieren – sag ihr nur, was für Kuchen oder Gebäck du gern hättest, und sieh zu, wie alles auf magische Weise erscheint.
- Wenn du keine dekorationswütige Freundin hast, mach das Beste aus dem, was da ist.
- Wenn die Plazenta dich nicht zu sehr anekelt, schmeiß eine Fete, bei der du sie begräbst und eine Eiche pflanzt. Sonst pflanz einfach nur einen Geburtsbaum ohne die Nachgeburt. (Die meisten Krankenhäuser werden dir die Plazenta mitgeben, wenn du danach fragst. Mensch, in Berkeley, Kalifornien, sind sie dafür bekannt, daß sie sie der Mama schenken – mit einem kleinen Baum dazu – auch wenn sie das gar nicht will.)
- Besorg dir eine Live-Band, lad einen Haufen Freunde ein, setz dich mit deinem Baby in einen superbequemen Sessel und halte hof, als wärst du die Königin der Welt. (Bist du ja auch.)

Rebellischer Papa

Der Sprung vom »Typ« zum »Papa«

Glen Bergers, aufstrebender Künstler, Gründungsmitglied der Garagenband Family Values und Einkaufsfetischist

Warst du bei der Geburt deines Sohnes dabei?
Ja, wir bekamen Jasper zu Hause. Wir hatten zwei Hebammen bei der Entbindung – sie arbeiteten zusammen und hatten schon um die 800 Babys entbunden, mehr als mancher Arzt.

War es schwierig, dir darüber klarzuwerden, wie du in diese neue Familie reinpaßt, wo doch deine Frau diejenige war, die entbunden hat und gestillt hat und so?

Ich war ein sehr aktiver Teilnehmer. Das erste Jahr besteht in der Hauptsache daraus, das Baby nur zu halten, das Baby zum Essen zu bewegen und das Baby zum Schlafen zu kriegen. Das haben wir uns geteilt, doch Tina [seine Mutter] war in dem Stadium für Jasper wichtiger. Der Grund dafür, daß wir uns zu einer Hausgeburt entschlossen haben, war unter anderem, damit wir soviel davon wie möglich gemeinsam erleben konnten.

Tina und ich sind uns in einer ziemlich wilden Zeit meines Lebens begegnet, und wir waren so ein Jahr lang irgendwie befreundet. Dann funkte es zwischen uns. Wir empfingen Jasper, als wir zum zweiten Mal miteinander schliefen, es geschah also ziemlich schnell. Als sie mich anrief, um mir Bescheid zu sagen, wußte ich sofort, das war okay. Ich hab eigentlich überhaupt nicht an die Zukunft gedacht.

Also hattet ihr eigentlich gar keine feste Beziehung, als ihr von der Schwangerschaft erfahren habt?

Neun Monate, plus wahrscheinlich zwei Monate. Es kam sehr plötzlich, aber ich hab' damals eigentlich keinen Schock empfunden. Im Rückblick hab' ich das Gefühl, ich hätte ausrasten müssen. Vielleicht hatte ich einfach das Gefühl, als wüßte ich, wie die Zukunft sein würde. Es gab überhaupt keine Sicherheit, es hat wohl alles was mit »Glück« zu tun. Es ist nicht immer leicht oder glücklich, aber meistens schon. Die größte Herausforderung, eine Familie zu sein, liegt darin, daß man in der Lage ist, den Familienbetrieb im Gleichgewicht zu halten und es zu deichseln, daß man immer genug Geld hat.

Ist die Arbeitsteilung bei euch ein Thema gewesen?

Es gab immer verschiedene Themen zu verschiedenen Zeiten. Bis Jasper fünf war, war ich der einzige, der gearbeitet hat.

Wir wollten, daß Jasper eine ausgedehnte Zeit der Bindung [an Tina] hatte. Er trank Muttermilch, bis er fast vier war. Das hat viele Leute gestört, sogar Leute mit Kindern, aber ich konnte daran nichts Schlimmes finden. Ich hab' das, was Tina zu Hause und mit Jasper gemacht hat, immer als Job betrachtet, insofern war es kein Thema für mich, daß ich derjenige war, der außer Haus arbeitete. Man lernt alles im Lauf der Zeit. Manchmal lernt man aus Fehlern, und manchmal lernt man daraus, daß man gleich beim ersten Mal das Richtige getan hat.

Hast du irgendwelche Ratschläge für andere Männer, wie sie den Übergang vom Typ zum Papa eleganter hinkriegen?
Ich weiß nicht. Ich glaube, daß die Beziehung, die Tina und ich eingegangen sind, ebensogut ein potentieller Fehler war, wie sie erfolgreich war. Es war viel Glück dabei, es war viel Zufall dabei, aber ein Papa zu sein war auch ein Teil von mir. Ich hatte damals keine großen Pläne. Ich würde vielleicht sagen, nehmt das Vatersein einfach ernst.

Nachdem Jasper geboren war, hab' ich in der Vaterschaft sehr viel Inspiration und Wärme gefunden.

Wenn man ein Baby erwartet, wird da eine Menge Energie freigesetzt. Ich weiß nicht, ob viele Männer das so erleben wie ich. Ich kenne Männer, die das alles mit großer Distanz sehen, aber ich hab' Jaspers Nabelschnur durchtrennt. Tina hat mich bei der Geburt fast erdrosselt. Ich war voll dabei. Ich war total verschmiert. Ich wußte in dem Moment, daß das ein lebensveränderndes Potential haben würde. Vielleicht war es, weil unsere Beziehung noch so neu war – wir waren so aufgeregt und voller Leidenschaft. Ich weiß nicht, ob ich mir je die Zeit genommen hab', nach der Zukunft zu fragen. Vielleicht war das gut so, diese Fragen nicht zu stellen, mir keine Sorgen darum zu machen. Jobs und Finanzen können sich ändern, aber du mußt die ganzen Emotionen auf die Reihe kriegen, und die Liebe.

Wenn wir all diese Emotionen erst mal auf die Reihe gekriegt haben, wenn wir wieder »auf die Erde zurückkommen« nach der aufregenden, irremachenden, deprimierenden, magischen Reise zur Mutterschaft, wenn wir diese ersten wackeligen Monate überstanden und uns daran gewöhnt haben, im Epizentrum zu leben, ist es Zeit, tief Luft zu holen. Mutterschaft ist eine radikalisierende Erfahrung. Und deine persönliche Mamarevolution hat gerade erst begonnen.

Teil zwei
Die Chaostheorie über Elternschaft

Kapitel 4
Die Rächer im Strampelhöschen

Ich habe immer gewollt, daß meine Kinder Autorität in Frage stellen, nur nicht meine.

– *Eve, vierundfünfzig*

Als ich in den Müsli-Gang im Supermarkt einbiege, um mir eine Packung Cheerios zu schnappen, sehe ich eine junge Frau mit Ballonfrisur und schamrotem Gesicht über einen schreienden Hosenmatz gebeugt, der aussieht, als würde er auf dem harten Fliesenboden Breakdance vorführen. Mindestens fünf Leute stehen wie versteinert in der Nähe der Müslipackungen und starren zu Mutter und Kind hin.

Nach kurzem Zögern nehme ich eine große Packung Getreideflocken, reiche sie Maia, die auf dem Kindersitz unseres Einkaufswagens sitzt, und schiebe beide an der Szene vorbei, wobei ich dem Kind »Paß auf deinen Kopf auf« und der Mama »Kommt in den besten Familien vor« zuflüstere, was ihr ein Lächeln entlockt, obwohl sie aussieht, als würde sie gleich vor Scham sterben. Beim Einbiegen in die Molkereiabteilung bleibe ich vor dem Joghurtregal stehen, um der Kollergöttin dafür zu danken, daß es, wenigstens heute, nicht mein Kind war.

Laufen, sprechen, neue Grenzen testen, »Topftraining«, Trennungsangst, Tobsuchtsanfälle: Willkommen im Kleinkindchaos, ist es nicht wunderbar?

Der tobsüchtige Schreihals

Du weißt, es ist dein schlimmster Alptraum: Ein Tobsuchtsanfall deines Balges in aller Öffentlichkeit. Es ist uns entsetzlich peinlich, wir sind mindestens ebenso frustriert wie unser Kind, und wir haben *noch was zu erledigen* in der Bank oder beim Bäcker oder wo immer wir gerade sind, wenn's passiert. »Die Lichter in diesen Räumlichkeiten machen Kinder verrückt«, sagt der alte Folksänger Utah Philips. »Das weiß doch jeder.«

Allein nach Unfällen mit Einkaufswagen landen in den USA jährlich 25 000 Kinder in der Notaufnahme, und jede Mama, die mal einkaufen war, weiß, wie all diese Verletzungen zustande kommen – die kleinen Frechdachse brüllen und dreschen herum, grapschen hier nach Schokolade und dort nach knallbunten Bonbons und machen uns absolut meschugge. Aber was sollen wir tun?

Wenn wir sie nicht bei jemandem zu Hause lassen können (kommt schon, seit wann gilt zur Bank gehen oder Lebensmittel einkaufen als anspruchsvolle Freizeitbeschäftigung?), dann müssen wir improvisieren. Wir können in kleineren Läden einkaufen, vorzugsweise solchen, wo es diese Lichter nicht gibt. Wir können unseren Kindern gesunde Snacks anbieten, wenn sie im Einkaufswagen sitzen (wen juckt's, wenn dir die Kassiererin einen bösen Blick zuwirft?). Wir können uns emotional darauf einstellen, unterbrochen zu werden. Und schließlich können wir kapitulieren. Wir werden uns vielleicht nicht diesen Laib Brot schnappen können, den sie zu unserem Ärger immer im hintersten Winkel des Ladens versteckt halten, wir kriegen möglicherweise in der Tiefkühl-Abteilung abartige elterliche Ratschläge zugebrüllt oder -geflüstert, aber wir überstehen auch das.

»Du spürst schon im voraus, wie dir alles allmählich entgleitet«, erzählt Antol. »Und dann, vielleicht innerhalb von dreißig Sekunden, schnappt mein Sohn total über, und als hätten es nicht alle im Laden längst bemerkt, fangen sie auch noch über Lautsprecher an: ›Bitte jemand zum Saubermachen in Gang fünf ... Mayonnaise in Gang sechs ... Glasscherben in Gang sieben‹, wie eine Sportmoderation über den Amoklauf meines Kindes.«

Es wird euch wohl gleichzeitig beruhigen und entsetzen, daß diese gräßlichen öffentlichen Bloßstellungen und die Koller, die Kinder im denkbar unpassendsten Moment kriegen, zu verdammt viel Kindesmißhandlung führen. Das kommt, weil wir als Eltern in den meisten Gemeinden überhaupt keine Unterstützung erfahren. Man erlegt uns diesen enormen unausgesprochenen Druck auf, nicht unangenehm aufzufallen, während wir unseren Geschäften nachgehen, und den Eindruck zu vermitteln, als hätten wir wohlerzogene Kinder, als wären wir immer glücklich. Unsere Kinder wiederum spüren nicht nur diesen Druck, sondern langweilen sich in der Schlange in der Bank auch noch zu Tode oder sind im Geschäft von wundervollen Sachen umgeben, die sie alle sofort haben wollen. Und dann sind da natürlich noch diese Lichter, die uns alle verrückt machen. Zu Hause kann man mit Kollern besser fertig werden. Da gibt's keine grellen Lichter, die wir nicht dämpfen können, keine fremden Augen, die hinter Müslipackungen hervorlugen und uns anglotzen, und keine Sachen, die wir *unbedingt erledigen müssen*. Aber diese schrillen Kreisch- und Heullaute können, wenn immer sie losgelassen werden, weit mehr als lästig sein.

Was sollen wir also tun, wenn unsere Kinder ihre jaulenden Koller zu Hause kriegen? Mal ehrlich? Wir können sie ermutigen. Das ist mein voller Ernst. Die Kleinkindphase zu durchleben ist äußerst frustrierend. Jene berüchtigte Angst in den Zwanzigerjahren kann der Zweijährigen-Angst nicht das Wasser reichen. Stell dir vor, du bist 90 cm groß, willst alles, und dir fehlt die Sprache, darum zu bitten. Stell dir vor, du weißt genug von der Welt, um zu sehen, daß deine Mutter weggeht, verstehst aber nicht genug, um zu wissen, daß sie

Was du nicht vergessen solltest, wenn Koller in der Öffentlichkeit dir über den Kopf wachsen:

- Niemand hat schuld daran.
- In den leuchtstofferhellten Ländern der Jahrtausendwende sind sie praktisch unvermeidlich.
- Es könnte vielleicht helfen, wenn du dir die Haare grün färbst, in einer abgewetzten Motorradjacke rumläufst und vor dich hin brummst: »Ist mir scheißegal, was ihr von meiner Familie haltet, ihr kleinen Spießer.«
- Vielleicht hilft es, einen Brief an die örtliche Zeitung zu schreiben, in dem du kundtust, wenn ein Unternehmer deine Besorgungen billig für dich erledigen würde, wärst du seine erste Kundin.
- Wenn deine Kinder heranwachsen, kommen diese unkontrollierbaren Ausbrüche immer seltener vor – dies ist ein Stadium! –, ich verspreche es.

zurückkommt. Stell dir vor, du weißt genug von der Welt, um zu sehen, daß die Großen Toiletten benutzen, aber wie sehr du dich auch bemühst, die Sache mit dem Timing zu begreifen, du scheißt dir in die Hose. Stell dir vor, in einfach allem auf einen Haufen Erwachsener angewiesen zu sein, die ihre eigenen Sorgen haben.

Zugegeben, zwei zu sein kann superbombig sein, doch selbst diejenigen von uns mit der größten Sehnsucht nach jenen Tagen, als wir nicht soviel Verantwortung hatten, müssen einräumen, daß so ein Krümel zu sein auch die Hölle sein kann. Solange dein Kind also weder sich selbst noch jemand anderem weh tut, laß diesen Emotionen freien Lauf. Du kannst einen Kommentar dazu abgeben – »Tut mir leid, daß du dich so frustriert fühlst«, »Ich verstehe, daß du sauer auf mich bist«, sogar »Du machst mich wahnsinnig, ich muß also den Raum verlassen, bis du bereit bist, was anderes zu tun« – aber es gibt keinen Grund, mehr Aufheben um die negativen Gefühle deines Kindes zu machen als um seine positiven. Klar, mindestens ein Nachbar wird bei dir anklopfen und dich entweder der Kindesmißhandlung bezichtigen oder dir mit irgendwelchen Behörden drohen, aber du kannst ja ganz ruhig erklären, daß du der Meinung bist, Kinder hätten ein Recht darauf, ihre Gefühle auszudrücken. Oder, noch besser, du kannst vergessen, die Tür aufzumachen, wenn du diese Niete auf dein Haus zustampfen siehst mit vor Empörung aufgebauschten Höschen.

Solltet ihr diesem Ansatz immer noch mit gemischten Gefühlen gegenüberstehen, dann bedenkt, daß unsere Kinder ihre Tobsuchtsanfälle unbedingt perfektionieren müssen, wenn sie dereinst brauchbare Revolutionäre sein wollen. »Bei einem Sit-in wär' sie einfach spitze«, sagt Anna, als sie ihre Tochter mitten in einem Rappel hochzuheben versucht und diese sich schlaff macht wie ein Mehlsack. Hoffen wir, daß der Reflex ihr eines Tages zustatten kommt.

Ehe wir das Thema wechseln, möchte ich euch noch ein kleines Geheimnis über den tobsüchtigen Schreihals anvertrauen. Wir glauben oft, wie Kimberly es ausdrückt, »meine Kinder sind völlig außer Rand und Band, wenn sie bei mir sind, aber wenn andere Leute auf sie aufpassen, sind sie kleine Engel. Sie müssen mich echt hassen.« Doch eigentlich ist es genau das Gegenteil. Die meisten Kinder randalieren, *entweder* wenn sie bei uns sind *oder* wenn sie bei einem Babysitter sind. Bei den ganz Kleinen trifft das nicht immer zu, aber wenn sie älter werden, gilt es für fast alle. Nimm zum Beispiel die achtzehn Monate alte kleine Göre, die den ganzen Tag im Kinderhort leise vor sich hin spielt, und wenn Mama sie abholen kommt, peng! heult sie los. Haßt das Kind seine Mama? Will es länger im Hort bleiben? Lügt die Erzieherin, wenn sie behauptet, das Kind tue das sonst nicht? Nein, nein, und noch mal nein. Ganz im Gegenteil, Mama. Die Kleine findet dich toll. Sie fühlt sich sicher bei dir. Und sie hat jedes einzelne ihrer verflixten Gefühle den ganzen Tag für dich aufbewahrt. *Na super*, denkst du. *Vielen Dank*. Aber unsere Kinder lernen schon ganz früh, daß zufrieden und niedlich und leise zu sein die gesellschaftlich akzeptableren Gefühlsregungen sind, während Wut, Angst und Frustration aufgespart und an einem sicheren Ort zum Ausdruck gebracht werden müssen. Tut eurem Kind, euch selbst und dem Rest der Welt einen Gefallen – zwingt sie nicht, diese Emotionen achtzehn Jahre lang unter Verschluß zu halten. Wenn ihr im Lebensmittelgeschäft seid, klar, dann könnt ihr ihnen sagen: »Das ist jetzt nicht der richtige Moment.« Wenn ihr mit eurem Latein am Ende seid, könnt ihr ihnen ein Plätzchen geben, damit sie still sind. Aber wenn ihr könnt, und sooft ihr könnt, bietet ihnen einen sicheren Ort an, wo sie diese ganze Scheiße aus ihrem Organismus schwemmen können.

Wie man als Eltern auf lustige Weise weitgehend uneffektiv sein kann
(oder Wie man das Thema wechselt und GROSSE WORTE einführt)

Problem
Du willst mit deinem Kind über etwas reden, was es angestellt hat, und sagst daher: »Komm bitte mal her.« Es weigert sich und begeht somit eventuell einen zweiten Verstoß, mit dem du fertigwerden mußt.

Lösung
Sag: »Freundchen, ich glaube, es kommt hier zu einem Machtkampf, und ich habe nicht vor zu weichen.« Das wird zwar nichts nützen, aber es ist nie zu früh, um den »Machtkampf«-Begriff einzuführen.

Du bist überzeugt, dein Kind versucht dich zu »manipulieren«, und glaubst daher, es bestrafen zu müssen.	Sag: »Ich glaube, das bringt für mich andere Themen auf den Plan, also werde ich mich der Diskussion entziehen müssen.« Das wird zwar nichts nützen, doch es wird die Vorstellung einführen, daß Mamas und Papas, im Gegensatz zu Göttern und Göttinnen, ihre eigenen Probleme haben.
Dein Kind zieht einen Hallo-Kitty-Badeanzug, Gummistiefel und einen Anorak an und will so mit dir auf den Wochenmarkt gehen.	Weise darauf hin, daß diese Kluft zwar unglaublich cool ist, mit dem herrschenden Wetterverständnis jedoch unvereinbar ist. Biete dem Kind dann zur Vervollständigung des Outfits einen Hut und Leggings an.
Du verordnest deinem Kind eine »Auszeit«, wobei du den Timer nach der bewährten Formel *1 Minute × Alter* stellst, aber das Kind bleibt nicht auf dem verhaßten Stuhl sitzen.	Wiederhole die Regeln über die Auszeit immer wieder, bis der Wecker klingelt. Häng dann eine zusätzliche Minute Belehrungsszeit an. Das wird es so ärgern, daß es die nächste Auszeit einfach durchsitzt.

Dein Kind drischt auf dem Boden wild um sich und brüllt: »Böse Mama, kranke Mama, böse Mama.«	Sag: »Tut mir leid, daß du so böse auf mich bist, aber ich freue mich riesig, daß du es so beredt ausdrücken kannst.« Das wird auch nichts nützen, doch ineffektiv zu sein ist durchschnittlich – ineffektiv *und* respektvoll zu sein, also das ist echt stark.

Die Milchbar wird geschlossen

Weltweit liegt das durchschnittliche Abstillalter bei vier Jahren. Das kommt unter anderem daher, weil in vielen Teilen der Welt Nahrung eine knappe Ware ist; solange man also die Idealkost umsonst kriegen kann, warum sie vergeuden?
Wenn du es dir leisten kannst, dein Baby ohne Muttermilch zu ernähren, darfst du alle anderen Faktoren in deinem Leben abwägen und entscheiden, wann es für dich – und dein Kind – am besten ist, die Milchbar zu schließen. Eine Blitzumfrage bei Ärzten, Hebammen und Stillberaterinnen ergab, daß das »richtige Alter« für das Abstillen irgendwo zwischen acht Monaten und fünf Jahren liegt. Manche Leute werden dir sagen, sechs oder acht Monate sei viel zu früh, andere sind der Ansicht, es sei obszön, ein Fünfjähriges zu stillen. Aber wenn du irgendwas als Mama gelernt hast, dann wahrscheinlich, daß »Leute« viel Scheiß erzählen. Vertrau deinem eigenen Instinkt.
Bisweilen »entwöhnen sich« Kinder schon nach acht Monaten oder einem Jahr einfach von selbst, doch meistens tritt ein vom Kind bestimmtes Abstillen erst im Alter von etwa vier

ein, es sei denn, du wirst wieder schwanger, fängst an, viel Sport zu treiben, oder tust sonst etwas, was den Geschmack deiner Milch radikal verändert. Auf jeden Fall wirst du etwas Mühe darauf verwenden müssen, wenn du dein Kind nicht die gesamte Vorschulzeit über stillen willst. Denk dran, daß es völlig in Ordnung ist, wenn du den Abstillprozeß selbst einleitest, sei es, daß das Stillen deiner Arbeit im Wege steht, sei es, daß dein Kind angefangen hat zu beißen, oder sei es, daß du einfach deinen Körper wieder für dich beanspruchst. Wichtig ist nur, daß du dir keinen Streß dabei machst, daß du deinem Kind nicht den Eindruck vermittelst, du stößt es weg, und daß es kein ungutes Gefühl bekommt, weil es nuckeln will.

Ich habe angefangen, Maia abzustillen, als sie zwei war, indem ich aufgehört habe, sie in der Öffentlichkeit zu stillen. (Ich geb's zu – die fiesen Blicke haben mir zugesetzt.) Als sie drei war, hat sie nur noch vor dem Schlafengehen an meiner Brust getrunken und schließlich mit vier ganz aufgehört. Es hat natürlich geholfen, daß mir das Stillen nichts ausgemacht hat und ich nicht ganztags gearbeitet habe, aber auch wenn du beschließen solltest, früher abzustillen als ich, empfiehlt es sich, schrittweise vorzugehen. Babys neigen dazu, aus verschiedenen Gründen auf die Muttermilch fixiert zu sein. Zuallererst, weil es Nahrung ist. Darüber hinaus schmeckt es gut. Wenn du rauchst, sind sie wahrscheinlich nikotinsüchtig. Und, was das wichtigste ist, Babys assoziieren mit dem Nukkeln an deiner Brust bald Nähe, Kuscheln und Ruhe.

Tillie, die Mutter eines Anderthalbjährigen, hatte vorgehabt, ihren Sohn zu stillen, bis er »sich selbst entwöhnte«, doch nachdem sie achtzehn Monate lang acht- bis zwölfmal am Tag gestillt hatte, reichte es ihr. Sie fing an, sich in eine Spirale von Schamgefühlen hineinzusteigern, weil sie glaubte, sie »sollte« sich an ihren Plan halten und »sollte« in der Lage sein, ihrem Sohn zu geben, was er wollte. Aber sie kannte sich selbst nur zu gut, und als sich Ärger und Wut zunehmend einschlichen, wenn ihr Sohn gestillt werden wollte, wußte sie, sie mußte ihn abstillen. Es war ihr wichtiger, die Milchbar schrittweise zu schließen – stets darauf bedacht, ihrem Sohn nicht das Gefühl zu vermitteln, er würde abgeschoben – als an ihrem ursprünglichen Plan zu kleben und irgendwann einen Fadenriß zu riskieren und in die Luft zu gehen.

Tillies schrittweiser Plan sah etwa folgendermaßen aus: Erst hörte sie auf, ihn in der Öffentlichkeit zu stillen, dann richtete sie ein besonderes Plätzchen im Haus ein »nur zum Stillen«. Keine dieser beiden Maßnahmen reduzierte die tägliche Stilldauer ihres Sohnes, doch sie konnte das Ladenschlußprinzip einführen. (»Unser Geschäft macht in zehn Minuten zu. Bringen Sie Ihre Einkäufe bitte zur Kasse.«) Nach drei Monaten, in denen sie ihren Sohn nach und nach weniger stillte, hörte sie einfach auf und erklärte ihm, daß sie weiterhin mit ihm kuscheln und zusammensein werde, ihn jedoch nicht länger stillen könne. Nach ein paar sehr schweren Tagen, die für Mutter wie Kind physisch schmerzhaft waren, haben sie es jedoch geschafft. Sie mußten.

Theresa, die Mutter einer Sechsjährigen, sagt mir, daß ihre Tochter immer noch fragt, ob sie einen kleinen Schluck haben darf. Als Theresa ihr sagte, ihre Brüste seien leer und der Versuch zu saugen wäre wie der Versuch, »Apfelsaft aus einer leeren Dose zu trinken«, lachte ihre Tochter, doch sie kamen ins Gespräch darüber, ob nicht andere Dinge vielleicht genauso tröstlich wirken könnten. Ihrer Tochter gefiel das Wort »tröstlich«, und zunächst versuchte sie Theresa davon zu überzeugen, daß ein neuer Legokasten vielleicht das gleiche bewirken würde. Als ihre Mama nicht darauf reinfiel, akzeptierte die Kleine, daß eine Tasse Tee und eine Rückenmassage auch ziemlich »tröstlich« sein könnten.

Mit kleineren Kindern zu verhandeln ist logischerweise schwieriger, und einige von ihnen stellen sich der Schließung der Milchbar ziemlich vehement entgegen, aber Babymassagen, In-den-Arm-Nehmen (in Positionen, die sie nicht zu

sehr ans Stillen erinnern) und die Beteuerung, daß sie einfach in ihrer Entwicklung fortschreiten, können enorm hilfreich sein.
Wenn du Schwierigkeiten hast, zögere nicht, eine örtliche Stillgruppe oder La Leche Liga anzurufen und mit anderen Mamas zu reden. Abstillen kann eine harte Nuß sein. Es sind jetzt drei Jahre her, seit ich es mit meiner Tochter durchgemacht habe, und meine Brüste schmerzen schon beim Gedanken daran.

Sauberkeitstraining

Vielleicht habt ihr schon die populärpsychologische Theorie der Reinlichkeitserziehung gehört. Sie besagt etwa folgendes: Dein Timing als Mama / Reinlichkeitserzieherin ist das A und O. Nicht das Sonnen- oder Mondzeichen, unter dem dein Kind geboren wurde, nicht die Natur und nicht die achtzehn oder mehr Jahre Erziehung, die du investieren wirst, sind es, die die Persönlichkeit deines Kindes prägen; es ist der Zeitpunkt, zu dem es zur Reinlichkeit erzogen wird. Nach dieser Theorie werden die Kinder, die zu früh aus den Windeln raus müssen, na ja, anal-retentiv; die Kinder, die zu spät aus den Windeln kommen, verwandeln sich in Drop-outs; und natürlich sind die paar Glückspilze unter den Wichten, die die Toilettenbenutzung ganz pünktlich erlernen, am Ende goldrichtig.
Das Dumme an dieser kleinen Theorie ist allerdings, daß sie keinen Termin parat hat, sondern nur noch mehr Druck für uns, es »endlich richtig zu machen«. Ich kann euch praktisch garantieren, daß ihr diese oder eine ähnliche Theorie in Verbindung mit dem Alter achtzehn Monate, zwei Jahre, zweieinhalb, drei usw. hören werdet. Irgendwann gegen Ende der Windellaufbahn deines Balgs wirst du auch ein gelegentliches »Mensch, das Kind trägt immer noch Windeln?« zu hören

bekommen oder das ach-so-hilfreiche »Tut mir leid, unsere Tagesstätte nimmt zwar Kinder ab sechs Monaten an, aber sie müssen schon aufs Töpfchen gehen«.

Das soll aber nicht heißen, daß aller Druck, dein Kind aus den Windeln zu kriegen, von außen kommt – es ist angenehm, diese ekelerregenden Windeln nicht mehr wechseln zu müssen; dein Kind wird endlich aussehen wie jemand mit einem richtigen Hintern; und Klopapier ist nun mal ein ganzes Stück billiger als Papier- und sogar Stoffwindeln. »Topftraining« ist also nichts, was schnell durchgezogen werden muß oder sollte. Timing mag das A und O sein, aber bei jedem Kind tickt die innere Uhr anders, und wenn man nicht einen Riesenwirbel darum macht, erziehen sich 90 % der Kinder – genau zur richtigen Zeit – zwischen dem Alter von circa achtzehn Monaten und dem Alter von drei Jahren selbst zur Sauberkeit.

Eine Mama schildert ihren allerletzten Versuch, ihren zweieinhalbjährigen Sohn aufs Klo zu kriegen: »Schließlich hab' ich ihm einfach gesagt: ›Böse!‹ Ich hatte die Nase echt voll und hab' nur gesagt: ›Es ist ganz böse, in die Hose zu machen.‹ Es schien zu klappen. Er hörte auf, in die Hose zu kacken, und ich nahm an, daß er auf die Toilette ging. Nach drei Monaten ungefähr sagte mir die Frau im Kinderhort, daß er, kaum daß ich ihn morgens dort abgesetzt hatte, gleich in die Hosen machte. Ich stand da und hörte mir das an, und plötzlich ging mir auf, daß er es immer eingehalten hatte, wenn er mit mir zusammen war – manchmal vielleicht das ganze Wochenende –, ich hab' mich so schrecklich gefühlt.«

Eines, was man über Sauberkeitstraining sowie über die Gründe, warum manche Kinder ihre ganze Kindheit hindurch das Bett nässen, wissen sollte, ist, daß vieles davon genetisch bedingt ist. Manche Kinder erziehen sich schon mit achtzehn Monaten selbst zur Reinlichkeit, und das ist wirklich das früheste Alter, in dem Kindermuskeln und -nerven weit genug entwickelt sind, um das Pinkeln und Kacken überhaupt kontrollieren zu können. Ehe Kinder das Topfgehen erlernen können, müssen ihre Blasen und Därme erst mal groß genug werden, um Abfallprodukte für eine bestimmte Zeit zu speichern. Das tritt in der Regel nicht ein, bevor sie etwa zweieinhalb sind. Wenn die Kinder dann die entsprechende körperliche Reife haben, brauchen sie auch die Kommunikation, das Verständnis und die motorischen Fähigkeiten, die für den ganzen Vorgang notwendig sind. Wir reden hier von einer Zeit zwischen achtundzwanzig und zweiundvierzig Monaten, und selbst dann ist das Sauberkeitstraining ein ziemlich langer Prozeß. Vielleicht möchtest du erst mal ein Töpfchen ins Badezimmer stellen und erklären, wozu es dient. Es ist nur natürlich, wenn dieser ganze Hickhack deine Geduld auf die Probe stellt, aber versuch cool zu bleiben. Ich habe mich über die populärpsychologische Theorie lustig gemacht, aber die Wahrheit ist, daß das Sauberkeitstraining für einige Menschen ziemlich traumatische Folgen haben kann, entweder weil sie zu früh zur Selbstkontrolle gezwungen wurden oder weil ihre Eltern über die Situation ausrasteten.

Ich kenne ein kleines Mädchen, das gerade angefangen hat, von allein auf den Topf zu gehen, als sie zwei wurde. Ihre Mama hatte zunächst gezögert, der Kleinen eine eigene Miniaturtoilette zu besorgen, weil sie die »eklig« fand, aber da ihre Tochter die Sache ja ganz allein verrichtete, oft ohne der Mutter was zu sagen, bis sie etwas Hilfe beim Abputzen brauchte, hat der kleine Topf gute Dienste geleistet.

Eine andere Mama erzählt mir, sie dachte, ihr Sohn würde »nie« aus den Windeln kommen. Aber sie setzte ihn sechs Monate lang immer wieder auf die Toilette, und obwohl er »nie daran interessiert schien, tatsächlich aufs Klo zu gehen, während er drauf saß«, hat er's dann schließlich doch gemacht.

Ich habe von Eltern gehört, die ihren Kindern diese fischförmigen Katzenleckerlis ins Töpfchen getan und den Junior

dann aufgefordert haben, sie zu »versenken«. Oder sie nehmen O-förmige Müsli-Cracker und sagen, es sei Zeit für Zielübungen. Also das finde ich jetzt etwas eklig, aber wenn's funktioniert, bitte.
Meine Tochter gehörte schon zu den etwas Älteren, als ich sie endlich sauber hatte. Nachdem sie drei geworden war, wartete ich bis zum Sommer, als es warm genug war, sie nur in Unterwäsche rumlaufen zu lassen, und ich nicht allzu beschäftigt war mit Arbeit bzw. Studium. Ich sagte ihr damals einfach, ich fände, es wäre jetzt an der Zeit, und sie solle sich keine Sorgen machen, wenn es eine Weile dauerte, bis sie sich daran gewöhnte. Ein paar Tage lang gab's Pannen (und ich ließ sie nachts Höschenwindeln tragen), aber sie hatte es ziemlich schnell raus. Wenn das nun bedeutet, daß sie zu einem Drop-out heranwächst, na ja, es gibt Schlimmeres.

Über Wut, Popoklatsch und alles übrige

Während unsere Kinder heranwachsen, passiert vielen Mamas etwas gleichzeitig Ärgerliches und Interessantes – wir erleben so merkwürdige Rückblenden. Das fängt im allgemeinen an, wenn unsere Kinder das Alter unserer eigenen ersten Erinnerungen erreichen, wenn nicht gar früher, und hält über die Jahre an. Manche Mütter stört es, sich – alle naselang – daran zu erinnern, was *ihre* Eltern getan hätten; wie *sie* sich als Kinder gefühlt hätten. Aber die immer wiederkehrenden Vergleiche zwischen unseren Kindern und uns selbst als Kindern bieten uns eine großartige Möglichkeit zu verstehen. Manchmal gewinnen wir neues Verständnis für unsere eigenen Eltern. Und wichtiger noch, wir gewinnen neues Verständnis für unsere Kinder.
»Bei uns wird nicht geschlagen«, sagt mir eine Mama. »Aber als ich klein war, gab's bei uns zu Hause schon mal den Hintern voll, und manchmal, wenn mein Sohn so unflätig ist,

würd' ich ihn am liebsten übers Knie legen. Mein Verstand sagt mir einfach, daß das jetzt das einzig Richtige wäre.«

Wenn wir Mama werden, ist es ganz natürlich, daß wir uns als Eltern genauso verhalten, wie unsere Eltern es getan haben. Oder, je nachdem, wie wir erzogen wurden, daß wir alles in unserer Macht Stehende tun, um das genaue Gegenteil unserer Eltern zu sein. Aber wir sollten uns vor Augen halten – besonders in Zeiten von Streß, wenn wir dazu neigen, auf Autopilot umzuschalten –, daß wir weder wie unsere Mütter sein müssen noch *nicht* wie unsere Mütter sein müssen. Eine simple Philosophie, die wir uns zurechtlegen, wenn wir nicht aufgebracht sind, hilft. Meine lautet etwa folgendermaßen: Meine Tochter mit Respekt behandeln; mich daran erinnern, wie mir die Welt vorkam, als ich so groß war wie sie; erst ihren Standpunkt anhören, ehe ich meinen darlege; Regeln beugen; niemals schlagen; sie vor Folgen warnen; Dinge durchziehen; und mich entschuldigen, wenn ich Mist baue.

Ich bin kürzlich dem Sohn einer älteren Freundin begegnet, und obwohl ich wußte, wie alt er war, lange bevor er mir unter die Augen kam, war ich beim Anblick dieses erwachsenen Mannes, der fast doppelt so groß war wie seine Mutter, doch ziemlich sprachlos. Als wir die Bar verließen, in der wir uns begegnet waren, flüsterte ich meiner Freundin zu: »Ich bin total geschockt. Wird mein Kind auch mal so groß?«

Sie nickte. »Wenn körperliche Züchtigung das wichtigste Mittel für dich ist, die Oberhand zu behalten, dann wirst du mit der Zeit den kürzeren ziehen.« Natürlich ist die Furcht davor, nach Strich und Faden verdroschen zu werden, wenn unsere Kinder sechzehn sind, nicht der einzige Grund, sie nicht zu schlagen, aber es ist doch eine Überlegung wert. Du kannst auch in ernsthafte Bredouille mit den Behörden kommen, wenn du dein Kind mit irgend etwas anderem als der flachen Hand schlägst. Doch auch diese flache Hand und die bösen, beschämenden Worte, die die Seele statt den Körper treffen, tun weh, zerstören Vertrauen und, mal ehrlich, bewirken nur, daß das kleine Ungeheuer noch lauter schreit.

Einmal, als Maia etwa anderthalb war, wollte sie nicht aufhören, zu schreien und meine Bücher im Haus rumzuwerfen. Ich habe alles versucht: Vernunft, »Auszeit«, Bestechung, Mitgefühl, Brüllen. Schließlich hatte ich es satt und ohrfeigte ihr kleines, rotes, pummeliges Gesicht. Nie werde ich den Schock und das Entsetzen in ihren Augen vergessen. Doch wißt ihr, was nach diesem Moment herzzerreißender Stille passierte? Sie schrie noch lauter und warf noch mehr Bücher. Ich habe meine Tochter nie wieder geschlagen, aber ich habe Eltern, die ihre Kinder regelmäßig schlagen, Dinge sagen hören wie: »Es ist das einzige, was nützt.« Wenn es tatsächlich nützen würde, bräuchte man es jedoch nur einmal zu tun, und wie jede mißhandelnde Mutter bald merkt, »muß« man es immer und immer wieder tun.

Es gibt natürlich einen Unterschied zwischen der Wut, die wir mit uns herumtragen und die wir nicht an unseren Kindern auszulassen brauchen, und dem Zorn, den wir nur äußern und auf den wir keine bestimmte Reaktion brauchen. Du weißt, du bist zu Recht momentan wütend, wenn dein Kind an die Wand malt und du sagst: »He, hier wird nicht an die Wand gemalt«, worauf du es saubermachst oder das Kind bittest, es zu tun, und damit hat sich's. Wenn du allerdings anfängst rumzubrüllen, im Haus rumzurennen und deinem Kind zu erzählen, was es erleben kann, falls es je wieder so'n Scheiß macht, dann kannst du sicher sein, daß das kleine Gekritzel an der Wand ganz andere Dinge in dir auslöst.

Die französische Pädagogin Françoise Dolto sagt einfach: »Lehre sie, was von deinem Herzen kommt.« Und die mexikanische Feministin Anilú Elías fügt hinzu: »Wenn dich die Ungezogenheit eines Kindes stört, laß sie nicht durchgehen, weil früher oder später Worte aus dir sprudeln werden, die die Seele verletzen und die du bereuen wirst; wenn dich die Tränen eines bestraften Kindes schmerzen ... kehre nicht den strengen Lehrmeister heraus, denn es wird dir das Herz brechen.«

Manchmal, wenn ich mich verrückter fühle als sonst, setze ich mich einfach hin und schreibe einen Brief: einen an jemanden, der mir weh getan hat, und einen an jemanden, der klasse war. Ich habe natürlich nicht vor, diese Briefe abzuschicken, aber wir müssen schließlich das, was uns bedrückt, irgendwo abladen – auf Papier, auf unserer armen Therapeutin, auf Politikern, auf den Leuten, die uns echt übel mitgespielt haben – wir müssen unseren Mist dort abladen, wo er niemandem schadet, vor allem nicht unseren Kindern.

Wenn du nicht schreien und allzu sehr ausklinken kannst, weil deine Kinder da sind, versuch dir die Wut aus dem Leib zu schreiben.

Es kann ganz schön unheimlich sein, wenn man sich erlaubt zu wüten, aber dadurch, daß wir all unseren miesen, negativen Dampf ablassen und uns jedem kleinen verpönten Gefühl ganz und gar hingeben, werden wir tatsächlich weniger wütend und machen ein paar Schritte in Richtung Versöhnlichkeit. Man wird euch sagen, es sei nicht okay, eure Kinder von einer Brücke runterwerfen und dann hinterherspringen zu wollen, aber wenn ihr mich fragt, ist es nur nicht okay, es zu *tun*. Und es ist auch nicht okay, euren Kindern von diesen flüchtigen Impulsen zu erzählen.

Reg dich ab

- Fang an mit Kickboxen
- Schreib einen Brief in dein höchstintimes »Es-Buch«
- Gib deinem Kind eine Auszeit, wenn es sich beruhigen muß, und nimm selbst eine.
- Nimm ein Bad und trink Kamillentee.
- Besorg dir einen Babysitter.

- Geh in ein Fitneß-Center und traktiere einen Sandsack mit Fäusten.
- Ruf den politisch verantwortlichen Flachzocker deines Bezirks an und brüll auf seinen Anrufbeantworter, was er wieder für einen Mist gebaut habe.
- Ruf deine/n Ex an und laß ihn/sie nicht zu Wort kommen (vorausgesetzt, er/sie hat nicht schon eine einstweilige Verfügung erwirkt als Schutz vor solchen Ausbrüchen).
- Hol tief Luft und sag zu deinem Kind: »Tut mir leid, aber ich dreh' gleich durch und will's nicht an dir auslassen, also entschuldige bitte, wenn ich mich in mein Zimmer verziehe und einen psychotischen Anfall kriege.«
- Geh in den Garten und schmeiß Neonlack an deinen Gartenzaun.
- Hämmere auf Knete herum.
- Zerhack Gemüse.
- Mach Pesto. (Drisch dieses Basilikum!)
- Such dir einen Job bei irgendwelchen Abbrucharbeiten, oder melde dich für einen Nachmittag freiwillig für den Einsatz mit dem Vorschlaghammer.
- Jäte Unkraut.
- Schrubbe.
- Geh ein bißchen joggen.
- Zünde ein Räucherstäbchen an.

Ich habe vor kurzem ein Theaterstück über die berühmte und verdrehte Psychoanalytikerin Melanie Klein gesehen, und das Irrste an dieser Frau war, daß sie drei Aktenschubladen hatte: Die obere war für ihr Über-Ich – ihre Rechnungen, juristischen Unterlagen und ähnliches. Die mittlere war für ihr Ich – Manuskripte, Briefe und all so was. Und dann hatte sie diese wunderbare unterste Schublade, die sie verschlossen hielt – es war ihre »Es-Schublade«, und sie enthielt all das schmutzige, verfahrene, Scham und Schuldgefühl erzeugende Material, das wir alle lieber in unserem Körper unter Verschluß halten würden.

Also, ich fühle mich zuweilen ja ganz schön geistesgestört, aber wißt ihr, um wen ich mir wirklich Sorgen mache? Abgesehen von den Mamas an der Bushaltestelle, die ihrem Kind drohen, daß sie ihm den Kopf aufs Pflaster knallen? Ich mache mir Sorgen um jene Mamas, für die alles immer »super« ist. Jene Mamas, die in makellosen Eigentumswohnungen mit weißen Teppichböden wohnen, und sosehr ich mich auch bemühe, ich weiß einfach nicht, wo ihre Es-Schublade ist. Seht ihr, es gibt unter uns diejenigen, die verkorkst sind und es wissen, und diejenigen, die verkorkst sind und es nicht wissen. Ich bin zufällig der Meinung, daß es besser ist, wenn man's weiß und damit umgeht, anstatt zu warten, bis diese mit kränkenden Worten gefüllte Büchse der Pandora so voll wird, daß sie einfach aufplatzt und der demütigende Dreck uns von den Lippen springt und wir plötzlich feststellen, daß wir uns gerade in besagte Frau an der Bushaltestelle verwandeln, die wir alle schon mal gesehen haben.

Elternrechte

- Du hast das Recht, unvollkommen zu sein.
- Du hast das Recht, deine eigenen Bedürfnisse manchmal an erste Stelle zu setzen.
- Du hast das Recht,

Kinderrechte

- Kinder haben das Recht, Kinder zu sein.
- Kinder haben das Recht, ernährt und versorgt zu werden.
- Kinder haben das Recht, ihre Gefühle und

deine Gefühle in angemessener Weise auszudrücken.

- Du hast das Recht, dir heiße Rap-Musik in vernünftiger Lautstärke anzuhören.
- Du hast das Recht, um das, was du willst oder brauchst, zu bitten.
- Du hast ein Recht auf deine eigene Meinung.
- Du hast das Recht, nein zu sagen.
- Du hast das Recht, nicht mißbraucht zu werden.
- Du hast das Recht, deine Meinung zu ändern.
- Du hast das Recht, um – emotionale oder praktische – Hilfe zu bitten
- Du hast das Recht, würzige Okrasuppe zu essen, auch wenn deine Kinder finden, daß sie stinkt.
- Du hast das Recht, Grenzen und Schranken zu setzen.
- Du hast das Recht, deine Gedanken auszudrükken.

- Kinder haben das Recht, sich *Das Dschungelbuch* in vernünftiger Lautstärke anzuhören.
- Kinder haben das Recht, um das, was sie wollen oder brauchen, zu bitten.
- Kinder haben ein Recht darauf, daß man ihnen glaubt.
- Kinder haben das Recht, nein zu sagen.
- Kinder haben das Recht, vor Mißhandlung, Mißbrauch, Vernachlässigung und der Sorge um die Probleme Erwachsener geschützt zu werden.
- Kinder haben das Recht, keine Ahnung zu haben, wer Rush Limbaugh ist.
- Kinder haben das Recht, um ihrer selbst willen respektiert und akzeptiert zu werden.
- Kinder haben ein Recht auf Spielkameraden und auf Erwachsene, die ihnen Rückhalt geben.

nen eigenen Interessen bzw. deinem Beruf nachzugehen.
- Du hast das Recht, dir Zeit für dich selbst zu nehmen.
- Du hast ein Recht auf ein Gesellschafts-, Liebes- und Sexualleben.
- Du hast ein Recht darauf, ein bißchen zu tanzen, wann immer du willst.

- Kinder haben das Recht, ihre Grenzen und Schranken zu kennen.
- Kinder haben das Recht, gewisse Entscheidungen zu treffen.
- Kinder haben das Recht auf die natürlichen Folgen ihrer Handlungen.
- Kinder haben ein Recht auf eine Privatsphäre.
- Kinder haben ein Recht darauf, zu tanzen, wann immer sie wollen.

Rebellische Mama

Oma weiß es am besten

Cherie McCoy, Trainerin für Selbstakzeptanz,
Mutter und mehrfache Großmutter

Nachdem Sie eine solche Meute von Kleinkindern überlebt haben und mit der Erfahrung aus Ihrer jetzigen Arbeit, könnten Sie da irgendwelche Weisheit an diejenigen von uns weitergeben, die noch an der Front kämpfen?
Kindern muß ein »Nein« zugestanden werden. So etablieren sie ihre Autonomie. Eltern fassen dieses »Nein« oft als Bedrohung ihrer Autorität auf, oder sie gestehen dem Kind das »Nein« nicht zu, weil sie es ersticken, indem sie immerzu sagen: »Du bist ein braves Mädchen.«

Zwischen dem Alter von anderthalb und drei Jahren spielt sich körperlich zweierlei ab. Der Schließmuskel entwickelt sich, und das Corpus collasum (Balken) im Gehirn entwikkelt sich – es gibt also diese Veränderungen an beiden Enden des Körpers.
Kinder werden von selber sauber, es sei denn, es kommt darüber zu einem Machtkampf. Zur Zeit meiner Mutter sahen die Leute von oben auf dich herab, wenn dein Kind mit einem Jahr nicht sauber war. Für die hieß das, du bist keine gute Mutter.
Meine Mutter ist immer noch so stolz darauf, daß ich bereits mit neun Monaten allein zum Topf watschelte und machte. Sie hat ja keine Ahnung, was das heißt. Da entwickelt sich eine Menge Haß auf den eigenen Körper. Kinder, die zur Sauberkeit gezwungen werden – ob durch Lob oder durch Schuldgefühle –, neigen dazu, als Erwachsene sehr dick zu werden, rigide und verklemmt zu sein und viel zu lamentieren. Meine Mutter sagte immer: »Du bist ständig am Jammern«, und natürlich beklagte ich mich.
Am anderen Ende, im Gehirn, entwickelt sich ihre Autonomie. In den ersten anderthalb Jahren ist das Kind vollkommen mit der Mutter verschmolzen. Das Kind fühlt, was die Mutter fühlt. Daher kriegt das Kind, wenn die Mutter einen schrecklichen Tag hat, auch plötzlich einen Tobsuchtsanfall, und die Mutter denkt: »Wieso ausgerechnet heute?«
Man muß auch aufpassen, daß man sich nicht in einen Machtkampf verstrickt. Du mußt vorsichtig sein mit Fragen wie: »Willst du jetzt ins Bett?« Wenn du von einem Kind wirklich etwas willst – hier sind die Grenzen –, dann fragt man das Kind nicht. Man sagt einfach: »Es ist Zeit, ins Bett zu gehen.«
Ich bin allerdings für eine Vorwarnung, aber dann schnappt man sie einfach und singt ein rituelles Heia-heia-Lied, während man sie ins Bett bringt. Rituale sind sehr wichtig, weil sie ein Gefühl von Vertrautheit und Sicherheit erwecken.

Ich weiß, daß Sie jetzt mit vielen Eltern arbeiten, und da frage ich mich, wie Sie den Leuten helfen, mit ihrem Zorn und ihrer Wut fertigzuwerden.

In unserer Kultur laufen viele von uns mit Wut im Bauch herum – was sollen wir also damit anfangen? Wenn wir nicht hart an uns arbeiten, wird sie irgendwo rauskommen. Oft sind wir wütend auf unsere eigenen Eltern, über das, was sie uns als Kindern angetan haben. Ich glaube nicht, daß es sinnvoll ist, tatsächlich zu den Eltern zu gehen und sie anzuschreien – sie haben ihr möglichstes getan –, aber es gibt gesunde Arten, diese Wut rauszulassen, fern von dem Kind. Wenn das Kind nicht da ist, kann man ein Kissen schlagen oder ein Handtuch wringen oder einen Tennisschläger rausholen und irgendwas schlagen. Man braucht nicht mal einen Schläger, wenn man es einfach fühlen kann und durchatmet, bis es sich verflüchtigt. Neulich war eine Frau in einem meiner Workshops schon ganz darauf eingestellt, mit einem Schläger zuzuschlagen. Ich hab' zu ihr gesagt: »Schlag erst zu, wenn du wirklich bereit bist, und dann hau und hau und hör nicht auf.« Sie war wütend auf ihren Mann; sie redete und brüllte, und auf einmal war die Wut weg. Sie legte den Schläger einfach wieder hin, weil sie nicht mehr zu schlagen brauchte. Es ist nur ein Werkzeug, damit du die Wut in dir aufsteigen lassen kannst, und wenn du sie hochkommen läßt, ist es wie ein Orgasmus. Sie erreicht einen Höhepunkt, dann legt sie sich, und du fühlst dich gereinigt.

Ein anderes Problem mit der Wut ist, daß viele Leute zu »Dauerwütern« werden. Die Wut wird zur Gewohnheit – immer wenn sie aufsteigt, brüllen sie und fühlen sich besser. Es werden tatsächlich Endorphine freigesetzt, und so wüten und wüten sie, und dann fühlen sie sich gut. Das ist prima, wenn sie nie zuvor gewütet haben, aber es ist schrecklich, wenn man sich's angewöhnt, es ist wie eine Droge.

Und was ist, wenn wir Mist bauen? Ich meine, wenn Mama einen schlechten Tag hat ...

Ich finde es wichtig, sich zu entschuldigen, besonders wenn Kinder heranwachsen und wenn sie wissen, daß du Mist gebaut hast. Aber auch dann macht man es nicht sofort. Warte, bis alles vorbei ist und sich beruhigt hat. Du willst es ja nicht zur Gewohnheit werden lassen, zu toben und dich danach immer gleich zu entschuldigen.

Wenn ein Kind etwas zum ersten Mal macht, erlebe ich oft, wie Eltern dem Kind sagen: »Laß das«, dann drehen sie sich um und reden weiter mit ihrem Bekannten. Das Kind macht es wieder, und ein Elternteil sagt: »Ich hab' gesagt, laß das.« Sie wollen nicht zu dem Kind hingehen, ihm in die Augen schauen und sagen: »Was du da gerade machst, finde ich nicht in Ordnung« und dem Kind wirklich ihre ganze Aufmerksamkeit widmen, es mit ruhigem, aber strengem statt wütendem Blick ansehen.

Es ist nun wichtig, daß Mütter diese Informationen nicht benutzen, um sich selbst zu richten und in die Pfanne zu hauen. Unsere Kultur lehrt uns nicht, wie man sich als Mutter verhält, und so ist das, was unsere Mütter mit uns gemacht haben, alles, was wir haben. Deswegen finde ich es so wichtig, daß wir an uns selbst arbeiten.

Ich habe da so eine Umfrage einer großen Elternzeitschrift, nach der die Hälfte der amerikanischen Eltern der Meinung ist, man sollte sein Kind schlagen – wenigstens Popoklatsch mit der flachen Hand – und daß Kleinkinder die wahrscheinlichsten Opfer sind. Finden Sie Übers-Knie-Legen oder Schlagen jemals angemessen?

Nein. Kinder können einen ganz schön auf die Probe stellen, aber ich halte es für Mißhandlung. [Hinternversohlen] heißt, direkt ins Energiezentrum zu schlagen, und wird zu einer Blockade führen.

Und was ist die Alternative?

Die effektivste Disziplinierungsmaßnahme ist, dem Kind deine Anwesenheit zu entziehen. Daher funktionieren Auszeiten tatsächlich, wenn die Eltern es ganz ruhig machen und das Kind nicht zu lange allein lassen. Wirklich, eine Minute für jedes Jahr, das das Kind alt ist. Ich hab' mit Leuten gearbeitet, die tagelang in einem Raum eingesperrt waren. Das ist grauenhaft. Was dann passiert, ist, daß das Kind im Stich gelassen wird, was wieder ganz andere Probleme aufwirft, über die wir reden könnten. Doch man kann genausogut sagen: »Das ist nicht in Ordnung, ich erlaube das nicht.« Das kann man mit den eigenen Kindern machen und mit den Kindern anderer.

Das Kleinkindalter ist eine ganz verrückte Zeit. Aber wenn wir's recht bedenken, war dies möglicherweise das letzte Mal, daß wir wirklich ganz wir selbst waren – gegen jedes Unrecht protestiert haben, nicht mit anderen teilen wollten, auf die Unabhängigkeit zugesteuert sind, ohne je zu vergessen, daß wir auch jemanden brauchten, bei dem wir uns Rückhalt holen konnten. »Kleine Kinder sind Arschlöcher«, sagt Utah Philips. »Aber sie sind ihre eigenen Arschlöcher.«

Kapitel 5
Die Schöne und das Geschlechtertier

Barbie anzubeten ist ein vorübergehendes Ereignis und kein Dauerzustand.
– *Sara Bonnet Stein,*
The Limits of Non-Sexist Child-Rearing

Es ist ein Baby!«
Wann habt ihr zum letzten Mal eine geschlechtsneutrale Geburtsmitteilung gehört? Ich glaube, ich habe in meinem Leben eine einzige gehört, und das war in einem Essay, das zweifellos zensiert wurde, nachdem die ursprünglichen Worte ausgesprochen waren.
»Mädchen sind unmöglich«, sagt meine Freundin Marni. »Sie wissen viel zuviel viel zu schnell.«
»Jungen sind schwieriger«, meint eine andere Freundin. »Das liegt am Testosteron.«
»Was ist, wenn sie so'n Püppchen wird?« fragt meine Freundin Nancy besorgt.
»Was ist, wenn er völlig außer Kontrolle gerät?« will ein Papa wissen.
Rosa? Hellblau? Nichtsexistisches Gelb? Barbie? Batman? Androgyne Stoffpuppen? Ob wir nun an tatsächliche Unterschiede zwischen Jungen und Mädchen glauben oder nicht, das Geschlecht *spielt* eine Rolle. In einer vollkommenen Welt könnten wir unsere Kinder so aufziehen, daß sie sich nur ihrem und unserem Temperament entsprechend anpassen. Aber die Gleichung hat noch eine Seite. Eine Seite, auf der Geschlecht, Rasse und all die Unterschiede, die unsere Kultur so gern hervorhebt, ausschlaggebend sind.
»Bis zum Alter von zwei oder drei Jahren sind sie unisex«, sagt mir Jennifer, Mutter von zwei Grundschulkindern.

»Und eines Tages trifft es sie dann wie der Blitz – ich bin wie meine Mama, oder ich bin nicht wie meine Mama, und daher müßte ich wie Prinzessin Diana oder Sylvester Stallone sein.«

Maias erste etepetete Prinzessin-Diana-Phase dauerte nur vom Alter von ungefähr drei bis zum Alter von fünf Jahren; dann schienen wir die Sache hinter uns zu haben. Aber gerade neulich blickte meine bezaubernde bald Siebenjährige in den Spiegel und sagte: »Mein Gesicht gefällt mir nicht. Ich seh' aus wie ein Junge.«

Ich holte tief Luft und sprang wieder in den Ring. Im Kampf gegen Sexismus und die vielen Schläge gegen das Selbstbewußtsein meiner Tochter habe ich mitunter das Gefühl, gegen Mike Tyson selbst anzutreten, und ich bin der Niederlage oft näher als dem Sieg. Doch wir alle lernen, eine Runde nach der anderen gegen das Geschlechtertier zu kämpfen und zu verteidigen, und im Gegensatz zu Boxprofis dürfen wir unter die Gürtellinie schlagen und jedes Mittel einsetzen, um der herrschenden Kultur in den Arsch zu treten.

Um euch in Fahrt zu bringen, habe ich hier ein paar Hip-Mama-Strategien für nichtsexistische Kindererziehung.

Weise auf die Dame mit dem Bart

Lee Johnson, eine Bekannte von mir, die vor einigen Jahren starb, war mein Idol für nicht-sexistische Kindererziehung. Ich hatte leider keine Gelegenheit, sie näher kennenzulernen, doch die wenigen Gespräche, die ich mit Lee Johnson hatte, brachten meine Welt ins Wanken. Sie war Familientherapeutin und lesbische Mama eines kleinen Jungen, und sie hatte gelernt, sehr kühn zu sein, wenn sie ihrem Kind das A und O beibrachte. So wie manche Eltern versuchen, ihren Kindern Sprache und Begriffe näherzubringen, indem sie sie nach dem Gegenteil suchen lassen, spielte Lee mit ihrem Sohn »das Klischeespiel«. Nachdem sie ihm die Grundidee erklärt hatte, spielten sie folgendermaßen:

»Es ist ein Klischee, daß Mädchen nicht so gut Fußball spielen können wie Jungs. Versuch du dir auch ein Klischee auszudenken.«

»Kinder können nicht fliegen.«

»Gut. Aber normalerweise *können* Kinder nicht fliegen. Fällt dir irgendein Klischee ein, das nicht stimmt?«

»Jungen sind Schwachköpfe. Ist das ein Klischee?«

»Ja. Das ist ein Klischee.«

»Und Jungen sind gemein. Das ist ein Klischee. Aber manchmal *sind* Jungen gemein.«

»Das stimmt. Aber es ist ein Klischee, wenn man sagt, *alle* Jungen sind gemein.«

»Alle Mädchen sind nett, das ist ein Klischee.«

»Ja.«

»Und gelbes Haar ist schöner, das ist ein Klischee. Und Monster sind unheimlich. Ist das ein Klischee?«

Es ist einfach zu schön. In einem Kommentar, den Lee mal für *Hip Mama* geschrieben hatte, sprach sie davon, wie wir jede kleine Gelegenheit, die uns unsere Kinder für solche Lektionen bieten, beim Schopfe packen sollten. »Kinder lernen Neues nur durch ihre unmittelbaren Erfahrungen«, schrieb sie. Wenn sich also eine unmittelbare Erfahrung ergab, stürzte sie sich auf die Gelegenheit, um sie in eine Lehre zu verwandeln.

Als Lee eines Tages mit ihrem Sohn im Lebensmittelgeschäft anstand, bemerkte sie einen Typ in einem lesbischen T-Shirt. Fasziniert schaute sie noch mal näher hin. Es war in Wahrheit eine Frau mit einem Vollbart. »Wie haben Sie das gemacht?« fragte Lee.

»Ganz einfach«, erwiderte die Frau. »Ich hab' aufgehört, mich zu rasieren.«

Lee wußte sehr wohl, daß manche Frauen ihre Gesichtshaare zupften und rasierten, aber der Gedanke, daß Frauen sich

einen Vollbart wachsen lassen konnten, war ihr nie gekommen. Sie vergewisserte sich, daß ihr Sohn die bärtige Dame auch bemerkt hatte.
»Daß Frauen nie Bärte haben können, muß ein Klischee sein«, sagte ihr sechsjähriger Sohn ungerührt.
Ein andermal gestand Lees achtjährige Nachbarin ihre Verwirrung darüber ein, daß sie nicht feststellen könne, ob eine bestimmte Person aus der Nachbarschaft ein Mann oder eine Frau sei.
»Das macht doch nichts«, beruhigte sie Lee. »Es gibt halt Leute, die androgyn aussehen.« Und das Mädchen war durchaus zufrieden mit dem neuen Begriff.
Als meine Tochter, damals vier, auf der Titelseite einer Zeitung ein Bild sah, auf dem zwei Männer heirateten, lachte sie. Sie war auf mehreren gleichgeschlechtlichen Hochzeiten gewesen, als sie jünger war, doch jetzt erzählte sie mir: »Zwei Männer können nicht heiraten.«
Es war Zeit für eine Lektion.
»Begriffe sind nie zu schwer, um verstanden zu werden, wenn sie in unmittelbare Sinneserfahrungen eingebunden sind«, war Lees Standpunkt. »Die Begriffe, die wir lernen, bereichern uns, auch wenn eine Menge Silben damit verbunden sind.«

Befreit Polly Pocket

Jedesmal, wenn ich in einem Kaufhaus oder einer ähnlichen Spielzeughölle lande, bin ich erstaunt, daß sie die vielen Spielsachen immer noch nach Geschlecht aufteilen und nicht altersgemäß. Da gibt's den rosa Gang mit Barbie und Ken als Brautpaar in einer Schachtel. (Die Geschichte, in der Ken sein Coming-out hat, seinen Freund der Familie vorstellt und das reizende Paar sich scheiden lassen muß, wird den Kindern vorenthalten.) Und dann gibt's den Primärfarbengang mit den Bällen und Waffen. In welchem Jahr leben wir eigentlich? Haben wir das nicht schon überwunden? Tja, die herrschende Kultur jedenfalls nicht. Und wie gewöhnlich müssen wir Mütter das Ganze ausbaden.

Als ich klein war, reagierte meine Mutter auf all das, indem sie einfach keinen Mist kaufte. »Konsum ist wie ein Staubsauger«, erklärte sie mir. »Er wird dich aufsaugen.« Sie hatte eine lange Liste von allen möglichen leicht dramatischen Warnungen – »Werd bloß nicht so'n Mädchen, das im Biologieunterricht schreit« und »Verlier nicht aus den Augen, was schön ist und was aus Plastik ist.« Das war 1975. Ich war fünf Jahre alt. Und der Feminismus war gerade auf die Spielzeugindustrie geprallt.

Ich kann mich nicht erinnern, auch nur eine einzige Kunststoffpuppe besessen zu haben (aber an die tollen Sachen, die meine Freunde hatten, erinnere ich mich sehr wohl). Ja, ich bin zwar zur Feministin herangewachsen, aber als Meerschweinchen im großen Experiment der nichtsexistischen Kindererziehung der 70er Jahre fühlte ich mich um alles betrogen.

Als Maia klein war, stolperte ich erneut der Spielzeugindustrie über den Weg. Ich wußte, daß ich es nicht fertigbringen würde, Barbie und all den anderen Schrott in dem rosa Gang zu verbieten, doch ich wollte irgendeine Form von Ausgleich finden – irgendeine Art von mütterlichem Feminismus, damit sie sich nicht zu sehr von allem ausgeschlossen fühlte.

»Durch die Zensur kreiert man etwas Verbotenes, und dann denken sie gleich, es muß ganz besonders aufregend sein«, pflichtete mir die Psychotherapeutin und Feministin Holly Gordon bei, die ich auf meiner Suche nach nichtsexistischer Balance um Rat fragte. »Aber was Sie tun *können*, ist, kritisches Denken in bezug auf das Geschlecht fördern.«

Als Maia in einem rosa Kleid vor mir erschien, sich den Pony aus dem Gesicht strich und sagte: »Ich wünschte, ich könnte das echte Schneewittchen sein«, schlug Holly vor, sie zu fragen: »Glaubst du, es würde Spaß machen, immer zu Hause zu bleiben und für all diese Zwerge zu kochen?«

»Wenn man ihnen ihre Meinung [über das Spielzeug] entlockt hat, heißt das ja nicht, daß man keine eigene Meinung darüber haben darf«, sagte sie mir. »Manchmal ist es für Kinder wichtiger, das Gefühl zu haben, man respektiert, wofür sie sich entscheiden und wie sie sich darstellen wollen.«

Ich kaufe Maia einiges von dem Mist, den sie im Fernsehen sieht, aber ich habe gelernt, darauf hinzuweisen, wenn sich das Spielzeug als wertloser Schrott entpuppt. Und anstatt einen Bogen um Spielwarenabteilungen insgesamt zu machen, habe ich gelernt, in beiden Gängen einzukaufen. Sie hat keine Schußwaffen (da ziehe ich eine Grenze, okay?), doch sie hat Bälle, Schwerter, Eisenbahnen und eimerweise Starwars-Figuren, aber auch all die Puppen und Backgarnituren, die sie *unbedingt haben muß*.

Versteht mich bitte nicht falsch. Ich verzichte nicht auf *jeglichen* feministischen Kommentar zugunsten von therapeutisch korrekten Fragen ohne Bewertung. Immer wenn ich einen von diesen abartigen Muffins sehe, die sich in eine sexy kleine Puppe verwandeln, fordere ich sämtliche Kinder in der Nähe auf, Mama nachzuplappern: »Frauen sind keine Backwaren.«

Als Maia und ihre Freundinnen vor ein paar Tagen das traurige Los einer »Polly Pocket«-Puppe beklagten, die irgendein gestörter Spielzeugdesigner in eine transparente Plastik-Halbkugel eingeschweißt hatte, habe ich den Hammer zu ihrer Befreiung geschwungen. (Falls ihr das Vergnügen noch nicht hattet, »Polly Pocket« ist eine merkwürdige kleine Plastikfrau, die etwa zwei Zentimeter groß ist und keine Nase hat, was immer noch besser ist als »Hallo Kitty«, die keinen Mund hat.)

Und immer wenn ich mitkriege, daß das Gespräch auf *Die Schöne und das Tier* kommt, erinnere ich jeden in Hörweite, daß die Geschichte ein Märchen ist – im wirklichen Leben bleibt ein Tier ein Tier, egal, wie lange du bei ihm ausharrst.

Wir können nicht erwarten, daß die Welt gnädiger mit unseren Töchtern verfährt, als sie mit uns verfahren ist – auf manche Weise wird sie es tun, auf andere Weise nicht –, aber wir können unseren Mädchen nach Kräften helfen, sich diese natürliche Pippi-Langstrumpf-Tollkühnheit zu erhalten, mit der sie geboren werden. Es wird Tage geben, da schauen sie in den Spiegel und sagen: »Mir gefällt mein Gesicht nicht«, aber wenn wir uns direkt einschalten, sobald wir es hören, können wir wirklich eine Menge tun, um sie gegen den ganzen Müll zu wappnen, den die Welt für sie bereithält.

Viele von uns machen sich zwar Gedanken um die Geschlechterstereotypisierung, solange unsere Töchter klein sind – bemerkt Mary Pipher in *Pubertätskrisen junger Mädchen* –, aber oft werfen wir das (Arielle-die-kleine-Meerjungfrau-)Handtuch allzu früh. Die Zeit, in der man sich wirklich Gedanken machen sollte, ist die frühe Jugend, meint Pipher, doch vielleicht können wir unsere Töchter schon ihre gesamte Kindheit hindurch dabei unterstützen, »den kulturellen Definitionen von Weiblichkeit zu trotzen« – indem wir nach Gehör spielen, hier ein bißchen nachgeben, dort ein bißchen improvisieren, aber im Prinzip immer standfest bleiben in unserer Unterstützung und unserem Glauben an sie als Menschen.

Wie eine Mama sagt: »Wir tun so, als käme diese Krise des Selbstwertgefühls einfach aus dem Nichts, wenn unsere Kinder Teenager sind, aber tatsächlich ist es etwas, was schon die ganze Zeit am Gären war. Die Symptome fallen vielleicht nicht ins Auge, bis unsere Mädels älter sind, doch ich glaube, wenn wir uns wirklich um sie kümmern, ihnen wirklich helfen, die Schläge gegen ihr Selbstvertrauen, die sie einstecken müssen, zu heilen, können wir vielen Problemen vorbeugen.«

Wenn alle Stricke reißen (na ja, auch wenn nicht), baut euch ja vielleicht die Erinnerung an die »künftigen« Barbies und Kens auf, die in einer frühen Ausgabe des New Yorker Magazins *Hey There Barbie Girl!* vorgestellt wurden. Die Firma Mattel konnte zwar irgendwann die Veröffentlichung des Hefts stoppen, aber um der alten Zeiten willen: Da gab es den *Totally Schwul Ken* »seht euch die enge Strumpfhose an!«; *Spasti Exfreund Ken* »Einweisungsschein nicht mit inbegriffen, aber dringend empfohlen«; die *Zweisprachige Verwaltungsassistentin Barbie*, die »Hol dir deinen Scheißkaffee selbst« in drei Sprachen sagen konnte; und die stets beliebte *Non-stop Quasselbarbie*, »hält den Mund nicht, bis man ihr den verdammten Kopf abreißt«. Fügt die *Wohnwagenzauber Barbie* und *Androgyn-Kerbie* hinzu, die schon auf unserer Weihnachtswunschliste stehen, dann können wir uns vielleicht doch noch irgendwie mit der Mainstreamkultur arrangieren.

Unlösbare Aufgabe?

Spielweise	**Wahrscheinliches Resultat**
Näh RAF-Symbol auf alle Kleidungsstücke, lies vor dem Schlafengehen nur Geschichten aus *Emma* und *Arbeiterkampf* vor, dekoriere Kinderzimmer mit Postern von *Jeanne d'Arc, Che Guevara, Mao Tse-Tung* und *Lorena Bobbit.*	Schwierige Teenjahre werden auf »kauzige Hippie-Eltern« geschoben, Kind geht in Schützenverein, Karatekurs oder zur Bundeswehr, wird aber Führer/in eines Militärputsches gegen die Regierung.

Streich Kinderzimmer rosa für Mädchen namens »Patzi«, kauf nur Barbie-verwandtes Spielzeug, beschäme Kind, wenn es um irgendeine Abwechslung bittet oder unabhängige Gefühle äußert.	Miss Europa, die Weltruhm erlangt, deren Titel jedoch aberkannt wird, als *Playboy*-Doppelseitenfoto erscheint.
Streich Kinderzimmer hellblau für Jungen namens »Grunz«, kauf nur Waffen und Autos, beschäme Kind, wenn es um irgendeine Abwechslung bittet oder fürsorgliche Gefühle äußert.	Milizenführer, der Weltruhm erlangt, aber entmachtet wird, als *Playgirl*-Doppelseitenfoto erscheint.
Nenn Kind »Kai«, streich Kinderzimmer gelb an, und wenn er/sie irgendeine Frage stellt, die mit dem Geschlecht zu tun hat, sag: »Ich hab' dir doch gesagt, das Geschlecht ist eine gesellschaftliche Konstruktion, verdammt noch mal!«	Schwierige Teenjahre werden auf »kauzige Hippie-Eltern« geschoben; Kind landet, nach DM 10000,- für Geschlechtsverwirrungs-Therapie, eine Hauptrolle bei *Samstag Nacht* und verarscht dich dort nach Strich und Faden.
Improvisiere: Nenn Kind Tony oder Toni, streich Zimmer gelb an, biete eine große Auswahl an Spielzeug, näh RAF-Symbol	Kurzlebiger Backlash in Teenjahren wird auf »kauzige feministische Eltern« geschoben; Kind gründet, nach DM 10000,- für The-

auf einige Klamotten, geh Probleme an, sobald sie entstehen, gib häufig feministische Kommentare ab.

rapie wegen anderer Probleme, die Feministische Partei, die die erste radikale Regierungschefin stellt.

Handle einen Testosteron-Frieden aus

»Das klingt vielleicht sexistisch«, sagt mir eine Mama, »aber ich muß meinem Sohn mehr Schranken setzen und meine Tochter mehr ermuntern, weil ich weiß, daß die Lehrer und die Gesellschaft insgesamt mein Mädchen mehr einschränken werden. Ich meine damit nicht, daß ich meinen Sohn unterdrücken will, um Gleichheit zu schaffen. Ich meine, daß ich mich auf die Fähigkeiten meiner Kinder konzentrieren will, die die Welt draußen ignorieren wird – und diese Fähigkeiten sind bei Jungen und Mädchen unterschiedlich. Machen wir uns nichts vor: Wenn meine Tochter mit einem blauen Auge heimkommt, dann wahrscheinlich, weil sie die Situation ein wenig unterschätzt hat. Wenn mein Sohn mit einem blauen Auge heimkommt, dann vielleicht nur, weil er sich selbst ein wenig überschätzt hat.«

Eine andere Freundin pflichtet ihr bei, aber nur teilweise. »Du mußt mit solchen Gedanken vorsichtig sein«, meint sie. »Wenn wir davon ausgehen, daß Frauenfeindlichkeit mit einer Art Neid auf Mädchenkultur beginnt, dann muß ich als Mutter besonders vorsichtig sein, daß meine Jungs nicht das Gefühl kriegen, sie versäumen was, sonst nistet sich bei ihnen Groll ein.«

In diesem Dilemma befinden sich die meisten Mütter von Söhnen früher oder später – wenn die Säuglingsandrogynie ins Kleinkind-Testosteron übergeht.

»Wenn ich groß bin, werd' ich gemein«, sagt Tim. »Ich werd' der Boß sein.«
»Reizend«, ist die einzige Reaktion, die seine Mutter zunächst zustande bringt, aber jede Frau kennt die Bilder, die dieser Mama durch den Kopf schießen. Der Plan zu Selbstzerstörung und männlicher Vorherrschaft, den die Gesellschaft unseren Söhnen aushändigt, macht mindestens soviel angst wie das Vermächtnis, das auf unsere Töchter gekippt wird. Es ist zwar nicht dasselbe, aber es macht genauso viel angst. Und als Frauen fühlen wir uns oft schlecht vorbereitet, um unseren Jungen bei der Ablehnung dieses Plans behilflich zu sein.
Eine Mama, die ich kenne, kam in Verlegenheit, als sie beschloß, ihr Zuhause »männerfreundlicher« zu gestalten. Es hatte damit angefangen, daß ihr Sohn etwas gegen die feministische Folk-Musik hatte, die sie spielte, und sie geriet in Panik – würde er zu einem Frauenhasser heranwachsen? Würde er mit dem Gefühl aufwachsen, seine Männlichkeit »wird nicht gewürdigt«?
Sie begann sich nach positiven Männerbildern umzusehen, die ihrer Meinung nach ihrem Sohn das Leben erleichtern könnten, aber es standen nicht viele zur Auswahl. Ich schlug Poster von Martin Luther King, Che Guevara, sogar dem netten Moderator einer Wissenschaftssendung im Fernsehen vor. »Ja«, sagte sie. »Aber ich dachte mehr an Kunst. Ich dachte mehr an ein Äquivalent zu Frida Kahlo, aber es gibt einfach nichts Gescheites.«
Stimmt, aber wir müssen nehmen, was wir kriegen können: Poster, alles, was wir an Kunst mit Bildern »positiver Männlichkeit« finden, und, eventuell, einen entspannteren Umgang mit der ganzen Problematik. Wie meine Freundin sehr wohl weiß, werden Männer nicht als Schläger geboren. Sie müssen schon eine ordentliche Portion Hölle durchmachen, um so haßerfüllt und verkorkst zu werden. Ich will die Verantwortung für das Aufziehen »guter Söhne« nicht allen

Müttern in die Schuhe schieben (statt der Kultur, die unsere Kinder regelrecht dazu ermutigt, wut- und haßerfüllt zu werden), doch wir können bei unseren Jungen eine Menge Schadensbegrenzung bewirken.

Am Anfang mögen wir es mit recht einfachem Kram zu tun haben. Den meisten von uns macht es beispielsweise nichts aus, unsere Mädchen in Blau – oder andere Farben – zu kleiden, und nur meine Oma zuckte zusammen, als sie erfuhr, daß Maias Lieblingsspielzeug eine Eisenbahnanlage war. Wie ist es aber bei den Jungen? Ein kleiner Knirps in einem rosa Schlafanzug macht viele Leute immer noch nervös. »William will eine Puppe« war in den 70er Jahren schön und gut, aber viele von uns erschrecken noch immer, wenn Johnny eine Prinzessin sein will. Wir müssen daher zuallererst diese Vorurteile aus unseren Köpfen kriegen.

Lindsay, die Mutter eines Fünfjährigen, sagt, ihre Vorurteile machten sich beim Umgang mit den Gefühlen ihrer Kinder bemerkbar. »Mir ist aufgefallen, daß es Müttern von Mädchen manchmal nicht so schwerfällt, ihren Kindern Gefühlsäußerungen zuzugestehen, sei es nun Trauer, Wut, Freude oder sonstwas. Bei Jake bin ich immer versucht zu sagen: ›Ach, stell dich nicht so an‹, oder ich neige dazu, mich mehr vor seiner Wut zu fürchten, und sage: ›Reiß dich zusammen.‹ Ich muß mir geduldig immer wieder selbst sagen, daß er diese Emotionen rauslassen muß – solange er dabei niemandem weh tut.«

Ich kenne einen Erstkläßler, der seine Transvestitentage hat, obwohl bisher nichts darauf hindeutet, daß bei ihm zu wenig Testosteron durch die Adern fließt. Seine Mama ist eine ganz coole Type, die keinen Ton sagt, bis er rausgehen will. Dann warnt sie ihn freundlich, er sehe zwar fabelhaft aus, aber: »Manche Leute machen sich vielleicht über dich lustig. Manche Leute *sind* nun mal so.« Dieser Junge weiß also Bescheid. Ich habe ihn schon, als Prinzessin ausstaffiert und mit dem Kettchen meiner Tochter um den Hals, hinter einem Eiscremewagen her rennen sehen, aber zur Schule trägt er Khakihosen und T-Shirts. In der Schule gebe es immer eine übermäßige Anzahl von Leuten, die »so sind«, erklärt er. Und er wird sich nur so viel Lächerlichkeit aussetzen, wie er verkraften kann.

Die Dichterin Audre Lorde drückte es so aus: »Das wichtigste, was ich meinen Sohn lehren kann, ist dasselbe, was ich meine Tochter lehren kann: wie er der sein kann, der er selbst sein möchte. Und am besten erreiche ich das, indem ich ich selbst bin, und hoffe, daß er daraus lernt, nicht wie ich zu sein, was unmöglich ist, sondern er selbst zu sein. Und das heißt, auf die Stimme aus seinem Innern zu hören und nicht auf jene rauhen, ködernden oder drohenden Stimmen von außen, die ihn dazu drängen, so zu sein, wie die Welt ihn haben will.«

Entkolonisiere dein Hirn

Ich habe einmal einen Kommentar veröffentlicht, den Joy Viveros über ihren Sohn und farbige Kinder im allgemeinen geschrieben hat. »Offenbart sich für mich im aggressiven Verhalten eines farbigen Kindes das Potential zum großen Anwalt oder zum großen Straßenrowdy?« sollen wir uns alle fragen. Und ihr kleiner Test ließ mich nicht los. Wenn ich weiß, daß ich mit dem Geschlechtertier – oder dem Rassentier oder sonst einem Tier – zu tun habe, halte ich inne und frage mich: *Würde ich anders darüber denken, wenn sie ein Junge wäre? Würde ich etwas anderes sagen, wenn er weiß wäre? Was wäre, wenn er ein Latino wäre? Würde ich dann »nein« sagen?* Wir müssen alle sicher sein, daß wir uns kulturell sensibel verhalten, aber so, wie der größte Unterschied zwischen Jungen und Mädchen darin besteht, wie wir mit ihnen umgehen, besteht der größte Unterschied zwischen Menschen unterschiedlicher Rasse, sexueller Orientierung,

Kultur und Gesellschaftsschicht darin, wie wir auf sie reagieren. Wie Maya Angelou es formuliert: »Wir sind uns ähnlicher, Freunde, als unähnlich.«
Natürlich sind Rassismus und Sexismus zweierlei Tiere. Manchmal treffen wir sie gemeinsam an – wie eine Mutter eines afroamerikanischen Jungen sagt: »Wir sind alle dahingehend sozialisiert worden, daß wir in meinem süßen kleinen Sohn ein Ungeheuer sehen.« Manchmal treffen wir sie getrennt an. Aber im Laufe der Erziehung unserer Kinder lassen sich viele derselben Themen, Probleme und Lösungen anwenden, ob es nun um Frauenfeindlichkeit, Rassenhaß, Klassenhaß, Homophobie oder eine andere Form von Bigotterie geht.

Demnächst in Ihrem Kino

Schneewittchen und die sieben Patriarchen
Der Erpresserkönig
Die Beziehungssüchtige und das Tier
Mimöschen
Die kleine Meerstummfrau

So wie Mütter von Söhnen ausknobeln müssen, wie man mit den schon in die Windeln gelegten Männerprivilegien umgeht, so können die Eltern unter uns, die amerikanische Kinder europäischer Herkunft aufziehen, das Rassismustier nicht ignorieren. Es verfolgt uns alle, und wir sind alle aufgerufen, »für die Bedrängten etwas zu tun und die Tatenlosen zu bedrängen«, wie es so schön heißt.
Beim Umgang mit diesen »Ismussen« sollte man immer die Strategie verfolgen, zuerst das Opfer der Kränkungen oder

Verletzungen zu trösten, ehe man sich mit der Ursache auseinandersetzt. Wenn dein Kind vom Fahrrad gestoßen wird, vergewisserst du dich ja auch erst, ob es ihm gutgeht, bevor du den Übeltäter stellst, oder? Wenn wir also sehen, wie das Rassismustier zubeißt, sollten wir alles tun, um die Wunden des farbigen Kindes zu verbinden. Dann können wir den Urheber der Verletzung erziehen, indem wir auf stereotype Kommentare aufmerksam machen, ihn über die Geschichte des Rassenfanatismus und der Bürgerrechtsbewegung aufklären und massive Aktionen gegen jene Kräfte anzetteln, die Intoleranz fördern.

Aller Anfang dabei ist die Arbeit an uns selbst und an unseren eigenen Klischees. Wir müssen uns in unserem Denken sowohl von den unfairen Vorstellungen über »die anderen« lösen als auch von den verinnerlichten Stereotypen über uns selbst und die, die so sind »wie wir«. Aber habt keine Angst davor, die Ideologien in der Welt zu bekämpfen, auch wenn ihr glaubt, das eigene Hirn noch nicht restlos entkolonisiert zu haben. Es gibt Prozesse, die gleichzeitig ablaufen können – unsere Kinder lehren, unsere Kultur lehren und uns selbst lehren.

Zum Teufel mit den Werbefritzen

Hier ist eine typische Anzeige für ein Babyprodukt: ein Bild von einem androgyn wirkenden Säugling und der Text: »Schon bald stehen Ballettstunden und jede Menge Jungs vor der Tür. Aber fürs erste geben Sie ihr Johnson's Babypuder.« Je vertrauter wir mit dem Geschlechtertier werden, desto unerträglicher werden solche Sachen. Wer sagt denn, daß sie keine Kickboxstunden nehmen wird oder daß nicht bald kleine Lesben vor der Tür stehen?

Mach bitte tausend Kopien von dem Zettel auf der rechten Seite und behalte den Stapel auf deinem Schreibtisch. Immer wenn du eine groteske Werbeanzeige siehst, reiß sie raus und schick sie mit deinem Zettel an die Werbefritzen, die es für angebracht hielten, sie in Umlauf zu bringen.

Dies fördert Klischeevorstellungen

Sagen Sie mir bitte Bescheid, wann Sie diese Form von
- sexistischer
- rassistischer
- nationalistischer
- homophober

Werbung einzustellen gedenken, dann werde ich Ihre Produkte wieder kaufen

Wenn du Zeit und Lust hast, ist tiefer gehendes Feedback auch immer ganz gut. Ich kenne eine Mama, die eine große Windelfirma mit einem wohldurchdachten Brief tatsächlich dazu gebracht hat, die Bedruckung ihrer Windelhöschen mit kleinen weißen heterosexuellen Kernfamilien einzustellen. Häufig benutzen diese Werbefuzzis einfach nicht ihr Hirn, und wenn sie Boykottdrohungen zu hören bekommen, ist es sehr gut möglich, daß sie eine andere Platte auflegen.

Nostalgie? Kinder der 70er erinnern sich an ihre Jugend

»Ich habe meine Periode gekriegt, als ich elf war, und meine Mutter wollte eine Fete schmeißen, um meine Reifung zur Frau zu feiern. Ich war entsetzt. Ich wollte lediglich in eine Boutique gehen und mir eine neue

Hose kaufen, und sie wollte feiern, daß ich eine Frau geworden bin.«

– Selene, dreißig

»Ich glaube, in meinem Zimmer war keine einzige Puppe. Ich hab' einmal zu Weihnachten so 'n Parfum bekommen und hab's auf der Straße zerschmettert. Aber weißt du was? Ich hab' mir ein bißchen Parfum aufgetragen, ehe ich's zerschmettert hab'. Heimlich hab' ich drauf gestanden.«

– Melissa, neunundzwanzig

»Meine Mutter war cool. Immer nach dem Motto, na ja: *So behandelt man Frauen.* Als ich in der High-School war, nannte mich meine Freundin ein männliches chauvinistisches Schwein, und meine Mutter sagte, sie hat recht. Mich hat das ein bißchen gewurmt, ich hab' gedacht, meine Mutter müßte doch eigentlich auf meiner Seite sein. Aber vielleicht hatten die beiden ja recht.«

– Marco, siebenundzwanzig

»Was soll ich sagen? Gemischte Gefühle. Es gab Tage, da wollte ich einfach nur, meine Mutter wäre in der Küche und würde Plätzchen backen wie eine normale Mama, aber wenn ich zurückblicke, muß ich sagen, daß die Tatsache, daß sie gearbeitet und organisiert hat und so gelebt hat, wie sie wollte, mich zu der gemacht hat, die ich bin. Ich hätte es nicht anders haben wollen.«

– Sarah, fünfundzwanzig

Also gut. Habt ihr einen Mann und eine Frau in eurem Haushalt? Wer spült das Geschirr? Wer arbeitet außer Haus? Wer bringt den Müll raus? Wer macht den Ölwechsel am Auto? Wer kümmert sich ums Baby, wenn es nicht auf dem Damm ist? Es ist in Ordnung, wenn du jetzt schon merkst, daß du bei diesem kleinen Quiz durchfällst, aber wir müssen aufpassen, wenn wir Nichtsexismus lehren, ohne ihn selbst vorzuleben.

Wie ist es um Papas Fürsorglichkeit bestellt? Wie gut kann Mama für das, was sie braucht und will, eintreten? Sagen wir, Mama bleibt zu Hause und Papa geht arbeiten – ist völlig okay, solange alle mit dem Arrangement zufrieden sind und Mama sich immer noch den Freiraum nimmt, ihren Träumen nachzugehen. Jeder Lebensstil und jede gleiche Arbeitsteilung, für die sich ein Paar entscheidet, kann funktionieren, doch wenn das Geschlechtertier sein häßliches Haupt in unserem eigenen Leben erhebt – besonders wenn wir beschließen, eine Familie zu gründen –, ist es wichtig, daß wir uns dieselbe Orientierung geben, die wir gern unseren Sprößlingen anbieten möchten.

In vergangenen Generationen dachten viele Frauen, sie müßten »um der Kinder willen« in patriarchalischen Ehen bleiben. Der Feminismus hat uns jedoch gelehrt, daß es unseren Kindern nichts nützt, wenn sie unsere Unterdrückung mit ansehen. Auch wenn die Probleme, mit denen wir konfrontiert sind, scheinbar »weniger ernst« sind, müssen wir uns doch so behandeln, wie wir unsere Söhne und Töchter gern behandelt sähen.

Wenn jemand unsere Kinder belästigte, würden wir ihnen in jeder von ihnen gewünschten Form helfen, sich zu wehren. Desgleichen müssen wir, wenn wir belästigt werden, eine Szene machen. Wenn wir wollen, daß unsere Töchter Kickboxen lernen, müssen wir uns auch anmelden. Wenn wir wol-

len, daß unsere Söhne gute Köche werden, müssen wir sie mit Meßbechern bekannt machen und uns mit Männern herumtreiben, die affengeile umgestülpte Ananastorten backen. Kurzum, wir müssen selbst die Rollenvorbilder werden, die wir so gerne für unsere Kinder finden würden.
Ich bin erst nach der Geburt meiner Tochter zur Radikalfeministin geworden. Klar, ich war schon immer eine Liberale – mit fünfzehn stand ich draußen vor dem Federal Building* in San Francisco, schwang die Sandinistenfahne und blockierte den Eingang in dem bizarren Versuch, der US-Regierung zu sagen, sie soll aus Mittelamerika verschwinden. Ich war auch Feministin gewesen, doch meine *radikal*feministische Tagesordnung kam später. Während meiner postnatalen Verwandlung gab es Momente, da dachte ich, es dürfte wohl kaum etwas stereotyp Weiblicheres geben, als »um meiner Tochter willen« mehr Macht anzustreben. Schließlich sollen wir doch um unserer *selbst* willen mächtiger werden, oder? Aber seither bin ich zu dem Entschluß gekommen, daß es eigentlich keine Rolle spielt, aus welchem Anlaß wir beginnen, das Patriarchat an der Gurgel zu packen und Parolen zu brüllen. Einige der Frauen in meiner Kickboxstunde haben garantiert mit dem Training angefangen, weil sie dachten, die Bewegung würde sie für eine Calvin-Klein-Anzeige fit machen. Na und? Was auch immer ihre Motivation sein mag, sie werden schon lernen, sich durchzuboxen.

* Vertretung der US-Regierung in den einzelnen Staaten – A. d. Ü.

Die Sache mit dem Testosteron

Mary Kay Blakely, feministische schreibende Mama, Autorin von American Mom *und* Red, White and Oh So Blue

Also, was hat es mit dem Testosteron auf sich?
Es ist eine bedeutende Kraft im Universum, oder? Als meine Söhne beide noch sehr klein waren, dachte ich, es gäbe in diesem Stadium keine großen Unterschiede zwischen männlich und weiblich. Natürlich sind die kulturellen Einflüsse gleich von Anfang an überwältigend, und Kinder kriegen alles immer ziemlich schnell spitz, aber solange ein Kind die Sprache noch nicht beherrscht, ist das ganze Repertoire von Emotionen bei beiden Geschlechtern vorhanden.
Erst in der Vorpubertät schlägt es voll durch. Zu diesem Zeitpunkt gibt die gesellschaftliche Konditionierung den Ton an. Vor allem mein Sohn Darren glaubte, nichts zu haben, worauf er stolz sein könnte, weil er in keiner Mannschaft mitspielte. In der High School hat er dann doch noch mit Sport angefangen, und das war sehr wichtig für ihn, um jenen Teil von sich zu finden, der draußen auf dem Spielfeld so richtig die Sau rauslassen konnte. Aber es hat mich schon verblüfft, daß jemand, der im selben Haushalt mit mir gelebt hat, so etwas sagen kann wie: »Was ist an mir schon gut? Ich spiel' noch nicht mal in einer Mannschaft.«

Aber das haben Sie erst bemerkt, als die beiden älter wurden?
Ich muß sagen, als sie noch ganz klein waren, haben wir gesagt: »Okay, kein Kriegsspielzeug im Haus, keine Schußwaffen«, aber was war das erste, das sie mit ihren Legosteinen gebaut haben? Kanonen. Ich weiß nicht, ob das so eine Männer-

kiste ist. Wahrscheinlich schon. Ich wüßte nicht, daß Mädchen Kanonen bauen. Aber was für Bilder kriegt man denn aus den Comics? Aus dem Fernsehen? Auch wenn du keine Schußwaffen in deinem Haus hast, läufst du in der Stadt oder im Einkaufszentrum an zwanzigtausend Arnold-Schwarzenegger-Postern vorbei, also die Botschaft *das ist männlich, das ist tapfer, das ist ehrenwert* kriegen sie schon mit.
Ich glaube nicht, daß irgend etwas, was wir als Eltern in dieser Hinsicht unternehmen, auch nur im mindesten die kulturellen Einflüsse konterkariert, es gibt ihnen nur eine zusätzliche Fülle von Ideen, die sie zusammen mit dem, was sie von der Kultur lernen, verwenden können.

Ich hatte vor einigen Tagen ein Gespräch mit einer alleinerziehenden Mutter von Söhnen. Sie ist sehr frauenzentriert und eine sehr überzeugte Feministin, aber sie macht sich Sorgen darüber, daß ihre Söhne vielleicht mit dem Gefühl aufwachsen, als sei ihr Zuhause kein Ort, an dem ihre Männlichkeit willkommen ist und respektiert wird.
Meine Kinder hatten beide dieses Gefühl. Es hat eine Weile gedauert, bis ich verstanden habe, wie wichtig es war, daß ich auf der Tribüne saß und mir die Footballspiele ansah. Ich habe nicht verstanden, wie wichtig dieser Teil ihrer Welt für sie war. Bei Ryan zum Beispiel war es das Ringen, durch das er den Schlüssel zur Selbstdisziplin und zu seinem eigenen Antrieb gefunden hat, und es hat ihm enormes Selbstvertrauen gegeben. Er hat eine wirklich sichere Arena gefunden, um den Teil von sich zu entdecken, der einen anderen Typ plattmachen wollte. Er hat zweifellos Schmerzen erlitten, ich konnte es nicht ertragen zuzusehen, doch für ihn war das eine Notwendigkeit. Auf der Tribüne zu sitzen war für mich eine ziemlich befremdende Erfahrung, da ich ihn nicht mit diesem sehr wichtigen Teil von ihm bekannt gemacht hatte; er hat ihn auf eigene Faust entdeckt, und meine Rolle war es herauszufinden: *Wie kann ich erkennen, was es für ihn bedeutet, und*

es gebührend feiern, wenn es so weit außerhalb meiner Welt liegt? Aber dann tauchst du doch in die andere Kultur ein und überlegst, was gut und was schlecht ist. Ich fand es auch in Ordnung, daß ich nicht die große Cheerleaderin für diesen Teil von ihm war, denn es gab ja noch Trainer und so viele andere Leute.

Viele Mamas, die ich kenne, haben das Gefühl, daß sie wissen, was sie für ihre Töchter wollen, aber bei den Jungs sind sie weniger zuversichtlich …

Es gibt einen gravierenden Mangel an feministischen Helden. Wir können aggressives Verhalten bei unseren Töchtern fördern, und wir können Ehrgeiz bei unseren Töchtern fördern, weil wir überzeugt sind, daß beides in gesunde und sinnvolle Bahnen gelenkt wird. Es fällt uns schwerer, dasselbe bei unseren männlichen Kindern zu fördern, weil all die Schauplätze, die sie dafür haben, Schauplätze der Unterdrückung von Frauen waren oder sind.

Wir haben es schwer, auf Männer zu weisen, die die Kultur aktiv verändern. Sie arbeiten in allen Bereichen der Friedensbewegung und der Bürgerrechtsbewegung, aber sie verbinden sich nicht mit der Frauenbewegung.

Ich glaube, das ist etwas, womit Mütter weiterhin ringen müssen, bis sich die Gesellschaft ändert. Kinder mögen ihre Väter haben, und sie mögen die Freunde der Familie haben, aber was kulturelle Vorbilder betrifft, was haben wir da schon? Wir haben *Mr. Mom*, und das ist eine Komödie. Feministische Männer sieht man in unserer Kultur nur als Waschlappen oder Komiker. Ich hab' gar nichts gegen Komödien, aber es gibt viel mehr Bilder starker Frauen, die wir unseren Töchtern mit Begeisterung vorhalten können.

Haben Sie noch irgendwelche Ratschläge für Mütter ganz kleiner Kinder?

In diesem Stadium sage ich: Volldampf voraus mit dem Feminismus! Wenn sie so klein sind, hat man noch sehr viel Einfluß auf sie. Jedes Jahr geht ein bißchen davon verloren. Daher ist alles, was du in diesen frühen Jahren säst, von unschätzbarem Wert, und du mußt keine Angst haben zu »übertreiben«, denn du kämpfst gegen die gesamte Kultur.

Darf ich euch, während wir mit dem Mütterfeminismus Volldampf voraus fahren, ein bißchen Produktwerbung anbieten? Erinnert ihr euch an das Marlo-Thomas-Album *Free to be You and Me*? Ich habe es mir kürzlich als LP gekauft, aber es ist auch als CD zu haben. Und meiner Meinung nach ist es immer noch die beste Sammlung für Kinder, die je produziert wurde. Erinnert ihr euch an Carol Channings gesprochenes kleines Stück darüber, daß niemand gern Hausarbeit macht? Oder Rosey Griers Song »It's All Right to Cry« (»Weinen ist okay«)? Bremst mich, eh' ich total in die Tofu-Baby-Nostalgie von 1972 dahinschmelze, doch wenn ihr von einem Hippiepack großgezogen wurdet wie ich, werdet auch ihr plötzlich mit euren Kindern im Haus herumtanzen und mitsingen …

Kapitel 6
Such dir dein »Dorf«

Wenn man ein Dorf braucht, um ein Kind großzuziehen, wo ist mein Dorf?
– *Opal Palmer Adisa,* Schriftstellerin

Als meine Freundin Shana wieder heiratete, befanden sie und ihr Mann, daß es Zeit für ein neues Zuhause war. Nachdem sie sich die Immobilienpreise in der Stadt, in der sie beide lebten und wo Shana eine Selbsthilfegruppe für alleinstehende Mütter leitete, angesehen hatten, waren sie sich einig, daß sie in eine andere Stadt ziehen mußten. Nach langem Suchen kauften sie ein Haus, das ihnen beiden zusagte, in einem Wohngebiet am Stadtrand, von dem sie glaubten, es wäre ein schönes Plätzchen für ihren Sohn. Doch als die Familie sich eingerichtet hatte und nach und nach ihre neuen Nachbarn kennenlernte, war Shana sicher, daß sie in die Hölle gezogen waren.

»Die anderen Mütter waren so vom Typ: ›Was? Sie stillen? Das ist doch eklig.‹ Und sie sagten mir ständig, ich soll dem Baby auf den Hintern hauen, wenn es schreit«, erzählte sie. »Ich hatte mir eine ganze Gemeinde aufgebaut, ehe wir umgezogen sind, und plötzlich hatte ich niemanden mehr.«

Shana rief ihren alten Freundeskreis an, aber Telefongespräche genügten nicht. Schließlich schlug ihr eine Freundin vor, bei La Leche Liga anzurufen. Wenigstens würden die Mütter dort ans Stillen glauben, meinte sie.

Bis zur nächsten La-Leche-Liga-Gruppe mußte man etwa eine halbe Stunde von Shanas Wohnort aus fahren, doch sie unternahm die Fahrt regelmäßig und rief mit der Zeit eine neue Gemeinschaft von Müttern ins Leben, mit denen sie reden, Zeit verbringen und die sie um Babysitten und andere Hilfe bitten konnte. Einige der Frauen wohnten, zu Shanas Überraschung, sogar in ihrer neuen Nachbarschaft.

Während manche Frauen in der Zeit ihrer Schwangerschaft und in den frühen Jahren der Mutterschaft von gleichgesinnten Freunden umgeben sind, müssen die meisten von uns größere Umwege in Kauf nehmen, um diese lebenswichtige Gemeinde der Hilfsbereitschaft, dieses »Dorf« zu finden.

Eine Freundin mit einem sechs Monate alten Baby kreuzte vor kurzem blaß und verwirrt auf einer Sonnenwenden-Fete bei mir auf. Ich bot ihr was zu trinken an, und während sie sich auf der Couch niederließ, blickte sie zu mir auf und sagte ganz langsam: »Warte. Kulturschock. Ich muß mich erst akklimatisieren.« Sie konnte sich nicht erinnern, wann sie das letzte Mal auf einer Party war. Sie akklimatisierte sich jedoch, und als die Nacht zu Ende ging, gestand sie: »Mir war gar nicht bewußt, wie sehr mir Menschen gefehlt haben – wie sehr ich mir selbst gefehlt habe.«

Zu Hause einigeln kommt nicht in Frage!

Irgendwann wird es wahrscheinlich passieren. Du läßt dich scheiden und stellst fest, daß sich 90 % deiner »Freunde« in ihren eigenen Ehen auf derart schwankendem Boden bewegen, daß sie nicht mal mit dir reden können. Du hast gerade ein Baby gekriegt und bemerkst zunehmend, daß all deine alten Kumpels ihre Freizeit in der Kneipe oder Bar verbringen. Du ziehst um, und jede Mama in deiner Wohnwagenkolonie sieht aus wie Peggy Bundy an einem schlechten Tag. Oder du wachst eines Morgens auf und erkennst, daß dich mit allen Freunden, die du je hattest, nichts mehr verbindet.

Wenn du irgendwann plötzlich ganz allein dasitzt und dich einsam fühlst, laß den Kopf nicht hängen – es gibt genug verwandte Seelen da draußen. Denk nicht mal daran, dich hinter

geschlossenen Jalousien im Haus zu vergraben, sonst wirst du bald feststellen, daß du total überschnappst und stundenlang mit der Telefonseelsorge quatschst oder, noch schlimmer, diese netten Zeugen Jehovas zum Tee hereinbittest.
Also mach endlich, daß du rauskommst. Geh in den Park, geh ins Café um die Ecke, besuch ein Stillgruppen-Treffen in deiner Gegend, geh zum örtlichen Seniorentreff und adoptier dir eine Oma oder einen Opa, falls du keine coolen Familienangehörigen in der Nähe hast, melde dich zu einem Kurs an, geh ins örtliche bzw. nächstliegende Mütterzentrum, sieh den Anzeigenteil deiner Lokalzeitung nach Selbsthilfegruppen durch, ruf bei einer der nationalen oder regionalen Anlaufstellen für Selbsthilfegruppen an, die im Anhang dieses Buches verzeichnet sind, inseriere selbst die Gründung einer neuen Gruppe, abonniere On-Line- und Druckzeitschriften, die immer noch klein genug sind, um sich wie eine große Familie zu fühlen.
Ich könnte euch noch Tausende von anderen Orten, wo ihr hingehen, Publikationen, die ihr lesen, und Dinge, die ihr tun könnt, nennen, damit ihr eure kleine Dorfgemeinde findet, aber ich bezweifle, daß das sehr hilfreich wäre. Es gibt eigentlich nur zwei Dinge, die ihr euch merken müßt, wenn ihr das Gefühl habt zu vereinsamen.
Erstens müßt ihr zusehen, daß ihr rauskommt – ihr müßt die Hand nach jemandem ausstrecken, ihr müßt Kontakt zu Menschen schließen. Ich kenne eine Frau, die irgendwo im kanadischen Yukon lebt, wo sich Elch und Hase gute Nacht sagen. Die Winter sind lang und dunkel, und die nächste Stadt ist sehr klein. Sie und ihre kleine Tochter sind völlig isoliert. Aber sie sind nicht allein. In der Stadt haben sie ein paar Freunde gefunden, und diese Verbindungen sind ihnen teuer. Die Mutter hat auch Zeitschriften abonniert, doch der menschliche Kontakt – die Freundin, die sie zum Abendessen einlädt, oder der anderthalb Kilometer entfernte Nachbar, der mal vorbeischaut und Kaminholz mitbringt – geht über

alles. Egal, wo ihr lebt, ihr müßt aus dem Haus raus und den mitunter höchst mühseligen ersten Schritt selbst tun.

Zweitens müßt ihr ihr selbst sein. Es klingt einfach und selbstverständlich, aber genau hier hapert's manchmal. Sosehr wir auch in die Gruppe, der uns anzuschließen uns am bequemsten erscheint (He, die Zeugen Jehovas kommen *ins Haus*), »hineinpassen« wollen, wir entdecken bald, daß ein Haufen von Pseudofreunden, für die wir uns verstellen müssen, wenn wir auf ihre Gesellschaft Wert legen, noch keine Gemeinde ausmacht. Klar, bisweilen sind die Damen vom örtlichen Kegelverein besser als niemand, und wir entdecken oft, daß wir mit diesen ballonköpfigen Biedermuttis viel mehr gemeinsam haben, als wir dachten. Aber mal ehrlich, wenn du in Gegenwart deiner Freunde nicht furzen kannst, bist du halt nicht viel besser dran, als wenn du zu Hause hinter geschlossenen Jalousien begraben wärst.

Diese Dorfgemeinde, von der ich spreche, muß nicht riesig sein. Eine gute Freundin – am besten eine mit Kindern –, vor der du in der Nase bohren kannst, genügt schon. Zwei oder drei solcher Frauen, mit denen du regelmäßig rumhängen kannst, wären fabelhaft. Wirf noch eine monatliche Selbsthilfegruppe, wo du dich ausweinen kannst, in den Topf, und das Ganze fängt langsam an, wie ein Dorf auszusehen.

Daß es besser ist, wenn wenigstens einige dieser Leute Kinder haben, sage ich nicht nur, weil dein Kind dann Spielkameraden hat, sondern weil manchmal nur eine andere Mama wirklich begreift, was Schlafentzug heißt. Aber wir müssen deswegen nicht jeden Menschen schneiden, der keine Kinder hat. Selbst wenn unsere Kinder noch ganz klein sind, muß sich nicht unser *ganzes* Leben um sie drehen. Und viele Kinderlose haben gerne Kinder um sich. Julia ist eine der zuverlässigen Säulen meiner Dorfgemeinde – sie hat noch keine eigenen Kinder, aber sie fährt total auf meine Tochter ab. Als Maia eines Tages krank wurde und ich genau wußte, daß ich es nicht allein schaffen würde, wickelte ich sie in eine Decke und

machte mich auf den Weg zu Julia. Wir redeten, Maia schlief, und Julia – die weder von eigenen Kindern genervt noch übermäßig besorgt war, daß sich in ihrem Haushalt jemand die Grippe einfangen könnte – kochte uns eine Suppe.
Es kann eine Weile dauern, bis man eine Gruppe von Menschen – eine Wahlfamilie – gefunden hat, auf die man zählen kann. Wie das »Häßliche Entlein« oder meine Freundin im Yukon magst du zu dem Schluß kommen, daß es ein langer, langer Winter ist, aber egal, wo du auf dieser Welt lebst, irgendwo gibt's immer nette Leute.
Jessica, eine meiner Jugendfreundinnen, pflegte so was zu sagen wie: »Ich hab' 'ne Million Freunde, ich muß sie bloß noch kennenlernen.« Und sie hatte recht. Ich schwöre, ich werde mich nicht über dich lustig machen, wenn du diesen Satz zur täglichen Bestärkung wiederholen willst, wann immer du dich mutterseelenallein fühlst.

Alte Freunde, neue Freunde

Eine der überraschendsten Erfahrungen, wenn man Mutter wird, sagt Ali, eine verheiratete Dreißigjährige, war, »zu entdecken, welche Freunde zu mir hielten und welche Freunde entweder eifersüchtig auf die Zeit waren, die ich meinem Sohn widmete, oder nichts mehr mit mir anfangen konnten«. Unsere Freundeskreise ändern sich ständig, aber nichts erschüttert deinen gesellschaftlichen Rahmen so sehr, wie wenn du ein Kind kriegst. In den ersten Jahren dreht sich unser Leben so gezielt um das Baby, daß viele unserer alten Beziehungen einfach zu verpuffen scheinen. Doch es entstehen auch neue Beziehungen.

Selbsthilfegruppen

Ich war gerade in meinem Stammcafé und habe sämtliche Lokalzeitungen gekauft. Hier sind einige der Dinge, die ich gefunden habe: ein monatlicher Gruppentreff für schwule und lesbische farbige Eltern, eine asiatisch-amerikanische Frauengruppe, eine Informations- und Selbsthilfegruppe für frischgebackene Mamas, eine Therapiegruppe für Frauen, die eine Scheidung durchmachen, eine Spielgruppe für Kleinkinder, eine Selbsthilfegruppe für Kinder, die eine Scheidung erleben, und eine Mütter-Wandergruppe. Ich habe auch jede Menge Inserate für Penisvergrößerungen und Delphingesang gefunden, aber was soll's. Selbst wenn es in deiner Gegend nicht so viele Gruppen gibt, ist das keine Entschuldigung – du kannst eine gründen. Ich habe vor kurzem gelesen, daß etwa ein Drittel aller Amerikaner irgendeiner Selbsthilfe- oder Therapiegruppe angehört. Es sind also nicht nur die »New-Age«-Jünger. Es gibt alle möglichen »Krisenbewältigungs-Gruppen«, was eine tolle Sache sein kann, aber ich spreche hier von Gruppen zur gegenseitigen Unterstützung und Interessengemeinschaften – Orte, wo man Freundschaften schließen, Erlebnisse verarbeiten, über die Kinder reden und seinen Streß mit anderen teilen kann. Du magst vielleicht am Anfang nur ankündigen wollen, daß du eine Gruppe ins Leben rufen *willst*, und dann sehen, ob du nicht ein paar radikale Mädels findest, die dir unter die Arme greifen. Wenn du die formelle Kiste nicht durchziehen willst, kannst du dich ja erst mal mit allen Interessierten regelmäßig treffen. Eine Mama, die ich kenne, hatte jeden Samstagmorgen eine Art offenes Haus mit Kaffeeklatsch. Es erfordert zwar eine gewisse Disziplin zu schwören, daß man immer zu Hause sein und genug Kaffee haben wird, aber es kann sehr lustig sein. Außerdem hat diese Frau nur einen Mangel an Zeit, nicht an Freunden. Alle gleichzeitig zu sich einzuladen ist für sie eine Methode, mit ihnen in Verbindung zu bleiben.

Einige Anzeichen dafür, daß du öfter mal rauskommen mußt ...

- Du fängst an, jemanden, den du nur als »yip34@zap.com« kennst, für einen deiner engsten Freunde zu halten.
- Du schreibst dir selbst, nur damit du mit der Briefträgerin quatschen kannst.
- Du trägst denselben schockblauen Kuschelmorgenrock, den dir deine Mutter zu Weihnachten geschenkt hat, schon ununterbrochen seit sieben Tagen, obwohl dir körperlich nichts fehlt.
- Du könntest beim besten Willen das regionale Wettergeschehen der letzten paar Tage nicht zusammenfassen. Du sprichst mit dem Typ von der Toyota-Marketingumfrage – eine Stunde lang.
- Du hast dich in letzter Zeit öfter beim Sinnieren über deine spirituelle Verbindung zu Rudi Carrell ertappt.

Wenn du eine formelle Selbsthilfegruppe ins Leben rufen willst und ein paar andere gefunden hast, die dir helfen, wirst du dir wahrscheinlich erst mal Gedanken darüber machen, was Thema und Zweck der Gruppe sein sollen. Suchst du feministische Mamas, frischgebackene Mamas, Mütter und Töchter, lesbische Mamas, alleinerziehende Eltern, schwarze Frauen, Feministinnen mit oder ohne Kinder, grünhaarige bisexuelle Mütter von Einjährigen? Deine Gruppe kann so speziell oder allgemein sein, wie du sie haben willst, aber du solltest schon über den Zweck deiner Gruppe nachdenken. Willst du ausspannen und Treffs zum Essen mit Gleichgesinnten haben? Willst du über bestimmte Themen sprechen? Willst du eine Spielgruppe für deine Kinder? Willst du revolutionäre Mitverschwörer? Willst du alles auf einmal?

Ein guter Einstieg ist, wenn du erst mal in einige der Gruppen reinschaust, die es in deiner Gegend bereits gibt, auch wenn es nicht gerade die Clique ist, die du suchst. Du kannst sehen, wie alles abläuft, und mit Leuten bereden, wie man Gruppen initiiert, was funktioniert und was nicht. Ja, meine Damen, ich spreche hier von Netzwerkbildung. Selbst wenn du am Ende doch keine Gruppe gründest, habe ich wenigstens bewirkt, daß du deinen Hintern hochkriegst, dich zum Café trollst und vielleicht sogar zu einem Treffen tigerst.

In der Selbsthilfegruppen-Runde muß man natürlich auch auf einige Kuriositäten gefaßt sein, doch in den meisten Fällen berichten Eltern, daß die regelmäßigen Treffen ihnen eine Menge bringen. Wie ein Freund von mir, ein alleinerziehender Vater, sagt: »Es ist echt gut, da einfach hinzugehen, jemand anders sich um Tony kümmern zu lassen und sich mit einer Gruppe von Leuten zu entspannen, wo mich keiner fragt, wo seine Mutter ist, und mir ständig damit auf den Keks geht, *wie ich es mache*.« Klar, es wird immer diejenigen in dem Kreis geben, die ewig jammern und irgendwas brauchen und spinnen, aber irgendwie schafft man es, daß sie nicht alles dominieren, und man entdeckt, daß selbst *deren* Realität erträglich ist.

Hakt's ab: Fünf Mädels, die ihr auf dem Mütter-Selbsthilfe-Parkett treffen (oder gar sein) werdet

Katzenmama: »Ich hab' keine Kinder, aber ich bin hier, weil ich echt glaube, daß ich dieselben Probleme mit meiner Katze habe, die Faye Dunaway heißt.«

Jammermama: »Ich bin hier, weil, na ja, ich fühl mich

totaaaal gestreßt und allein gelassen mit der Erneuerung meines Zeitungsabonnements.«
Psycho-Themenwirrwarr-Mama: »Immer wenn ich in die Augen meines Babys schaue, sehe ich so ein großes grünes, haariges, unheimliches Monster, und dann denke ich zurück an meinen eigenen Vater, und dann erinnere ich mich an den Tag im letzten Jahr, als ich versucht habe, die Katze von meinem Nachbarn umzubringen, und mein Zimmer mit Flüssigtapete angestrichen habe, und dann denke ich einfach, ich sollte bei meinem Therapeuten einziehen ... Übrigens, ist hier jemand an einer WG interessiert?«
Superorganisierte Mama: »Gut, nachdem wir uns alle vorgestellt haben, teilen wir uns jetzt am besten in kleine Gruppen auf. Gruppe eins ist für die Planung des gemeinschaftlichen Lebensmitteleinkaufs zuständig, Gruppe zwei sollte unsere wöchentlichen Ausflüge für die nächsten sechs Monate planen, Gruppe drei wird einen Fragebogen für neue Mitglieder ausarbeiten ...«
Cooler-als-du-Mama: »Wollt mir nur 'n Eindruck von der Szene machen. War nett ...«

Elternkooperativen

Als ich in die Familienunterkünfte auf dem Mills College Campus einzog, entdeckte ich eine ganz tolle erweiterte Form der traditionellen Selbsthilfegruppe – ein Haufen Mamas, die sich gegenseitig ablösten beim Babysitten, Kochen, Fahren und der Benutzung des gelegentlichen Freundes. Ich habe seither viele Familien kennengelernt, die diese gemeinsame Elternschaftskiste durchziehen. Manche leben meilenweit voneinander entfernt, teilen sich jedoch die Verantwortung für bestimmte Aufgaben bei der Kindererziehung. Andere verwirklichen die Idee des israelischen Kibbuz oder der Kommune der 60er Jahre und leben in ländlichen Gemeinschaften, städtischen Häusergruppen oder einem einzigen großen alten Hippiehaus. Als ich vom Mills College wegging, zog ich in die Wohnung über Julie, eine der Mamas aus der Mills-Clique, die ein Jahr zuvor ihren Abschluß gemacht hatte. Wir setzten die Kooperative fort, teilten uns die Arbeit beim Kochen, Babysitten und Fahren, und im Lauf der Monate und Jahre gesellten sich mehrere andere Familien zu uns und zogen weiter.

Ken Norwood, Architekt und Gründer des Shared Living Resource Center im kalifornischen Berkeley, ist einer der Visionäre an der Spitze der nachsechziger Wohnkooperativen-Bewegung. Besonders begeistert war er von der Idee des »Dorfähnlichen Wohnens« – Menschen, die sich zusammentaten und in dasselbe Gebäude, denselben Häuserblock oder dieselbe Nachbarschaft zogen, um bewußt Gemeinschaften zu bilden. »Nach dem Studium von Eingeborenen und ihren Dörfern, sowohl in der Geschichte als auch in der Gegenwart, ist mir klar, daß der Stamm, der Clan, die Großfamilie, das Dorf, der Familienhof, die Kirche und die Stadt/Nachbarschaft instinktiven Überlebensnotwendigkeiten für das Wachstum und die Erhaltbarkeit von Kulturen dienten«, schreibt Norwood in seinem Buch *Rebuilding Community in America.* »Ich stelle mir im Geiste vor, wie sich die Gesellschaft die historischen Muster menschlicher Siedlungsweisen wieder zu eigen macht und moderne Dörfer, erweiterte Familienhaushalte und Familienverbunde kreiert.«

Ich habe vielleicht so etwas wie eine Verpflichtungsangst, aber ich möchte euch davor warnen, euch in irgendein Wohngemeinschafts- oder Elterngemeinschafts-Projekt zu stürzen, aus dem ihr nur schwer wieder aussteigen könnt. Wie bei jeder Partnerschaft müßt ihr sicher sein, daß die Familien, mit denen ihr euch zusammentut, auf eurer Wellenlänge sind, was elterliche Erziehung, Auffassungen von Disziplin und allgemeine Weltanschauung betrifft. Macht eine Liste von Dingen, die euch wichtig sind in bezug auf Kinderfürsorge, Essen, Wohnen und alles, was ihr gemeinschaftlich zu tun plant. Die Erwachsenen im Leben eurer Kinder müssen nicht alle so sein wie ihr, aber in grundsätzlichen Fragen muß Übereinstimmung herrschen. Meine Freundin Julie, mit der ich im selben Haus wohne und seit unserer gemeinsamen Mills-Zeit eine Elternkooperative bilde, regelt einiges anders als ich. Wir haben unterschiedliche Fernsehbestimmungen, unterschiedliche Temperamente und unterschiedliche Meinungen darüber, wie oft wir zum Abendessen Pizza bestellen sollten. Aber das sind Kleinigkeiten. Unsere Kinder wissen, was los ist, und spielen uns manchmal gegeneinander aus, doch in den wichtigen Dingen sind wir uns einig.

Was auch immer du gemeinschaftlich tust, verständigt euch innerhalb eurer Gruppe, euch regelmäßig zum Austausch zu treffen. Wenn du das Gefühl hast, bei irgend etwas zu kurz gekommen zu sein, mach den Mund auf. Nichts zerstört ein echt cooles Kollektiv so gut wie angestauter Ärger. Behalte im Auge, was alle tun. Das muß nicht superstreng und militärisch durchgeführt werden – manche Eltern benutzen Pokerchips oder Eisstiele als Währung und einigen sich über den relativen Wert dessen, was sie in die Kooperative investieren, um sicherzugehen, daß die ganze Babysitterei nicht an einem hängenbleibt, während alle anderen auf einem Rock-Konzert sind und einen draufmachen.

Ich habe mich mit Julie schon mal darüber unterhalten, unsere Erziehungsgemeinschaft einen Schritt weiter zu führen und zusammen in ein großes Haus zu ziehen, aber wir wissen beide, daß eine Wohngemeinschaft eine viel kompliziertere Chose ist, als im selben Haus zu wohnen und sich bei Bedarf jederzeit in die eigenen vier Wände zurückziehen zu können. Wenn Familien zusammenwohnen, wird jeder Erwachsene tatsächlich für alle Kinder so was wie ein Elternteil. Man muß über all die Fragen nachdenken, die sich in einer WG automatisch stellen. (Wer spült das Geschirr? Was tun mit kauzigen Freunden und Verwandten? Hat jemand was gegen Heavy Metal?) Und dann mußt du dich noch mit dem ganzen Erziehungskram abgeben. (Wie lange dauern Auszeiten? Wie denken wir alle über Jim-Carrey-Filme? Wird bei uns jemals geschlagen? Wenn ein Erwachsener »nein« sagt, war's das dann? Dürfen einige Kinder Schokolade essen und andere nicht?) Es wird kompliziert, doch die Belohnungen sind oft der Mühe wert.

Wie Tomasa, eine Mama, die mit zwei anderen Familien zusammenlebt, sagt: »Natürlich haben wir Probleme. Die hat jede große, erweiterte Familie. Aber diese Familie, die ich mir selbst ausgesucht habe, stellt meine biologische Familie doch bei weitem in den Schatten.«

Rebellische Mama

Sozi-Mama

Jessica Mitford (auch bekannt als Decca Treuhaft), ehemaliges Mitglied der Kommunistischen Partei; Korruptionsaufdeckerin par excellence; Leadsängerin, Decca and the Dectones; Autorin von Der Tod als Geschäft, Für die Abschaffung der Gefängnisse *und anderen Büchern. (Jessica Mitford starb sechs Monate nach diesem Interview im Alter von neunundsiebzig Jahren an Lungenkrebs.)*

Sie waren politisch immer sehr aktiv. Wie war es, als Ihre Kinder klein waren – eine aktivistische Mama zu sein?

Als es noch die Kommunistische Partei gab, war das Gefühl so, daß alles, was man in Richtung Fortschritt tat, irgendwie zur Revolution führen würde. Ich war beispielsweise die

Plätzchen-Vorsitzende der PTA.* Im Ernst. Unser Sohn Benjamin ging auf die Washington School [in Oakland, Kalifornien]. Beinahe alles, was man damals tun konnte, um die Menschen voranzubringen, beispielsweise in der PTA, sollte alle zur Linken führen und irgendwann zur Partei und irgendwann zur Revolution. Das war die Grundidee.

Sogar in der PTA zu sein?

Es war die Zeit von Little Rock, und da war eine Frau namens Daisy Bates. Die Frau, die dem Mob trotzte und ihr Kind in die seit neuestem nicht mehr rassengetrennte Schule führte.

Es gab eine Titelseitenstory über diese heroische Mutter, und das war am Tag der PTA-Sitzung. Als Plätzchen-Vorsitzende war ich im Vorstand, und wir hatten eine Versammlung, folglich brachte ich dieses Zeitungsfoto mit in die PTA und sagte: »Also, das ist meiner Meinung nach, was die PTA tun sollte – wir sollten eine Resolution verabschieden, in der diese beherzte Mutter lobend erwähnt wird.«

Der Vorsitzende der PTA sagte: »Tja, das kann unsere PTA nicht. Diese Art von Resolution muß vom Bezirksbüro verabschiedet werden. Unserer Schul-PTA steht das nicht zu.«

Ich sagte: »Na gut, in dem Fall ändere ich meinen Antrag ab. Wir sollten ein Memorandum an das Bezirksbüro schicken, daß es eine solche Resolution verabschiedet, und die sollten wir an den Präsidenten der Vereinigten Staaten und an andere schicken.«

Mein Antrag kam nicht durch mangels Unterstützung. Niemand wollte ihn unterstützen. Da hab ich gesagt: »Tja, dann könnt ihr euch eure Plätzchen sonstwohin schieben. Adieu.« Und das war das Ende meiner PTA-Laufbahn.

* Parent-Teacher Association, einflußreiche Organisation von Eltern und Lehrern zwecks Kooperation bei der Kindererziehung – A. d. Ü.

Bei der PTA hat es also nicht geklappt, aber erzählen Sie mir, worauf Sie in Ihrem Leben wirklich Einfluß genommen zu haben glauben.

Ich denke immer, meine einzige absolut gute Tat war wahrscheinlich, daß ich die Famous Writers School in den Bankrott getrieben habe. [Ich habe ein Exposé über diese Schule geschrieben.] Das war die eine gute Tat, die mir einfällt.

Aber wie Sie an den Dingen, über die ich geschrieben habe, sehen können, sind sie alle irgendwie peripher. Die Unternehmer sind peripher. Beerdigungen sind peripher. Leichenbestatter sind peripher. Die Bestattungsindustrie ist peripher. Die Geburtsindustrie ist es etwas weniger, aber einige der Rezensenten haben das Buch [*The American Way of Birth*] ganz schön in die Pfanne gehauen mit der Begründung, daß vieles, wovon ich in dem Buch geschrieben hätte, schon mal geschrieben worden sei, was eigentlich auch stimmte. Aber ich muß wieder betonen, daß dies nicht die großen vorrangigen Dinge sind, die unser aller Leben betreffen werden, wie zum Beispiel ein Atomkrieg.

Geburt und Tod?

Geburt und Tod passieren, doch die Bestattung an sich – auch wenn die Leute dafür Wucherpreise bezahlen und selbst wenn Beerdigungen ein Mordsremmidemmi wären – spielt keine große Rolle im menschlichen Leben. Ich glaube, die Leute haben Gefallen an diesem Buch gefunden, weil es sie belustigt hat. Mich hat's beim Schreiben auch belustigt.

Die Familie, aus der Sie stammen, war faschistisch – Lord und Lady Redesdale. Ihre Schwester gehörte zum Kreis der Vertrauten Hitlers. Daß Sie Kommunistin und Linksaktivistin wurden, war also in Ihrer Familie sehr rebellisch. Ihre Kinder sind aber in *Ihre* Fußstapfen getreten. Sie haben wahrhaftig eine neue Generation von Linken großgezogen.

Das kann schon sein. Die Kinder waren immer einbezogen in

die Arbeit, die wir im Civil Rights Congress machten. Das war 1947, als wir nach Oakland zogen, der Civil Rights Congress war die einzige Möglichkeit für uns. Meine Tochter Constancia war bei mir, als ich wegen meiner Mitgliedschaft in der Kommunistischen Partei vor der kalifornischen Kammer des Un-American Activities Committee (»Ausschuß für staatsfeindliche Umtriebe«) erscheinen mußte. Sie ist heute vierundfünfzig. Solange die Bürgerrechtsbewegung andauerte, war sie im Süden. Mein ältester Enkel ist achtundzwanzig. Vor ein paar Jahren sagte er so was wie: »Es ist irgendwie ungerecht. Leute in meinem Alter beneiden ihre Eltern und Großeltern wirklich darum, daß sie an all diesen Bewegungen teilnehmen konnten.« Er dachte in meinem Fall an den Spanischen Bürgerkrieg und so weiter, und im Fall seiner Mutter an den Kampf der Bürgerrechtsbewegung im Süden. Er hielt seine eigene Generation für völlig orientierungslos, sie wüßte nicht, in welche Richtung sie gehen oder welches Ziel sie anstreben sollte. Wenn es die Kommunistische Partei noch gäbe, könnte sie jungen Leuten vielleicht eine Richtung weisen, aber mein Enkelsohn leistet auch gute Arbeit. Er ist jetzt Rechtsanwalt und arbeitet als Pflichtverteidiger in Washington D.C. Das wollte er unbedingt machen.

Glauben Sie immer noch, daß es eine Revolution geben wird?
Ich glaube, sie ist jetzt in ferne Zukunft gerückt.
Ich möchte nicht behaupten, daß das, was wir getan haben, illusorisch war. Ich glaube immer noch, daß alles, was wir zu meiner Zeit getan haben, und anschließend in der Zeit meiner Kinder in der Bürgerrechtsbewegung, die Dinge waren, die das Land vorangebracht haben, als es in Bewegung war.
Aber was den Sozialismus anbelangt, sehe ich, daß es noch lange dauern wird. Ich weiß nicht, wie es dazu kommen soll, aber ich weiß andererseits auch nicht, wie die Menschen ohne ihn überleben wollen. Vielleicht kommt ja mal irgend jemand daher mit den Antworten.

Ob es jemals eine kommunistische Revolution geben wird oder nicht, wir können uns auf jeden Fall von den Vorstellungen des Sozialismus, des Selbstverwaltungsprinzips und der allgemeinen Aufgabenteilung das nehmen, was uns zur Gestaltung unserer eigenen Dörfer und Gemeinschaften verwertbar erscheint. Egal, wie unsere Familienstruktur aussieht oder was wir politisch gelernt haben, wir müssen alle zugeben, daß wir einander brauchen. Heute vielleicht mehr denn je.

Kapitel 7
»Familienwerte«

> Wenn sich Linke, Rechte und Mitte einig sind, dann Vorsicht.
> Sie wissen wahrscheinlich nicht, wovon sie reden.
> Und so ist es bei den Begriffen »die Familie« und »Familienwerte«.
>
> – *Katha Pollitt,* Reasonable Creatures

Während ich dies schreibe, wird das amerikanische Sozialhilfesystem, das in den 30er Jahren entworfen wurde, um sicherzustellen, daß uns allen einige grundlegende Dinge für unsere Kinder zur Verfügung stehen, gerade von allen Seiten zerschmettert, und ich fürchte, daß es schon Geschichte sein wird, wenn ihr dieses Buch lest.

Als ehemalige Sozialhilfe-Mama fühle ich mich wie eine der letzten, die noch über die Brücke kam, ehe sie zusammenbrach. Doch ich bin noch immer optimistisch: Die Revolution ist im Anmarsch. Die Sozialhilfe-»Reform« der späten 90er wird in die Geschichte eingehen als einer der letzten Japser des Patriarchats. Diese Jungs in Washington werden mit ihrer frauenfeindlichen, familienfeindlichen Gesetzgebung einen Schritt zu weit gehen, und falls sie nicht schon mal 10 Millionen Mamas im Kampf für ihre Kinder gesehen haben, werden sie den Schock ihres erbärmlichen Lebens kriegen. Jawohl. Wir werden das Ende des Strenger-Vater-Modells in der Politik sowie in der Kindererziehung erleben, und wir werden in eine bedeutend fürsorglichere historische Epoche eintauchen. Aber bis dahin müssen wir uns mit den Republikanern herumschlagen. Und wir müssen vielleicht sogar unseren Kindern erklären, daß unsere Gesellschaft bis vor wenigen Jahren Mütter und Kinder nicht auf die Straße gesetzt hat. Dann kamen ein paar böse Politiker daher und versuchten, die Menschen mit Begriffen wie »Familienwerte« hinters Licht zu führen. Mit der Zeit fielen die Leute auch darauf rein, aber der Wandel kam nicht über Nacht.

Als ich etwa im siebten Monat schwanger war, fiel die Berliner Mauer. Die alten italienischen Veteranen, die ich kannte, weinten in den Bars und sagten mir, eines Tages würden meine Tochter und ich in einer Welt ohne jegliche Mauern atmen. Sie konnten ja nicht ahnen, daß just in dem Moment, da sich die sogenannte sowjetische Bedrohung in westlichen Köpfen abschwächte, ein neuer Staatsfeind aufgebläht wurde, um den ersten Platz einzunehmen: ich. Ungetraute Teenager-Sozialhilfe-Mamas avancierten bald zum neuesten amerikanischen Alptraum. Natürlich wurden wir schon immer als Abschaum betrachtet, doch die frühen 90er brachten eine erheblich verstärkte Dämonisierung von Müttern mit sich. Kaum hatte die Presse die Berichterstattung über den »Zusammenbruch der Sowjetunion« beendet, da hieß es schon »Der Zusammenbruch der amerikanischen Familie«. Nicht verheiratet zu sein war schlimm genug, jung zu sein war noch schlimmer, von der Stütze zu leben war, na ja, praktisch kriminell. Aber wenn man die Politiker darüber herziehen hörte, daß wir die Ursache jeden gesellschaftlichen Übels seien, mit Ausnahme vielleicht der Staus auf der Autobahn, fiel auf, daß es das Wort »Mutter« war, das sie mit der allergrößten Verachtung aussprachen. Die Begleitumstände unserer Mutterschaft waren wichtig, doch unser größtes Verbrechen schien darin zu bestehen, daß wir überhaupt Kinder bekamen, unter allen Umständen.

»Ich saß gerade vor der Glotze und stillte Leron und sah ein paar Politiker auf CNN, die herumlaberten, wie ledige Mütter das Land ruinieren, daß Eltern nicht darauf achten, was ihre Kinder im Fernsehen gucken, und daß die amerikanische Familie total am Arsch ist«, erinnert sich Tracy, eine einundzwanzigjährige Mutter. »Und plötzlich ging mir auf, daß dieser Typ von mir sprach. Von meiner Familie. Im Grunde sagte er, daß Leron und ich an allem schuld wären, angefangen mit den Krawallen in Los Angeles.«

Tracy war nicht schlecht schockiert über die Entdeckung, daß sie zum »politischen Thema« geworden war. Zuerst wurde sie sauer, doch als der Politiker weiter faselte, klang er allmählich komisch. Ja, sogar zum Totlachen. »Ich hab' mich nicht mehr eingekriegt« sagte sie. »Stell dir vor, da leb' ich so vor mich hin und denk an nichts Böses, und plötzlich sind Leron und ich gefährliche Revoluzzer.«

Mein Vater, ein ziemlich exzentrischer Typ, der auf Hawaii lebt, rief mich unlängst an und erzählte mir, er schreibe eine Abhandlung über all jene Personengruppen, die für andere immer als Sündenböcke herhalten müßten. Kommunisten, religiöse Gruppen, Menschen bestimmter Rassen und, natürlich, die Mama. Er habe keine Probleme damit, die meisten der Verdächtigen reinzuwaschen, meinte er, aber an der Mama, da sei was dran. Er sei sich keineswegs sicher, mit Überzeugung behaupten zu können, daß seine Mama *nicht* schuld an all seinen Problemen sei. Nun weiß mein Vater sehr wohl, womit ich mein Geld verdiene, ich werde ihn also in den Genuß des Zweifels kommen lassen und annehmen, er habe sozusagen den Advocatus Diaboli spielen wollen, doch auch wenn *er* gescherzt hat, teilen viele Menschen diese Ansicht.

Überprüf deinen »Familienwerte«-IQ

Politiker und andere schräge Vögel haben in den vergangenen paar Jahren allen möglichen Unsinn im Namen der »Familienwerte« verzapft. Und? Habt ihr den Quatsch geschluckt? Dieses kleine Quiz dürfte helfen, Licht ins Dunkel zu bringen.

1. Die durchschnittliche Sozialhilfeempfängerin ist:
a. eine weiße Teenagermutter von drei Kindern
b. eine schwarze ledige Frau in ihren Zwanzigern mit neun Kindern
c. eine weiße, geschiedene, dreißigjährige Mutter von zwei Kindern

2. Was taten Teenagerschwangerschaften, historisch gesehen, in den 90ern?
a. in die Höhe schnellen
b. abnehmen
c. nach einem leichten Rückgang in den 80ern auf den Stand der 70er steigen

3. Wieviel Prozent der obdachlosen alleinerziehenden Mütter sind auf der Flucht vor prügelnden Männern?
a. 25 %
b. 80 %
c. 50 %

4. Welches ist der beste Prädiktor dafür, wie ein/e Schüler/in beim Schuleignungstest abschneidet?
a. Geschlecht
b. Rasse
c. Familieneinkommen
d. Familienstruktur

5. Die typische Teenmama ist:
a. eine dreizehnjährige Farbige, die ihr Kind nicht will
b. eine einkommensschwache sechzehnjährige Prostituierte, die die Schule abgebrochen hat und keine Ahnung hatte, wie man die Pille benutzt
c. eine einkommensschwache achtzehn- oder neunzehnjährige Weiße, die ihr Baby will

6. Alle verläßlichen Studien zeigen, daß alles, von der Kriminalitätsrate bis zur schulischen Leistungsschwäche, geschoben werden kann auf:
a. uneheliche Schwangerschaft im Teenalter
b. ledige Mutterschaft
c. das Wirtschaftssystem, du Simpel

7. Feminismus ist die radikale Erkenntnis, daß
a. Männer zum Kotzen sind
b. Frauen Hexerei praktizieren und ihre Familien umbringen sollten
c. Frauen Menschen sind

8. Welcher von diesen Männern wurde von einer alleinerziehenden Mutter großgezogen?
a. Bill Clinton
b. Newt Gingrich
c. Jesus

Auswertung: Ja, meine Damen, die »c«-Antworten sind die richtigen, außer bei Nummer 8, wo es a, b und c sind. Jesus war, wie ihr euch vielleicht erinnert, der Sohn einer der am meisten verehrten unverheirateten obdachlosen Teenmütter der Geschichte.

Was soll man als Mädel tun?

Im Jahr 1994 machte Jennifer Ireland, eine damals zwanzigjährige ledige Mama, Schlagzeilen, als ihr das Sorgerecht für ihre kleine Tochter entzogen wurde, weil sie vorhatte, das Baby in einer Tagesstätte unterzubringen, während sie aufs College ging. Der Vater des Babys, der kein Interesse an Jennifers Schwangerschaft gezeigt hatte, solange er an der Schule mit Football beschäftigt war, wurde von dem ignoranten

Richter in Michigan plötzlich als ideal angesehen, weil er die kleine Maranda statt dessen bei seiner Mutter unterzubringen gedachte. Jennifer ging in die Berufung und bekam Maranda schließlich zurück, doch der Fall dieser starken Mama hat viele Leute ins Grübeln gebracht: Was soll man als Mädel tun? »Familienwerte«-Apostel wollen nicht, daß wir abtreiben, sie wollen nicht, daß wir von der Sozialhilfe leben, und sie wollen unsere Kinder anscheinend auch nicht in Tagesstätten haben. Ja, was wollen sie eigentlich? Jennifer ist jedenfalls nicht dahinter gestiegen. »Ich habe alles getan, um dahin zu kommen, wo ich bin«, sagte sie gegenüber *Hip Mama*, als sie noch mitten im Prozeß steckte. Obwohl sie für die Unterstützung, die sie von Frauen aus dem ganzen Land erhalten hatte, dankbar war, gingen ihr allmählich selbst die Wohlmeinendsten von uns auf den Wecker. »Ich werde auf ein Podest gestellt, und ich muß besser als alle anderen sein, nicht nur besser als andere Teeneltern, sondern besser als alle auf der ganzen Welt.«
Mit Jennifers Dilemma vor Augen beriefen einige Freundinnen und ich ein kleines »Familienwerte«-Hearing ein. Da wir objektive, rationale und intelligente Frauen sind, waren wir zuversichtlich, daß wir mit Hilfe einiger Kannen Kaffee herausfinden würden, was wir tun *müßten*, um die Familienwerte-Gemeinde zufriedenzustellen. Hier das Ergebnis:

DU SOLLST NICHT	DU SOLLST
beischlafen	bereuen
masturbieren	bereuen
lesbisch sein	bereuen
schwanger werden	bereuen
abtreiben	dein Baby zur Adoption freigeben und dann jahrelang bereuen

kinderlos sein	bereuen
von Sozialhilfe leben	eigenes Vermögen haben
arbeiten	bereuen
Kinder in die Tagesstätte geben	bereuen
die Schule abbrechen	bereuen
zur Schule gehen	bereuen
Single sein	heiraten
mit einem Arsch verheiratet sein	für den Arsch beten
geschieden werden	bereuen
geschäftig sein	geschäftig aussehen
faul sein	nichts tun
wütend werden	bereuen
Autorität in Frage stellen	Gott danken, daß du unterdrückt wirst, weil du jetzt bestimmt in den Himmel kommst

Die gefürchtete »Familia nervosa«

»Mein Sohn ist kein Mitglied einer bürgerlichen Kleinfamilie, aber er spielt eins im Fernsehen«, erzählte mir mein Single-Papa-Freund gerne. Er sprach von einem goldigen kleinen Telekommunikations-Werbespot, in dem sein gemischtrassiger Sohn mitspielt, der mit seinem einkommensschwachen Papa in einem windschiefen kleinen Haus im ärmeren Teil der Stadt lebt. In dem Werbespot spielte der Kleine den Sohn eines Managers im Anzug und einer Hausfraumama, die beide derselben Rasse anzugehören schienen.

Wir wissen alle, wenn wir unsere Vorstellung von einem gut gebauten Körper aus den einschlägigen Frauenzeitschriften

Das Familienwerte-Ablaufdiagramm

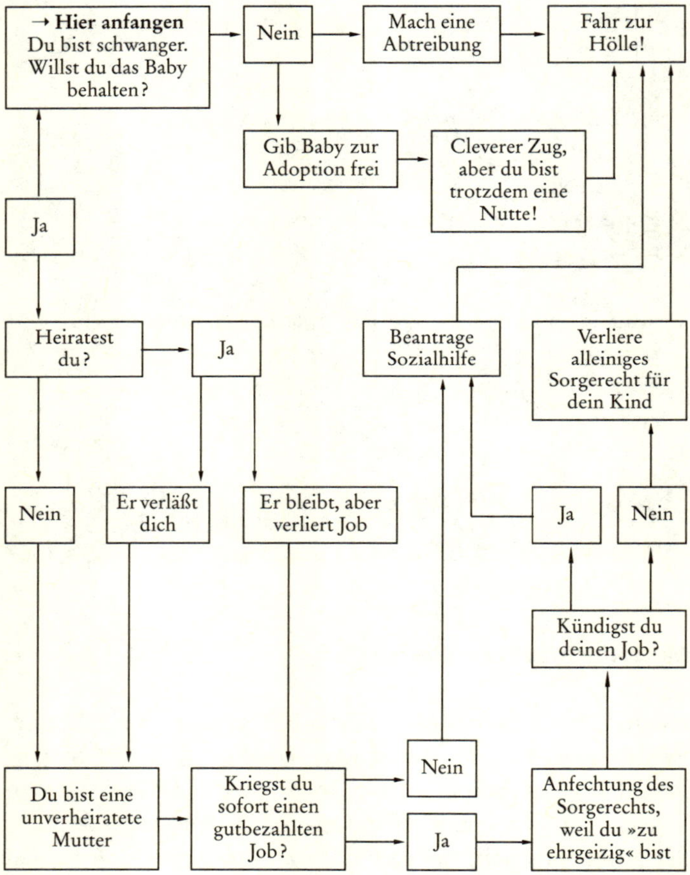

beziehen, handeln wir uns ein geringes Selbstwertgefühl und Eßstörungen ein. Manchmal brauchen wir etwas länger, um zu begreifen: Wenn wir unsere Vorstellung von einer idealen Familie aus der Fernsehwerbung und den einschlägigen amerikanischen Elternzeitschriften beziehen, handeln wir uns ein geringes Familienwertgefühl und womöglich die gefürchtete Familia nervosa ein – eine verbreitete Krankheit, deren Symptome es sind, daß man bei der Hausarbeit frisch und fröhlich zu klingen versucht, daß man in den Schönheitssalon geht und sagt: »Ich will aussehen wie Chrystle«, und daß man alles dransetzt, mit kolossalen Arschlöchern verheiratet zu bleiben.

Also hört endlich auf, diesen TV- und Hochglanzunfug für bare Münze zu nehmen! Und kapiert, daß Yuppie-Hohlkopf-Familien, die ihr in der Glotze seht, in der Realität wahrscheinlich in einem heruntergekommenen Haus in einem fragwürdigen Stadtviertel leben und nicht mal verheiratet sind. Sie haben dank des Zasters, den sie für den Werbespot eingesackt haben, zwei Monate keine Stütze gebraucht und sind jetzt noch ärmer und noch exzentrischer als ihr.

Abstempelungen

Hier sind einige der Kategorien, in denen ihr euch möglicherweise wiederfindet, nachdem ihr Kinder bekommen habt. Einige Mamas mögen sich zwar mit ihnen identifizieren, aber ich kann euch so gut wie garantieren, daß sie allesamt von Journalisten, Politikern bzw. Werbefritzen ersonnen wurden, die *keine* Mamas waren.

In meiner bisherigen Laufbahn als Mama habe ich bereits jeden dieser Stempel aufgedrückt bekommen außer »ältere Mama«. Daran arbeite ich noch.

Zu-Hause-Mama: Bezieht sich im allgemeinen auf verheiratete Frauen mit Kindern unter sechs. Insbesondere jede Jahrtausendwende-Mama, in früheren Generationen als Hausfrau bekannt, die für all die Arbeit, die sie macht, nicht bezahlt wird.

Berufstätige Mama: Mutter, die außer Haus arbeitet und für ihre Tätigkeit bezahlt wird. Der Begriff suggeriert einerseits, daß Muttersein kein Beruf ist (und somit auch nicht bezahlt wird), und wird andererseits benutzt, um der berufstätigen Mutter ein schlechtes Gewissen einzuflößen, weil sie nicht zu Hause ist.

Soccer Mom (»Fußball-Mama«): Während wörtlich jede Mutter gemeint ist, deren Kind Fußball spielt, wird dieser Begriff in Amerika inzwischen zur Bezeichnung einer Jahrtausendwende-Vorstadt-»Zu-Hause«-Mama der Mittelschicht mit Kindern im Grundschulalter verwendet. Unklar ist, ob die Sportart, der die Kinder nachgehen, eine Rolle spielt (oder ob sie überhaupt Ball spielen). Wie bei »Zu-Hause-Mama« wird der Begriff gleichzeitig verwendet, damit sich andere Eltern mies fühlen, weil sie die Spiele ihrer Kinder versäumen, und um die Arbeit, die eine Soccer Mom macht, zu bagatellisieren. Da ihre Kinder in einem Team spielen sollen, fährt Soccer Mom entweder einen Kleinbus oder einen Wagen mit Sitzen im Kofferraum.

Welfare Queen (»Wohlfahrtskönigin«), auch Sozialhilfe-Mama genannt: Dieser Begriff wurde zuerst vom ehemaligen Präsidenten Ronald Reagan weidlich benutzt und bezog sich auf einige wenige Betrügerinnen unter den Müttern, die sich jährlich Hunderttausende von Dollars vom Staat erschlichen hatten. Im heutigen Sprachgebrauch wird der Ausdruck inzwischen auf jede Mutter angewendet, die von irgendeiner Behörde mehr als etwa fünf Dollar pro Jahr erhält. Die ursprüngliche Bedeutung der einzelnen Bestandteile »wohl fahren (gutgehen) und von vornehmer Herkunft« hat sich, ironischerweise, ins Gegenteil verkehrt und bedeutet nur noch »Große Verliererin«.

Teenmama: Wörtlich jede Frau unter zwanzig, die Kinder hat. Im heutigen Sprachgebrauch bezeichnet der Ausdruck insbesondere jede ledige Mutter, die ihr erstes Kind bekam, bevor sie zwanzig war (auch wenn sie heute sechzig ist). Außerdem ist er inzwischen identisch mit »Sozialhilfe-Mama«, obwohl die meisten, die diese Begriffe austauschbar verwenden, sehr wohl wissen, daß nur ganz wenige Teenager tatsächlich Sozialhilfe bekommen.

Ältere Mama: Wenn man diesen Begriff wörtlich nimmt, bedeutet er eigentlich überhaupt nichts, da nicht näher definiert wird, wie alt die Ältere Mama ist. Im heutigen Sprachgebrauch bezieht sich dieser Ausdruck jedoch auf jede Frau, die nach dem kulturell abgesegneten Mutterschaftsalter ein Kind in die Welt setzt. Im Amerika der Jahrtausendwende scheint der Spielraum für die kulturell abgesegnete Mutterschaft zwischen dem Alter von ungefähr neunundzwanzig und zweiunddreißig Jahren zu liegen.

Schlechte Mama: Bezieht sich im allgemeinen auf jede Frau, die nicht die Jungfrau Maria ist. Nach denen jedoch, die Maria für den »Märtyrerkomplex« ihres Sohnes verantwortlich machen, bleibt nicht einmal sie von dieser Abstempelung verschont.

Retourkutschen

Jemand sagt, mit erhobenen Augenbrauen …	Du antwortest lächelnd …
Es war ja so schön, als Kinder noch Mütter *und* Väter hatten.	Jaaa, bei den Nazis gab's jede Menge Mutti-und-Vati-Familien.
Sie sehen zu jung aus, um ein Kind zu haben!	Ich habe einen *fabelhaften* plastischen Chirurgen.
Ich weiß einfach nicht, *wie* Sie das schaffen.	Mit Ihren Steuern.
Sind Sie das Kindermädchen?	Nein, ich bin die Oma.
Es gibt so viele, die ein kaputtes Zuhause haben …	Also, *mein* Zuhause ist jetzt viel besser in Schuß im Vergleich zu damals, als mein Exmann mir den Kopf in die Wände rammte.

Warum die »Debatte« nicht zu gewinnen ist

Manchmal fragen mich Mütter: *Aber kann man mit diesen Leuten nicht irgendwie reden?* Wenn ja, habe ich jedenfalls nicht herausgefunden, wie. Und glaubt mir, ich habe es versucht. Mein komischster Versuch war der im Sommer 1995, als ich mich bereit erklärte, nach Washington D.C. zu fliegen und an einer MTV-Diskussionsrunde mit Tabitha Soren und ein paar weiteren armen Twen-Irren teilzunehmen. Unsere

Aufgabe war es, mit Newt Gingrich, dem Republikanischen Oppositionsführer und Sprecher des Repräsentantenhauses, zu debattieren. (Lacht nur, aber damals schien es ein ganz vernünftiger Vorschlag zu sein.)

»Meine Neffen sind ganz aufgeregt, daß ich in MTV erscheine«, waren die ersten Worte, die ich aus Newts Mund vernahm, als er den Gang im Studio hinunterging in Richtung Künstlerfoyer.

Als er hereinkam, war sein Gesicht gerötet, und er wirkte wie ein Lehrer der dritten Klasse, der vor einer Schulaufführung hinter die Bühne kommt, um seine Schüler zu begrüßen. »Nun, seid ihr alle bereit?« fragte er, während er im Raum herumlief. »Sind wir fertig?«

Obwohl ich mit dem Gedanken gespielt hatte, dem Speaker of the House bei unserer ersten Begegnung den Händedruck zu verweigern, nahm ich nun doch seine Hand und quetschte sie, so fest ich konnte, wobei ich mir ausmalte, ihm die Finger zu brechen, aber er bemerkte es kaum. Er war damit beschäftigt, den Tyrannosaurus-Rex-Schädel zu beschreiben, den wir in seinem Büro sehen könnten, falls wir ihn später am Tag dort besuchten. »Sie heißt Rexanne«, sagte er stolz, bevor er von einem eifrigen Produktionsassistenten in die Maske entführt wurde.

»Das ist ja surreal«, flüsterte ein Typ neben mir. Und glaubt mir, das war es.

Die Sendung, die gleich aufgezeichnet werden sollte, hieß »Newt: ungeschminkt«. Mit fünfundzwanzig war ich die älteste Diskussionsteilnehmerin in der Gruppe, in der noch waren: Jonathan, ein konservativer selbständiger Malermeister mit grünlichen Haaren; Rob, ein untersetzter Marxistentyp, der für die Cyber-Culture-Zeitschrift *HotWired* arbeitete; Khakasa, eine liberale Medizinstudentin aus New York und die einzige Farbige unter uns; Jim, ein Mitglied der konservativen Union der Elite-Uni Dartmouth; und Kate, eine große blonde Lebensschützerin, die mal für Ross

Perot* gearbeitet hatte. Wir sechs hatten, zusammen mit Tabitha, den ganzen vorhergehenden Tag damit verbracht, das Forum mit *Newsweek*-Kolumnisten, die für Newt einsprangen, zu proben. Wenn alles wie geplant verlief, würden wir (zumindest Rob, Khakasa und ich) Newt in den Hintern treten.

Ehe ich mich abwandte und der Gruppe aus dem Künstlerfoyer zum Senderaum folgte, packte mich eine MTV-Mitarbeiterin an der Schulter. »Newt ist noch nie mit einer *echten* Sozialhilfemutter öffentlich konfrontiert worden«, sagte sie aufgeregt. »Machen Sie ihm die Hölle heiß.«

Während die Maskenbildner Newts Teint von hell-Bordeaux in blaß-Pfirsich verwandelten, marschierten wir sechs in die Dekoration, die aus einem Meer von Samt und einem imitierten Granittisch bestand, der aussah, als gehörte er in *Familie Feuerstein*.

»Ariel«, sagte eine Kolumnistin von *Newsweek* und stupste mich dabei freundlich an, ehe wir uns niederließen, »ich bin wirklich gespannt, wie er Ihnen die Sozialhilfe erklärt. Darauf warte ich.«

Als die Kamera abfuhr, beeilte sich Newt, den Stil des Morgens zu diktieren. Zunächst beantwortete er eine Frage von Jim mit einer langsamen, methodischen Erläuterung der Verbindung zwischen der liberalen Vergabe von Studentendarlehen und der Staatsverschuldung, zwischen der liberalen Vergabe von Studentendarlehen und der wirtschaftlichen Ungerechtigkeit, zwischen der liberalen Vergabe von Studentendarlehen und dem Niedergang der gesamten westlichen Zivilisation.

»Aber Mr. Gingrich«, versuchte Rob einzuwerfen, ehe er geschickt abgewürgt wurde.

»Lassen Sie mich ausreden«, sagte Newt zu ihm.

* exzentrischer texanischer Milliardär, Gründer und Präsidentschaftskandidat der »Reformpartei«, der 1992 auf Anhieb 19 % erreichte – A. d. Ü.

»Aber Mr. Gingrich«, versuchte es Khakasa.
»Warten Sie doch«, sagte er, wobei er eine Handbewegung machte, als wollte er sie verscheuchen.
Während er fortfuhr, ertönte ein kollektives Seufzen unter den Diskussionsteilnehmern, das die MTV-Studiotechnik nicht so recht wiedergab. Nachdem Newt seinen Einführungsvortrag gehalten hatte und wir in die erste Werbepause gingen, hatte Tabitha einen Augenblick Zeit, mit ihm zu scherzen. »Können wir Sie nicht Newtie* nennen?«
»Wenn Sie mich Newtie nennen, springe ich Sie quer über den Tisch an, das schwöre ich Ihnen«, schnappte er mit einem Lächeln.
»Wie wär's mit Newt Doggie Dog**?« meinte Dartmouths Konservativer.
»Wer ist Ihr Lieblings-Beatle?« wollte Rob wissen. (Man hatte uns davor gewarnt, ihm solche frivolen Fragen vor laufender Kamera zu stellen.)
»Ich glaube, Ringo.« Newtie nickte. »Ja, Ringo.«
Während wir uns alle den ersten Filmbeitrag, ein oberflächliches Feature über Leben und Laufbahn des Oppositionsführers, ansahen, der dann in die ansonsten ungeschnittene Sendung eingeblendet werden sollte, tauschten selbst die konservativen Teilnehmer der Runde entsetzte Blicke aus. Wir hatten einen zupackenden Bericht darüber erwartet, wo der als Newton McFearson geborene Mann herkam, doch das Band klang und sah eher aus wie eine Video-Liebeserklärung an den Kerl.
Im Verlauf der Sendung wurden von der Runde verschiedene Aspekte des »Contract with America«, dem politischen Programm der Republikaner, kritisiert, und Newtie erläuterte gelassen die bizarre Logik hinter der ganzen Sache.
Ich blickte mich am Tisch um, und es war, als dämmerte

* »Newtie« klingt ganz ähnlich wie »nudie« (Nackedei) – A. d. Ü.

** Anspielung auf die Rap-Gruppe Snoop Doggie Dog – A. d. Ü.

plötzlich jedem einzelnen von uns, daß wir eine politische Grundsatzdebatte mit dem Samurai der Redner zu führen versuchten. Die Recherchen, mit denen uns die MTV-Leute gespeist hatten, waren bestenfalls zweitklassig, und wir waren an jenem Morgen an dem Tisch im Studio mit einer simplen Tatsache konfrontiert, die wir schlichtweg übersehen hatten: Newt ist ein Lehrmeister. Einer dieser sehr strengen Lehrmeister der alten Schule. Und bei Professor Gingrich wird nicht debattiert. Da wird nur belehrt. Er weiß alle Antworten. Wir waren auf die Prüfung schlecht vorbereitet.

Als endlich meine zwei Sozialhilfe-Minuten dran waren, konnte die Tontechnik die Resignation in meiner Stimme mühelos einfangen.

»Ich bekam meine Tochter, als ich neunzehn Jahre alt war und unmittelbar vor dem Eintritt ins College stand, und ich brauchte die Sozialhilfe, um studieren zu können«, erklärte ich Newtie. »Meine Frage an Sie ist: Was hätte ich Ihrer Meinung nach in dieser Situation tun sollen?«

Ein Hauch der Morgen-Röte kam in sein Gesicht zurück, während er in dem langsamen, routinierten Unterrichtston, an den wir uns inzwischen gewöhnt hatten, auf meine Frage antwortete. »Wir würden das Ernährungsprogramm für Frauen, Säuglinge und Kinder beibehalten, wir würden das Lebensmittelmarken-Programm beibehalten, damit Sie Lebensmittel bekommen können. Und wir würden von Ihnen verlangen, entweder eine Ausbildung zu machen oder zu arbeiten. Das sind die grundlegenden Anforderungen, ich bezweifele also, daß sich irgend etwas ändern würde.«

Einen Augenblick lang herrschte Stille am Tisch, während die Kamera meinen Ausdruck totaler Verwirrung festhielt. Ich fragte mich, ob ich vielleicht sämtliche Pläne Newties für die Sozialhilfe falsch interpretiert hatte. Oder ob ich eben nicht richtig gehört hatte. Auf jeden Fall konnte ich nicht fassen, daß der berüchtigtste »Sozialabbauer« der Nation weniger als

zwei Meter von mir entfernt saß und ohne mit der Wimper zu zucken behauptete, es würde sich nichts ändern.
»Genaugenommen«, brachte ich schließlich hervor, »würde die Unterstützung nach Ihren Plänen nur für zwei Jahre gelten, also könnte ich so etwas wie einen halben Magister machen. Wirklich studieren könnte ich eigentlich nicht.«
Newtie räusperte sich und änderte seinen Ton leicht. »Gut«, erklärte er, als wäre ich eine Fünfjährige, die um Taschengeld bittet. »Das stimmt. Die Frage ist, ob die Sozialhilfe der richtige Weg ist, eine Ausbildung zu subventionieren.«
Als ich ihn daran erinnerte, daß die Sozialhilfe nicht an die Universität ging, sondern für nicht bezahlten Kindesunterhalt einsprang, änderte sich sein Ton wieder. Sein Gesicht war gerötet, und ich war sicher, er würde mir gleich sagen, ich sei eine schlechte Schülerin, die überhaupt nichts begriff. Eine Schülerin, die ihren Text vergessen hatte.
»Der Gedanke, einer Zwölf-, Dreizehn-, Vierzehnjährigen Bargeld zu geben, um schwanger zu werden, ist äußerst destruktiv.« Newtie wurde beinahe laut.
Ehe ich Gelegenheit hatte, uns zu der aktuellen Frage zurückzuführen und ihn daran zu erinnern, daß ich nicht zwölf, dreizehn oder vierzehn war, unterbrach Jim.
»Ich stimme Ihnen zu, Mr. Gingrich«, sagte er selbstgefällig. »Dreizehnjährige sollten keine Kinder kriegen, wo sie doch selbst noch Kinder sind.«
Ich war bereit, jemanden zu schlagen, und Jim saß mir am nächsten. Ich drehte mich zur Seite, um ihm einen funkelnden Blick zuzuwerfen, und er verstummte. Aber Newtie fuhr schon voll auf dem neuen Thema ab. Ich atmete tief durch und klickte mich in seine Ausführungen ein. »Zwölf-, dreizehn-, vierzehnjährige Drogenabhängige, Prostituierte, in den Innenstädten ...« Selbst Jim blickte entgeistert aus der Wäsche.
»Die Männer müssen Verantwortung übernehmen«, rief Newtie aus, als Tabitha ihn unterbrach, um mir wieder das Wort zu erteilen.

»Ich bin ganz Ihrer Meinung, daß die Väter für ihre Kinder Unterhalt bezahlen müssen, aber was passiert«, sagte ich, aus irgendeinem Grund bemüht, freundlich zu klingen, »ist, daß ich bestraft werde, wenn er nicht bezahlt.«

»Das Kind wird bestraft«, korrigierte Khakasa.

»Ja«, stimmte Newtie endlich zu. »Der Druck sollte auf den Vätern lasten, nämlich zu zahlen, und nicht auf den Müttern, die Zahlung einzufordern.«

»Sie sind also dafür, daß diese Unterhaltszahlung für Kinder gewährleistet wird?«

»Ja, äh.«

»In Form von Sozialhilfe?«

»Nein.«

Meine zwei Minuten waren abgelaufen, und ich hatte kaum mehr erreicht, als Newtie für etwa fünfundzwanzig Sekunden leicht nervös zu machen.

Kate brannte schon auf ihren Einsatz, um den Sprecher des Repräsentantenhauses zu bitten, die Vorteile von Korporationen all den jungen Leuten darzulegen, die nicht verstehen konnten, was daran so toll war.

»Surreal«, hörte ich jemanden flüstern, während die Kamera auf Kate gerichtet war.

In wenigen Minuten würde »Newt: ungeschminkt« zu Ende sein.

»Meine Neffen Mark und John werden sich jetzt freuen«, sagte Newt in die Kamera, als habe er ihnen versprochen, sie zu erwähnen. Die Lichter wurden abgeblendet, und Dutzende von TV-, Rundfunk- und Pressereportern, die aus einem hinteren Raum zugesehen hatten, stürmten herein, stellten Dutzende von blöden Fragen und stürmten wieder hinaus. Newtie war rechtzeitig aus dem Studio gekommen, um das Parlament zu eröffnen, und ich machte mich über Dulles Airport und San Francisco zurück nach Oakland, um noch rechtzeitig meine Lebensmittelmarken abzuholen und meinen Babysitter zu erlösen, wobei ich mir die ganze Zeit

das Hirn darüber zermarterte, wie in aller Welt ich es hatte versäumen können, dem Speaker in den Hintern zu treten.
Es war klar, daß meine rhetorischen Fähigkeiten hätten besser sein können, aber mein wirklicher Fehler, erkannte ich, nachdem ich meinen Kopf eine Woche lang wiederholt gegen die Wand gedonnert hatte, war, daß ich mit diesem Typ zu *reden* versucht hatte. Man kann nicht mit jemandem diskutieren, der nicht die Wahrheit sagt, und, wichtiger noch, man kann nicht mit jemandem diskutieren, der mit einer *total* anderen Weltansicht auf einen losgeht.
Wie es der kognitive Linguist George Lakoff in seinem Buch *Moral Politics* für uns auf einen klaren Nenner gebracht hat, gibt es diejenigen unter uns, die an Fürsorglichkeit glauben – diejenigen, meist liberaler Gesinnung, die ein Baby auf den Arm nehmen, wenn es nachts schreit – und dann diejenigen, die an die autoritäre Kiste (strenger Vater / strenger Lehrer / strenge Regierung) glauben – diejenigen, meist konservativer Gesinnung, die meinen, das Baby werde etwas lernen, wenn man es schreien und schreien läßt. Da die Mehrheit von uns in der Regierung mehr oder weniger eine Art elterliche Figur sieht, übertragen wir unsere Vorstellung von Elternschaft auf die Politik, die wir vertreten. Wie Lakoff einem Journalisten in einem Interview sagte: »Warum sollte Newt Gingrich auf die Idee kommen, Müttern, die von Sozialhilfe leben, die Kinder wegzunehmen und sie in Waisenhäuser zu stecken – besonders da berichtet wurde, daß das viel teurer käme, als den Müttern Sozialhilfe für die Kindererziehung zu zahlen? Der Grund ist natürlich, daß Sozialhilfe-Mütter keine Strenger-Vater-Mentalität haben, die Waisenhäuser hingegen schon.«
Es gibt aber auch etwas, was Liberale wissen, das Konservative nicht wissen. Wie alle Studien über Eltern-Kind-Beziehungen gezeigt haben, werden Babys, die die Zuwendung bekommen, die sie brauchen – Babys, die in der Regel auf den Arm genommen werden, wenn sie schreien –, tatsächlich

selbständiger. Babys, die nach dem Motto »Wein dich aus, du kommst schon drüber hinweg« großgezogen werden, kommen nicht darüber hinweg. Sie sehnen sich nur nach *mehr* Zuwendung.

Ich will damit sagen, daß man sehr wohl mit Leuten reden kann, die nicht genau wissen, was sie von dieser ganzen »Familienwerte«-Debatte halten sollen, und man kann vielleicht etwas bei ihnen erreichen. Aber die ultrakonservativen Strenger-Vater-Typen sind eine andere Geschichte. Bei denen ist Hopfen und Malz wohl verloren.

Apokalypsen-Elternschaft

Ich bringe meiner Tochter für mein Leben gern etwas über Politik bei. Ich nehme sie mit auf Protestkundgebungen, helfe ihr, die Tagesnachrichten zu interpretieren, und versuche ihr so viel wie möglich über die Geschichte und die heutigen Möglichkeiten gesellschaftlichen Wandels beizubringen.

Doch als Mädel, das mit Filmen wie *Der Tag danach* und mit Tapes von Dr. Helen Caldicott, die ich hinten im Wagen hörte, groß wurde, passe ich auf, daß ich meinem Kind keine Angst einjage. Die Filme handelten alle vom gefürchteten nuklearen Holocaust. Und Caldicott war eine radikale Australierin, die vom kalten Krieg sprach und sich für einen Atomstopp einsetzte. »Der Planet ist todkrank«, pflegte sie auf ihren Kassetten zu verkünden, und ich entsinne mich, daß ich überzeugt war, meinen achtzehnten Geburtstag nicht zu erleben. Sie war eine Ärztin, und sie hatte die Welt für todkrank erklärt. Darüber ist schon eine Menge geschrieben worden, und es hat schon mehrere Generationen gegeben, die mit den gleichen Ängsten aufwuchsen wie ich – denkt an David Bowie … »we've got five years …« (»wir haben noch fünf Jahre …«)

Dr. Caldicott riet ihren Zuhörern, uns Kindern zu versichern, daß unsere Eltern etwas gegen die atomare Bedrohung unternähmen und daß wir optimistisch sein sollten. Aber wir waren nicht optimistisch. Zu behaupten, wir wären beunruhigt gewesen, könnte gut die Untertreibung des Jahrhunderts sein. Wir waren völlig außer uns und wirbelten mit noch größerem Druck durch unsere Teenjahre, als es die jugendlichen Hormone erforderten.

Politisiert eure Kinder

- Nehmt eure Kinder zu politischen Ereignissen und Protestkundgebungen mit. (Scheut euch nicht abzuhauen, wenn die Bullen dort eintreffen.)
- Nehmt eure Kinder mit, wenn ihr wählen geht, und zeigt ihnen den Vorgang der Stimmabgabe.
- Erzählt euren Kindern von der Geschichte der gesellschaftsverändernden Bewegungen.
- Wechselt den Job oder macht eine Ausbildung auf einem Gebiet, in dem man radikal sein kann (z. B. PR für fortschrittliche Betriebe, politische Arbeit, Anwalts- bzw. Fürsprechertätigkeit usw.)
- Klärt eure Kinder über Boykotts auf und haltet derartige Sanktionen ein.
- Seht zu, daß im Leben eurer Kinder eine stete Fluktuation der unterschiedlichsten radikalen Frauen und Männer stattfindet.
- Macht ein Projekt daraus, unliebsamen Politikern unliebsame Faxe zu schicken. So lernen sie auch, mit der Kommunikationstechnik umzugehen!

In der Tat kann man Kinder regelrecht in eine manische Depression hineinpolitisieren.

Als Maia noch zur Vorschule ging und all dieser kinderorien-

tierte Kram herauskam, wonach die Welt durch das Anpflanzen von Bäumen und die Wiederverwertung von Blechdosen zu skurrilen Festwagen gerettet werden sollte, stellte sich bei mir so eine Art Déjà-vu-Erlebnis ein. Ich meine, was soll das, ein Kind in die Welt setzen und ihm dann gleich sagen, es sei seine Aufgabe, sie zu retten?
Gibt es nicht Wege, unsere Kinder mit Umweltschutz, Friedensarbeit und allem, was sie sonst noch wissen sollen, vertraut zu machen, ohne sie in Angst und Schrecken zu versetzen? Ich denke doch.
Krieg ist beschissen, weil Menschen verletzt werden und sterben; wir sollten uns an Kriegen nicht beteiligen. Umweltschutz und Recycling eignen sich prima, unseren Planeten schön zu halten. Wenn wir Samen pflanzen, wachsen tolle Sachen.
Wenn die Welt nächsten Monat untergeht, haben wir vielleicht das Gefühl, unsere Kinder angelogen zu haben – sie mit Optimismus gefüttert zu haben, als das Ende bevorstand –, doch die Wahrscheinlichkeit, daß wir alle unsere Lebenserfahrungen überleben werden, ist groß. Ich wünschte, *davor* hätte mich jemand als Kind gewarnt.

Wenn Mama Präsidentin wäre

Dir stinkt's also langsam, daß weiße Typen in häßlichen Anzügen das Land regieren? Tja, wenn Mama Präsidentin wäre, würde sie die Regierung von Kopf bis Fuß revolutionieren. Was ist ihr Programm?

- Eine sinnvolle Arbeit und ein Mindesteinkommen für alle. Oder bleib zu Hause, wenn du willst; Mama wird dir ausreichenden Unterhalt garantieren, um glückliche, gesunde Kinder großzuziehen.
- Mindestlohn? Wen juckt's? Was wir wirklich brauchen, ist

ein Höchstlohn, um das Problem der hohen Lebenskosten für faule reiche Pinkel zu lösen.

- Schwule zum Militärdienst? Bedaure. Mama wird das Militär abschaffen. Das Verteidigungsbudget wird neu verteilt auf Universelle Gesundheitsvorsorge, Universelle Kinderfürsorge, erstklassige Schulausbildung und die Gewährleistung des uneingeschränkten Rechts auf Nahrung, Obdach, reine Luft und sauberes Wasser sowie gute Pizza und Eiscreme in jeder Stadt.
- Was kriegen die Ultrakonservativen? fragt ihr. Mama wird allen reaktionären Dumpfbeuteln eine Freifahrt in die brennenden Abgründe der Hölle bieten. Sie wird sogar eine Gebetsfrühstück-Abschiedsparty schmeißen.
- Besorgt um die Zukunft sicherer, legaler Abtreibung? Keine Angst, Mama verspricht kostenlose Abtreibung auf Verlangen. Sie weiß, was sich gehört: Dein Uterus geht sie nichts an.
- Und Mamas Antwort auf häusliche Gewalt? Diese Präsidentin wird niemals fragen: »Warum geht sie nicht?« Sie wird *ihn* zwingen zu gehen. Es wird für prügelnde Männer nur zwei Alternativen geben: Entweder ein bewährtes Programm zur Gewaltüberwindung erfolgreich abschließen oder mit den rechten Dumpfbeuteln in die Hölle verbannt werden, wo beide von freiwilligen Sozialhilfe-Mamas und den Geistern toter Opfer der Sozialpolitik heimgesucht werden.
- Nase voll von absurden Familiengerichtsurteilen? Familienangelegenheiten und Entscheidungen über das Sorgerecht werden aus den Gerichten herausgenommen und einem Rat unserer feministischen Großmütter übergeben.

Und das ist erst der Anfang.

Mama hört sich an wie ein verrückter Sozi, sagt ihr? Vielleicht ist sie das, vielleicht auch nicht. Sie ist eine Mama, und sie wird nicht tatenlos zusehen, wie ihre Kinder hungern,

während die Politiker sö ähnlich klingen wie die unsichtbaren Erwachsenen in den *Peanuts*-Filmen: »Wa-wa-wa ...«
Ihr fragt euch, wie sie das alles bewerkstelligen will? Dann seid ihr, verdammt noch mal, zu praktisch veranlagt, Mädels. Außerdem geht das Gerücht, daß Mama etwas hat, was kein anderer Politiker für sich in Anspruch nehmen kann: ein funktionierendes Hirn und einen Zauberstab. Sie kommt von einem Ort namens Wirklichkeit; sie wird das Patriarchat abschaffen, allen radikalen Aktivisten Steuervergünstigungen gewähren und einen schmackhaften Tofuschmaus in jedem Topf garantieren.

Rebellische Mama

Was uns die Sozialwissenschaften wirklich sagen

Judith Stacey, Mama eines Kindes, Professorin für Soziologie und Geschlechterforschung, Autorin von In the Name of the Family: Rethinking Family Values in a Postmodern Age

Wie sind Sie in die »Familienwerte«-Debatte hineingezogen worden?
Ich wurde bei [meiner Forschungsarbeit über Scheidung für mein Buch *Brave New Families*] in die Debatte hineingezogen. Zu den überraschenden Dingen, die ich bei dieser Forschungsarbeit herausfand, zählte die Rolle, die die Scheidung beim Aufbau von Familienbanden spielt. Alle sehen darin diesen großen Bruch, und der ist gewiß gravierend, aber eine Scheidung bietet auch eine Gelegenheit, Familienbeziehungen zu erweitern. Werden neue Ehen geschlossen, wird letztendlich die Anzahl der Verwandtschaftsbeziehungen erhöht. Manchmal vermehren sich am Ende auch die verfügbaren Ressourcen, wenn es zwei Zuhause gibt.

Erzählen Sie mir von Ihren Forschungen über die »Familienwerte«-Kampagne selbst. ... In Ihrem Buch schreiben Sie, es habe eine organisierte Kampagne der Rechtskonservativen gegeben, um Präsident Clinton, die Medien und viele Amerikaner davon zu überzeugen, daß die klassische Familie anderen Familienstrukturen überlegen sei.

Als ich mich umzusehen begann, gab es tatsächlich eine koordinierte und gut finanzierte Kampagne, bei der auch Sozialwissenschaftler mitwirkten. Sie war ein Versuch, die Demokratische Partei in die Mitte zu rücken, und sie ist mit einer Unzahl von Initiativen verbunden – der Angriff auf ledige Mütter, der Backlash gegen schwule und lesbische Familien –, und sie spielte eine häßliche Rolle bei der Aufhebung der Sozialhilfegesetze.

Wenn Sie in der Geschichte und in anthropologischen Untersuchungen nachlesen, werden Sie sehen, daß Familien im Lauf der Geschichte unglaublich unterschiedlich waren und es heute erst recht sind. Nicht alle Kinder sind gleich, und die Qualität der Familien- und Verwandtschaftsbeziehungen hat so viel mehr mit der Kinderfürsorge als mit der Familienstruktur zu tun. Ich glaube, die Familienstruktur hat fast gar keine Auswirkung auf das Wohlergehen des Kindes, und selbst Forscher, die eher dem Mainstream zuzuordnen sind und die meine politischen Ansichten nicht teilen, werden sagen, daß sie nur sehr beschränkte Auswirkungen hat. Und dennoch behauptet die Kampagne, Sozialwissenschaftler stimmten darin überein, daß Zwei-Eltern-Familien besser seien. Diese Leute verwenden nur die Forschungen, die ihnen genehm sind und wann sie ihnen genehm sind. Das ist eine totale Verletzung der sozialwissenschaftlichen Prinzipien, und doch behaupten sie, im Namen der Sozialwissenschaften zu sprechen.

Können Sie die derzeitige Debatte für uns in einen historischen Rahmen setzen?

Ohne Frage hat es in den vergangenen zwei Jahrzehnten einen dramatischen Umbruch im Familienleben gegeben. Es ist kein Wunder, daß die Menschen verwirrt sind. Gleichzeitig sind die Mindestlöhne geschrumpft, und es hat eine echte Polarisierung zwischen Arm und Reich stattgefunden.

In Zeiten raschen Wandels, und besonders in Zeiten wirtschaftlicher Not, schnellt die Zahl der von Frauen geführten Haushalte immer in die Höhe – das traf im neunzehnten Jahrhundert zu, es traf ganz bestimmt auf die dreißiger Jahre zu, obwohl das aus den Registern nicht immer hervorging, weil viele Männer zur »Scheidung des armen Mannes« griffen, das heißt, sie ließen die Frauen einfach sitzen.

Im vorliegenden Fall ist die Veränderung der Familie so sichtbar und weit verbreitet, daß die Leute gerne glauben, das, was ich den »Zerfall der modernen Familie« nenne, führe zu Kriminalität, wirtschaftlicher Not usw. usf. Sehen Sie, es gibt da so einen alten Trick in den Sozialwissenschaften – nämlich die Verwechslung von Ursache und Wirkung. Wenn zwei Dinge gleichzeitig passieren, ist es leicht zu sagen, das eine verursache das andere, aber oft genug gibt es etwas ganz anderes, das beide verursacht.

Ich bin zufällig der Meinung, daß diese Dinge alle Teil eines größeren Komplexes sind, daß sie nicht die Folge einer Änderung von Werten sind, sondern mit der Veränderung unserer Wirtschaft zu tun haben – dem Absinken der Mindestlöhne, dem Niedergang der Gewerkschaften, der Verlagerung von Arbeitsplätzen ins Ausland, der Globalisierung des Kapitalismus, der Zunahme von Arbeitsplätzen im Dienstleistungssektor und der Abnahme von Arbeitsplätzen in der Industrie. Wollte man wirklich die Anzahl der Verheirateten erhöhen, wäre das am einfachsten dadurch zu erreichen, daß man Jobs schafft, von denen man leben kann, besonders für Männer. Das ist völlig unstrittig. Es ist kein Geheimnis.

Könnten Sie erklären, warum Sie schwule und lesbische Familien als Vorreiter sehen?

Ich betrachte sie durchaus als Vorreiter, obwohl ich keinen gravierenden Unterschied zwischen ihnen und anderen Familien sehe.

Da, wo Scheidungen die Regel geworden sind und wo Frauen als Arbeitskräfte die Regel geworden sind, kann das Familienleben gar nicht anders als patchworkartig sein. Man hat mehr alleinerziehende Eltern, man bekommt Stieffamilien und gemischte Familien bei Scheidung und Wiederheirat, also ist schon für reichlich Familienvielfalt gesorgt.

Aber ich sehe schwule und lesbische Eltern schon als eine Avantgarde an, denn wenn man eine Familie sein will in einer Gesellschaft, die das weder unterstützt noch dazu ermutigt, muß man es um so überlegter tun. Und für gleichgeschlechtliche Eltern erfordert der Wunsch nach einer Familie eine andere Fortpflanzungsstrategie, es ist automatisch – sichtbar oder unsichtbar – eine dritte Partei beteiligt. Es ist ein sehr bewußter und reflektierter Prozeß. Nichts ist selbstverständlich. Auch wenn die Kinder Produkte heterosexueller Verbindungen sind, bedarf es des Kampfes und der Überlegung, um die Bindung zu den Kindern und den Anspruch auf sie aufrechtzuerhalten.

Auf einer homosexuellen E-Mail-Liste, die ich bekomme, sieht man unglaublich viel an Diskussion über: Welche Bedeutung hat die Ehe? Was sind die Vor- und Nachteile? Das sind keine Themen, die nur Lesben und Schwule betreffen, das sind grundlegende Fragen über die Neudefinition der Ehe fürs einundzwanzigste Jahrhundert. Es sind Themen, mit denen die überwältigende Mehrheit sich auseinandersetzt, aber nicht immer so bewußt. Lesben und Schwule sind auch in vorderster Reihe beim Versuch, die Familiengesetze dahingehend zu ändern, daß sie den Realitäten des Familienlebens im einundzwanzigsten Jahrhundert entsprechen.

»Die amerikanische Familie«, besonders die berühmte weiße heterosexuelle christliche bürgerliche Kleinfamilie, die den Namen »Familie« verdient, ist eine solche Legende geworden, daß sich kein Mensch mehr von der absurden Idee lösen kann, sie sei die beste und einzig mögliche Struktur, in der man ein Kind großziehen kann. Auch wenn sich eine Familie à la Pat Robertson als alkoholabhängig, aufgedunsen und tot entpuppt, rennen alle möglichen Leute herum und behaupten, diese idealisierte »Familie« sei die Vollendung schlechthin, sei der Elvis der Familien. Da fragt man sich, ob das Ideal überhaupt je existiert hat.
Wenn wir uns mal in der Wirklichkeit umsehen, entdecken wir, daß die unterschiedlichsten Arten von Familien funktionieren. Wir entdecken, daß wir in unserer Mannigfaltigkeit stark sind. Und trotz all unserer Verschiedenheit haben wir viel mehr gemein, als die Werbegurus uns gern weismachen würden. Wir wissen alle, daß verheiratete Eltern sich scheiden lassen, Singleeltern wieder heiraten und gemischte Familien sich vereinigen, um noch mal von vorn anzufangen. Und die Soccer Mom ist, wie sich herausstellt, gar nicht so weit entfernt von der Sozialhilfe-Mama. Viele von uns sind beides gewesen. Vielleicht werden unsere Familien eines Tages als die fließenden, ewig wechselnden Gemeinschaften anerkannt und geachtet, die sie sind.

Kapitel 8
Arbeit und Schule im Land der Mutterschaft

> Eines Tages wird die Welt so aussehen, daß es überall Kindertagesstätten gibt und du »Mama« in deinen Lebenslauf schreiben kannst, ohne daß jemand Fragen stellt. Bis dann müssen wir das nehmen, was das System hergibt, ohne Fragen zu beantworten.
> – *Jenna, sechsunddreißig*

Es ist 8 Uhr morgens. Peter steht auf und macht sich eine Tasse Kaffee, füllt vier Schüsseln mit Cornflakes und stellt einen Liter Milch auf die Mitte des Tisches, ehe er »Guten Morgen!« ins hintere Zimmer ruft. Nach einigen Anweisungen torkelt ein Fünfjähriger in die Küche und gießt schläfrig etwas Milch in seine Schüssel, etwas auf den Tisch und etwas auf den Boden.

Während Peter sich abmüht, die drei Kinder im Schulalter fertig zu machen und in ihre verschiedenen Klassen zu schikken, bevor er zu seiner eigenen morgendlichen Collegestunde aufbrechen muß, schleppt sich seine Frau Hannah aus dem Bett, um den Tag mit ihrem jüngsten Kind zu verbringen.

Später am Tag wird Peter mit seinem Rucksack nach Hause kommen, das Paar wird die älteren Kinder von der Schule abholen, und Hannah wird sich auf den Weg zur Spätschicht in ihrem Vollzeitjob machen.

Obwohl Peter und Hannah ihren Kindern zahlenmäßig zwei zu vier unterlegen sind, schaffen sie es, ihren Tag mit relativ wenig verschütteter Milch und einer gewissen Eleganz hinter sich zu bringen. Aber »Naturtalente« sind sie nicht.

»Das ist ein Reigen, an dem lange gefeilt werden mußte, bis er perfekt war«, gesteht Hannah.

»Perfekt?« sagt Peter.

Sie müssen beide lachen. Sonst müßten sie vielleicht weinen.
Die Berufsbezeichnung »Hausfrau« mag in den letzten Jahrzehnten etwas von ihrem Ansehen eingebüßt haben – ganz zu schweigen von deren Finanzierbarkeit –, aber jede Mama weiß, daß der Umgang mit Kindern ein Ganztagsjob ist. Wenn wir darüber hinaus noch arbeiten oder studieren, tauschen wir nicht einen Beruf gegen einen anderen aus, wir fangen einfach an, zwei Schichten zu arbeiten.

Acht bis vier

Mehr als die Hälfte aller amerikanischen Mütter mit Kindern unter einem Jahr ist erwerbstätig. Und viele von uns arbeiten ganztags außer Haus. In Deutschland sieht die Lage besonders nach der Einführung des Erziehungsurlaubs und aufgrund der äußerst dürftigen Möglichkeiten einer Tagesbetreuung für Kinder unter drei Jahren ganz anders aus. Viele Frauen (und viel zuwenig Männer, nämlich unter 2 %) nehmen den Erziehungsurlaub in Anspruch, wenigstens für ein oder zwei Jahre. Doch ob wir nun nach einer Babypause an unseren alten Arbeitsplatz zurückkehren oder uns eine neue Stelle suchen, nachdem wir Kinder bekommen haben – als Mama berufstätig zu sein bedarf schon einiger Gewöhnung.
Wenn du eine mehrmonatige Mutterschaftspause eingelegt hast, empfiehlt es sich, während deiner Abwesenheit ziemlich regelmäßigen Kontakt zu deinem Arbeitgeber und deinen Mitarbeitern zu pflegen. Von Gesetz wegen muß dir dein Arbeitgeber nach deiner Rückkehr dasselbe Gehalt, dieselbe Stellung und dieselben Vergünstigungen bieten, die du vorher hattest, aber nicht notwendigerweise denselben Arbeitsplatz. Und eine längere Abwesenheit könnte deine Karriere gefährden. Wenn du in ständiger Verbindung bleibst, gibst du allen

damit ein deutliches Signal, daß du zurückkommst, und du kannst über die Zeit deiner Abwesenheit hinweg besprechen, wie es bei deiner Rückkehr aussehen wird.

Wenn du bei deinem Wiedereinstieg ins Berufsleben lieber teilzeit arbeiten würdest, kannst du auch Job-Sharing in Betracht ziehen. Je nach deinem Betätigungsfeld wird diese Lösung immer beliebter. Wenn du eine andere Person kennst, die ebenfalls an einem Teilzeit-Arbeitsplatz interessiert ist, tut ihr euch am besten zusammen und macht eurer Geschäftsleitung einen entsprechenden Vorschlag.

Viele Unternehmen in Amerika bieten heute Gleitzeit oder Ganztagsbeschäftigung mit flexibler oder modifizierter Arbeitszeit an. Wenn eine Verschiebung deiner Arbeitszeit deinem Tages-Zeitplan entgegenkäme, solltest du dich bei deiner Firma über entsprechende Möglichkeiten erkundigen.

Ob du nach einer Familienpause zu deiner Arbeit zurückkehrst, nach längerer Abwesenheit wieder ins Heer der Erwerbstätigen eintrittst oder zum ersten Mal eine Ganztagsbeschäftigung aufnimmst, frag deinen Arbeitgeber, ob du schrittweise anfangen kannst. Du wirst vielleicht eine Zeitlang halbtags arbeiten können, bevor du ganztags einsteigst.

Falls du einen neuen Job suchst, schließ dich mit Freunden, anderen frischgebackenen Mamas und Familienangehörigen kurz, um einen mamafreundlichen Arbeitsplatz zu finden. Informationen über frauen- und mütterfreundliche Firmen gibt es auch bei den Mütterzentren oder den für Frauen und Arbeit zuständigen Landesministerien. Zudem gibt es neuerdings Spezialagenturen (wie z. B. »Familienservice« oder »Kinder-Hut«), die im Auftrag von Firmen Kinderbetreuungsplätze für deren Angestellte suchen oder vermitteln. Dennoch scheint die Zahl der mütterfreundlichen Betriebe in Deutschland so gering zu sein, daß es sich nicht einmal lohnt, eine Liste über sie zu führen. Teilzeitbeschäftigung für Eltern bieten hierzulande fast nur die öffentlichen Arbeitgeber an.

Informationen, Anregungen und Literaturhinweise zum Thema kann dir der Verein Berufstätiger Mütter geben (siehe »Überlebensnotizen«).
Egal, wieviel Nachforschungen du anstellst, eine gute Firma zu finden kann schon einiges an Versuch und Irrtum erfordern. »Wenn ich für jedes Mal, daß ich das Wort ›Gleitzeit‹ gehört habe, einen Dollar bekommen hätte, hätte ich den verdammten Job nicht gebraucht«, erinnert sich meine Freundin Maria an ihre erste Arbeitsstelle, nachdem sie ihre Tochter bekommen hatte. »Aber sobald ich drin war, war alles ganz anders. Man hat mir am Ende gekündigt, weil ›Gleitzeit‹ für mich bedeutete, daß ich statt um 8 Uhr um 8.30 Uhr anfangen konnte, da die Schule für mein Kind erst dann begann; für die bedeutete es gar nichts.« Maria machte ihre Aufgaben noch mal und fand schließlich eine andere Firma, die es mit ihren Erleichterungen für berufstätige Mamas ernst meinte.
Gehörst du erst mal wieder zum Heer der Werktätigen, dann könnte der Streß, den du aufgrund des natürlichen Zeitdrucks schon hast, noch verschärft werden durch die Arschgeigen am Arbeitsplatz (oder sonstwo), die dir Schuldgefühle einzuimpfen versuchen, weil du nicht bei deinen Kindern bist. Als dächten wir nicht schon von selbst daran, uns schuldig zu fühlen, verstärken viele Leute noch unsere Gewissensbisse, indem sie uns die Ohren voll labern, wie schrecklich Kindertagesstätten oder -krippen für unsere Kinder seien. Das ist alles dummes Zeug. Wie deine Arbeitszeit auch aussehen mag, du kannst immer noch wertvolle Zeit mit deinen Kindern verbringen. Wie Selma, eine ledige Mutter von vierzig, mir sagt: »Die Zeit, die ich außer Haus verbringe, macht mich zu einer besseren Mama, wenn ich zu Hause bin.«

Kennt eure Rechte, meine Damen

Die Diskriminierung von Menschen mit Kindern besteht nach wie vor, sowohl am Arbeitsplatz als auch an den Universitäten, die den Umgang mit alleinstehenden, kinderlosen Studenten/innen gewohnt sind. Wir müssen also alle über unsere Rechte und Fähigkeiten Bescheid wissen und auf sie vertrauen. Als Mütter verdienen wir, genauso gut behandelt zu werden wie Nicht-Mütter. Potentielle Arbeitgeber dürfen uns nicht nach unserem Mutterstand, Familienstand oder unserer sexuellen Orientierung fragen. Sie dürfen uns weder nach einer Schwangerschaft noch nach unserer Kinderversorgung noch nach unseren Empfängnisverhütungsmethoden fragen. Sie dürfen uns nur Fragen stellen, die im Zusammenhang mit dem Arbeitsplatz bzw. der zu leistenden Arbeit stehen. Wenn man dir in einem Bewerbungsgespräch eine unzulässige Frage stellt, beantworte sie nicht. Erwidere darauf so etwas wie: »Gehört das zu Ihrer Firmenpolitik?« Und der Blindgänger, der es für angebracht hielt, gegen das Gesetz zu verstoßen, wird begreifen, daß du deine Rechte kennst.

Ich hasse meinen Job!

Als ich meine Freundin Leila fragte, wie das so ist, ganztags zu arbeiten und Mama zu sein, erwartete ich ein beredtes Zitat über Kampf und Einteilung und Prioritäten und all das Zeug. Statt dessen sagte sie: »Es ist zum Kotzen. Im Gegensatz zur landläufigen Meinung – es sei denn, du hast es dir wirklich ausgesucht, es sei denn, du magst deinen Job und *willst* genau die berufliche Laufbahn, die du hast – haut es einfach nicht hin.«
Nun habe ich einen halben Abschluß in Volkswirtschaft. Ich weiß, daß nur 5 % der Amerikaner ihren Job mögen, und die restlichen 95 % müssen halt ihre Miete bezahlen. Wenn ich

Statistiken sehe, wonach 53 % der Mütter mit Kindern unter einem Jahr berufstätig sind, weiß ich, daß das nicht etwa so ist, weil wir es gerne tun. Trotzdem hat mich Leilas Antwort ziemlich konsterniert. »Jetzt muß ich auch noch über die Schattenseiten der Berufstätigkeit schreiben«, dachte ich mir. Und das wollte ich nicht. Die Medien haben so hervorragende Arbeit geleistet im Herunterputzen von Frauen, die arbeiten (während die Regierung allen die Unterstützung streicht, die es nicht tun), daß ich dem Berg von Schuldgefühlen, die wir als Gesellschaft vor den Türen berufstätiger Frauen abladen, nicht auch noch was hinzufügen will. Aber Leila hat recht. Deinen Job zu hassen und ehrlich lieber zu Hause sein zu wollen, das ist echt beschissen. Aber was sollen wir tun? »Im allgemeinen würde sich meine Generation lieber totschlagen lassen, als fürs Establishment zu arbeiten«, hat Ani DiFranco mal bemerkt. »Und im Prinzip pflichte ich den Leuten bei. Das Problem ist nur, dann muß man eine Alternative parat haben.«
Eine Acht-bis-vier-Mama, die ich kenne, sparte nach der Geburt ihrer Tochter anderthalb Jahre lang jeden Penny, den sie entbehren konnte, und zog dann mit ihrer Familie nach Mexiko. »Wir haben genug für zwei Jahre«, erzählte sie mir. »Was wir danach tun – keine Ahnung.« Diese Mama hatte einen relativ gut bezahlten Job; sie lebte daher so billig es ging und behielt diese kostbaren zwei Jahre im Auge. Sie hätte ihre Ersparnisse auch für irgendeine Sicherheit ausgeben können – eine Anzahlung für ein Haus, zum Beispiel –, aber wenn man nicht glücklich ist, bringt einem Sicherheit auch nichts. Ganz zu schweigen von der Tatsache, daß sie immer eine Illusion ist.
Ihr könnt euch wahrscheinlich denken, worauf ich hinaus will. Genau. Wenn ihr euren Job haßt, hängt ihn an den Nagel. Ich weiß, ich weiß: »Unmöglich«, sagst du. Und vielleicht ist es dir unmöglich. Andererseits kannst du es vielleicht möglich *machen*. Könntest du zu Hause arbeiten? Könntest

du mit einer anderen Familie zusammenwohnen und deine Miete verringern? Könntest du deine Arbeitszeit – und die Kosten für die Tagesbetreuung – halbieren? Könntest du es deichseln, daß dir gekündigt wird, und von Arbeitslosenunterstützung leben, bis du dir überlegt hast, wie's weitergehen soll? Könntest du dein Geld mit anderen Ich-hasse-meinen-Job-Mädels zusammenwerfen und ein Café aufmachen? Könntest du nach Mexiko oder in ein ähnlich billiges Land ziehen?

Nachdem wir Mama geworden sind, denken wir oft, wir brauchten alle möglichen Arten von Sicherheit, von denen wir als kinderlose Singles nicht mal geträumt hätten. Und es stimmt, daß mit Kindern obdachlos zu sein tausendmal schlimmer ist als ohne sie. Doch manchmal führen unsere Träume von weißen Lattenzäunen und Scheinsymbolen von Sicherheit lediglich dazu, daß wir uns hundeelend fühlen. Und wenn du deinen weißen Lattenzaun nie im Licht siehst, wer sagt dann, daß er nicht grün ist?

Mal dir dein finanzielles Worst-case-Szenario aus. Müßtest du wieder zu deinen Eltern ziehen? Wärst du obdachlos? Oder würdest du nur deinen schnuckeligen roten Wagen verlieren? Beschränk dich auf das Lebensnotwendige – wieviel Geld brauchst du wirklich? Gibt es irgendeine Möglichkeit, es zu verdienen, ohne dich dabei unglücklich zu machen? Ich gehöre nicht zu diesen wohlhabenden New Agern, die meinen, die Geldprobleme der Menschen existierten nur in ihren Köpfen (Ich habe mir sehr, sehr lange »Reichtum vergegenwärtigt«, ehe ich diesen Buchauftrag bekam); das Wirtschaftssystem *stinkt wirklich* zum Himmel. Aber manchmal kann ein bißchen Phantasie einen weit tragen. Ich kenne viele Mamas, die sich acht oder mehr Stunden täglich den Hintern abrackern, um im Endeffekt für die Tagesbetreuung ihrer Kinder zu zahlen. Nennt mich ruhig eine »Rote Socke«, aber das ist Ausbeutung.

20 Berufe, die du zu Hause ausüben kannst (oder mit dem Baby auf dem Rücken)

1. Newsletter/Zeitschriften-Verlegerin (vorausgesetzt, genügend Leute zahlen tatsächlich dafür, daß du sie ihnen schickst)
2. Tagesmutter
3. Hochleistungs-Telearbeiterin
4. Haushaltshilfe
5. Internet-As
6. Flohmarkt-Organisatorin
7. Freiberuflerin (Fotografin, Umbruchredakteurin usw.)
8. Haus-Friseuse
9. »Beraterin« (vorausgesetzt, du hast etwas, worin du beraten kannst)
10. Sozialhilfeempfängerin (vorausgesetzt, das System als Ganzes wird nicht abgeschafft)
11. Telefonsex-Girl (vorausgesetzt, deine Kinder schlafen die Nacht durch)
12. Telefonseelsorgerin (siehe oben)
13. Zeitungs-/Werbeprospekteausträgerin
14. Fund-raising-Spezialistin (vorausgesetzt, jemand finanziert dich und das Projekt, das du dir einfallen läßt)
15. Straßen-Handleserin oder -Batikhemdverkäuferin
16. Versandgeschäftskanone (denk an Beate Uhse!)
17. Professionelle Hunde-Gassigängerin
18. Näherin
19. Café- oder Ladenbesitzerin
20. Komikerin

Wenn du deinen Job haßt, aber keine Ersparnisse oder Familie hast, auf die du zurückgreifen kannst, kündige bitte nicht gleich. Mach einen Plan. Beschließe, in sechs Monaten oder einem Jahr zu kündigen. Reduziere unterdessen deine Arbeitszeit auf das absolut notwendige Minimum, um davon leben und dir hin und wieder frische Blumen kaufen zu können. Verbring soviel Zeit wie möglich damit auszuknobeln, wie du deine Rechnungen bezahlen willst, wenn du aus der Tretmühle raus bist, und entwickle wie der Teufel Alternativen.
Vielleicht entschließt du dich, ein Heimbüro oder -geschäft zu eröffnen. Du könntest auch wieder die Schulbank drücken und dir Geld leihen, um die Miete zu bezahlen. Zwei Mamas, die ich kenne, malochen als Teilzeitarbeitssklavinnen und schreiben Fund-raising-Briefe (ja, während sie diese Teilzeitarbeit erledigen sollen), um Geld für ein Zentrum für einkommensschwache Mütter aufzutreiben, das sie nächstes Jahr einweihen wollen. Viele kombinieren einen Haufen von Gelegenheitsjobs, um ihren Lebensunterhalt zu bestreiten. Keinen richtigen Job zu haben wird am Ende kein bißchen weniger stressig sein als das, was du jetzt machst, doch glücklich und gestreßt macht bedeutend mehr Spaß als unglücklich und gestreßt.

Zurück auf die Schulbank mit Baby

Eine Nacht ist mir in ganz besonderer Erinnerung geblieben. Es war 10 Uhr abends. Meine Tochter, damals viereinhalb Jahre alt, war im Wohnzimmer und hörte sich Doc Watson mit seinen *Songs for Little Pickers* an, während ich verzweifelt versuchte, mich auf den Anfang einer Semesterarbeit zu konzentrieren – die am nächsten Tag fällig war. Sie hätte längst im Bett sein müssen. Ich hätte mit der Arbeit zwei Wochen früher anfangen müssen. Doch über derartige Details hatte ich

schon früh in meinem ersten Jahr als Singlemama und Studentin aufgehört, mir Gedanken zu machen.
Alles hatte begonnen, als Maia fünf Monate alt war. Wir waren unterwegs, um uns in Küstennähe ein rosa Haus auf Rädern zu kaufen. Während ich so dahin fuhr und über unsere unsichere Zukunft nachdachte, fiel mir ein: *He, warte. Ich wollte doch aufs College gehen. Sogar einen Abschluß machen.*
Ich machte einen U-Turn, versetzte den Immobilienmakler und fuhr statt dessen zur nächsten Buchhandlung, um einen Teil unserer Anzahlung für den Anhänger für einen dicken Collegeführer mit Vier-Jahres-Studiengängen auszugeben. Fast ohne mir darüber im klaren zu sein, hatte ich beschlossen, mich den landesweit schätzungsweise 7 bis 10 Millionen »nicht-traditionellen« Studenten anzuschließen, die in den 90er Jahren wieder zurück auf die Schule wollten und von denen zwei Drittel Frauen waren, viele davon mit Kindern, so ein Bericht des Statistischen Amtes.
Damals wußte ich nicht, was bei der Wahl eines Lehrinstituts alles bedacht werden mußte. Ich machte mir keine Gedanken darüber, wieviel Arbeit ein Studium bedeutete. Mir war auch nicht klar, wieviel es tatsächlich kosten würde. (Ja ... der größte Teil des Vorschusses, den ich für dieses Buch kassierte, wurde sofort von den Studentendarlehens-Haien beansprucht.) Ich hatte mir nicht vorgestellt, daß mir während der Einführungskurse Milch aus der Brust treten würde oder daß ich zur Melodie von »Old MacDonald« Hausarbeiten schreiben würde, doch selbst wenn ich's gewußt hätte, hätte ich dieselbe Entscheidung getroffen.
Studenteneltern nennen alle möglichen Gründe für die Rückkehr zu oder die Fortsetzung ihrer schulischen Laufbahn, nachdem sie Kinder bekommen haben, aber die meisten, mit denen ich gesprochen habe, sagen, sie wollten ein besseres Leben für sich und ihre Kinder. Sie hätten sich gedacht, daß ihnen ihre College-Stundenpläne bestimmt mehr Flexibilität

ermöglichten, als wenn sie den Spagat mit Berufstätigkeit und Kindererziehung versuchten.

»Nachdem Rose geboren war, schien mir das Studium wichtiger«, sagte mir meine Freundin Xena. »Als ich noch allein war, dachte ich, ich versuche mich mal als Schriftstellerin, Tänzerin oder Malerin. Ich wollte ein bißchen rumömmeln und mit coolen Leuten zusammenwohnen. Aber als dann noch jemand von meinem Einkommen abhängig war, hab' ich beschlossen zu studieren.«

Bei der Wahl einer Uni müssen wir alle Faktoren bedenken, auf die herkömmliche Studenten achten, und noch eine ganze Stange mehr. In den USA sind öffentliche Universitäten nicht nur billiger als private; viele von ihnen bieten darüber hinaus vergünstigte Familienunterkünfte und Kindertagesstätten. »Wir haben darauf gebaut, daß ich an der University of California angenommen werde, weil man uns dort Tagesbetreuung für das Kind und ein Dach überm Kopf zur Verfügung stellen würde«, sagt Winston, ein Collegestudent.

Viele Leute mit Kindern entscheiden sich jedoch für kleinere Privathochschulen. »Es ist ein Kompromißgeschäft«, sagt eine Mama. »Als ich mit meinem ersten Kind anfing zu studieren, hab ich mir ein kleines College ausgesucht, weil die Atmosphäre dort freundlicher wirkte – dafür mußte ich mir Unsummen von Geld leihen.«

Kleinere Lehranstalten können auch in bezug auf die Aufnahmebedingungen, sagen wir mal, etwas *flexibler* sein. Als ich mich bewerben wollte, hatte ich eine Menge Enthusiasmus und ein ganz ordentliches Essay, doch die High School hatte ich nie ganz abgeschlossen. (Ich glaube, ich hatte insgesamt zwei Semester bestanden.) In meinem Collegeführer fand ich jedoch ein kleines liberales Kunstcollege, wo ich den Leiter des Zulassungsausschusses überreden konnte, mich aufzunehmen. Das Institut schaffte es, sich zwei Jahre über Wasser zu halten – gerade lange genug, daß ich die nötigen Belegstunden und den erforderlichen Notendurchschnitt zusammenkriegen konnte, um das College zu wechseln.

Wie wir uns auch entscheiden, es bleibt immer noch die Frage der Studiengebühren – ganz zu schweigen von der Kinderbetreuung, dem Dach über unserem Kopf und gelegentlichem Essen. Leider ist finanzielle Unterstützung fast ausschließlich für Vollzeit-Studenten vorgesehen, so daß sich Teilzeit-Unterricht am Ende oft schwieriger erweist als Vollzeit-Unterricht, den man mit Darlehen, Studienbeihilfe, Work-study-Programmen*, Stipendien, Familienunterstützung und staatlichen Mitteln wie Sozialhilfe finanzieren kann.

In den sechs Jahren, da ich wieder die Schulbank drückte, habe ich, glaube ich, im Durchschnitt etwa vier Stunden pro Nacht geschlafen, mußte während einer Volkswirtschaftsprüfung einen Säugling stillen und habe manch eine Arbeit mit Kritzeleien am Rand abgegeben. Und obwohl ich oft wehmütig an meinen rosa Wohnwagen an der Küste und eine Morgenschicht im Laden an der Ecke dachte, habe ich doch am Ende viel mehr Zeit mit meiner Tochter in ihrer Vorschulzeit verbringen können, als es mit einem Ganztagsjob möglich gewesen wäre.

In Deutschland können wir einerseits von Universitäten, die Familienunterkünfte und Kinderbetreuung anbieten, nur träumen, andererseits brauchen wir uns über horrende Studienkosten den Kopf nicht zu zerbrechen – in den USA zahlt ein Student mindestens das Zehnfache. Die angesehensten amerikanischen Universitäten haben zudem private oder kirchliche Träger und sind noch teurer. Im Gegensatz zum deutschen Bafög-Darlehen, das nur zur Hälfte und dann zinslos zurückgezahlt werden muß, müssen Studentendarlehen in den USA mit – wenn auch niedrigen – Zinsen bis auf den letzten Heller zurückgezahlt werden.

An jenem Abend, als ich bei *Songs for Little Pickers* an meiner

* Möglichkeit für Studenten in den USA, direkt an der Uni zu arbeiten – A. d. Ü.

Semesterarbeit saß, schlief meine Tochter auf dem Boden im Wohnzimmer ein. Als ich sie ins Schlafzimmer trug und ihr den Pyjama anzog, öffnete sie einen Moment lang die Augen. Da es mir leid tat, daß ich sie ohne die gewohnte Gute-Nacht-Geschichte auf dem Boden hatte einschlafen lassen, fragte ich sie, ob ich ihrer Meinung nach das Studium sausen lassen sollte – ob es ihr gefallen würde, wenn ich nie zum Unterricht weggehen müßte und wir richtig gut zu Abend essen und uns Zeit nehmen würden, in den Park zu laufen (anstatt zu fahren). Bevor ihr die Augen wieder zufielen, fragte sie: »Und was dann? Studieren macht doch Spaß.«

Fehlstarts

Seid auf der Hut! Ein Heer von Rattenfängern lebt von der Verzweiflung der Mamas. Ich studierte noch, als ich zum erstenmal die Berufstätige-Mama-Kiste ausprobierte. Ich hatte einen Säugling zu versorgen und einen randvollen Stundenplan, aber immer noch die Hoffnung, die Stromrechnung irgendwie bezahlen zu können. Ermutigt durch die »Heimarbeit«-Sparte der Stellenanzeigen, schickte ich einen Rückumschlag als Antwort auf eine dieser Anzeigen, die anfängt mit: »Geldverdienen mit Kuvertfüllen«. Für all diejenigen, die mit diesem speziellen Abzockertrick nicht vertraut sind: Was man in seinem an sich selbst adressierten Umschlag zurückbekommt, ist eine längere Version des ursprünglichen Inserats, in dem ein Job versprochen wird und am Ende eine Neun-Dollar-Gebühr für »Bearbeitung und Material« verlangt wird. Neugierig und verzweifelt, wie ich war, schickte ich neun Dollar ab und erhielt einen weiteren Serienbrief zurück. »Sehen Sie«, stand darauf, »Sie haben mir $ 9 geschickt, und ich habe nichts weiter getan, als Kuverts zu füllen. Geben Sie ein ähnliches Inserat in Ihrer Lokalzeitung auf und sehen Sie, wieviel Geld Sie verdienen können.«

Los	Ergattere einen Blitzkarriere-Job bei neuer Werbeagentur	Mutterschaftsurlaub (Setz eine Runde aus)	Weigere dich, Wodkaanzeigen zu machen, die auf Vorschulkinder abzielen (Würfel noch mal)	Schreibe einen Roman (Setz zwei Runden aus)
Brenn mit dem Zirkus durch!				Beschließe, Haus-Tagesbetreuung für Kinder anzubieten (Geh 3 Felder vor)
Lila Kritzeleien auf Lebenslauf (Geh 3 Felder zurück)		Das *echte* Mamopoly		Baby macht Bäuerchen auf Begleitbrief (Setz eine Runde aus)
Baby gießt Seifenwasser in Geschäftstelefon (Würfel noch mal)				Melde dich für Hebammenkurs an (Verliere $ 1500)
Milchaustritt verunreinigt Gäste an Tisch Nr. 3 (Setz eine Runde aus)				Huch … Vergiß, dir die Zulassung zu besorgen (Geh 2 Felder zurück)
Ergattere Blitzkarriere-Bedienungsjob im Café (Geh 1 Feld vor)	Studiere Medizin (Verliere $ 75 000)	Eröffne Beratungsbüro im Haus (Geh 4 Felder vor)	Baby wird krank (Setz eine Runde aus)	Werde wieder schwanger (Geh zurück auf Los)

Ähnliche Heimarbeit-Maschen verraten sich mit Sprüchen wie: »Geldverdienen durch Bücherlesen« (du kriegst ein 30-Dollar-Buch angedreht *über* Geldverdienen durch Bücherlesen), »Du verdienst die Freiheit des Lebensstils« (Schneeball-System!) oder ähnlichem Scheiß. Ich kenne Mamas, die mehrere hundert Dollar bei solchen Schwindeleien verloren haben.

Nachdem ich den Stellenangeboten einstweilen abgeschworen hatte, wandte ich mich dem Work-study-Programm zu in der Hoffnung auf ein kleines Zubrot. Dieses Programm war schließlich was Ehrliches. Meine Jobskala reichte vom Telefonieren mit Studienanwärtern, um ihnen von unserem College vorzuschwärmen, bis zum Unterrichten in Statistik an Sonntagnachmittagen. Und diese Jobs schienen gut zu sein. Ich verdiente etwa $ 6 die Stunde und durfte dabei Jeans tragen. Es dauerte allerdings eine Weile, bis ich merkte, daß jeder Dollar, den ich als Uni-Hilfskraft verdiente, meine Chance auf ein Darlehen fürs nächste Semester verringerte. Sicher, ich würde, wenn ich fertig wäre, etwas weniger Geld schulden, aber meine Gehaltsschecks gingen direkt an die Kasse für Studiengebühren, und meine Stromrechnung blieb unbezahlt auf dem Küchentisch liegen. Interessanterweise waren auch die Sozialdienste ziemlich besitzergreifend, als es um meinen kleinen Work-study-Scheck ging. Für jeden Dollar, den ich verdiente, verlor ich einen Dollar für Lebensmittelmarken. Nach Abzug der Kosten für die Tagesbetreuung *zahlte* ich tatsächlich $ 3,50 die Stunde für das Privileg zu arbeiten.

Also, wie gesagt: Seid auf der Hut, Mamas! Wenn ihr arbeitet, sollten *sie* eigentlich *euch* bezahlen. Punkt. Hütet euch vor »Erstinvestitionen«. Hütet euch vor allem, was auch nur entfernt nach »Geldverdienen durch Nichtstun« klingt. Hütet euch vor »Arbeitgebern«, die sich anhören, als wollten sie euch einen Job verkaufen. Hütet euch vor Schneeball-Systemen. Hütet euch vor Gehältern, die jemand anders einfordern kann. Jeder echte Arbeitgeber wird euch vierundzwanzig Stunden über ein Angebot nachdenken lassen. Geht nach Hause. Kalkuliert alles durch. Und wißt, worauf ihr euch einlaßt.

Überprüfe deinen potentiellen Anbieter für Kinder-Tagesbetreuung

- Magst du die Person/en?
- Wenn es eine Kindertagesstätte ist, gibt es mindestens eine/n Betreuer/in pro vier, fünf Kinder? Magst du die Betreuer/innen?
- Machen die anderen Kinder einen glücklichen Eindruck?
- Sind die Räumlichkeiten sauber, gut beleuchtet und an einem Ort gelegen, wo du auch gern den Tag verbringen würdest?
- Scheint dein Kind Zugang zu der/m Betreuungsperson/al zu haben?
- Scheint der Anbieter sowohl auf deine Wünsche als auch auf dein Kind einzugehen?
- Wird dich der Anbieter regelmäßig darüber informieren, wie sich dein Kind macht?
- Wenn es eine Tagesmutter ist, wird es dein Leben versauen, wenn sie krank wird?
- Kennen sich alle dort mit kardiopulmonaler Wiederbelebung aus? Gibt es Erste-Hilfe-Versorgung?
- Wirst du ein komisches Gefühl haben, wenn du dein Kind diesen Leuten überläßt?
- Welche religiösen oder patriotischen Vorstellungen beabsichtigen sie deinem Kind zu vermitteln?
- Wie steht's mit Feiertagen?

- Kannst du jederzeit ohne Vorwarnung reinschauen?
- Sieht der Anbieter bzw. das Personal in der Tagesstätte glücklich und hellwach aus?
- Haben sie eine Zulassung? Wenn sie keine brauchen, hast du ihre Referenzen überprüft?
- Wie sieht's mit dem Essen aus?
- Zu welchen Zeiten ist die Kinderbetreuung verfügbar?
- Wenn du keine geregelten Zeiten hast, ist das okay für den Anbieter?
- Wenn du stillst und Milch abpumpst und das dem Anbieter sagst, sieht er / sie dich dann angewidert an?
- Wie geht man mit Wutanfällen und anderen »Verhaltensweisen« um?
- Was hält man von deinen Ansichten über Elternschaft?
- Wird Rush Limbaugh dort jemals im Radio oder Fernsehen sein?
- Wieviel Erfahrung hat die Tagesmutter bzw., wenn es eine Tagesstätte ist, wie lange ist sie schon in Betrieb?
- Wieviel Erfahrung hat man mit Kindern im Alter von deinem? Wenn es eine Tagesstätte ist, gibt es altersgerechtes Spielzeug?
- Was geschieht, wenn dein Kind krank wird oder sich verletzt?
- Gibt es ein Telefon, von dem aus man dich im Notfall anrufen kann?
- Was kostet das Ganze eigentlich?
- Vermittelt man dir das Gefühl, du seist nicht mehr ganz bei Trost, weil du all diese Fragen stellst?
- Hör auf deinen Instinkt, hör auf deinen Instinkt, hör auf deinen Instinkt.

Piercing, Getriebe und Koffein

Wendy DeJong, tätowierte und gewiefte Mama eines Kindes

Du arbeitest jetzt ganztags. Wie bald nach Ezekiels Geburt hast du damit angefangen?
Ich hab' erst angefangen, ganztags zu arbeiten, als er dreieinhalb war. Es war mir sehr wichtig, bei ihm zu Hause zu bleiben, und so hab' ich halbtags als Body Piercer gearbeitet. Dann hab' ich mir Geld geliehen und einen Tätowierungs- und Piercingshop aufgemacht. Ich hab' nur nach Vereinbarung gearbeitet, und meine Familie hat sich um ihn gekümmert.
Als mir klar war, daß ich meine Familie ganz allein ernähren mußte, hatte ich die Wahl. Ich konnte ganztags arbeiten, oder ich konnte teilzeit arbeiten und kein Geld haben. Ich hab' mich für die Teilzeitlösung entschieden, um diese Extrazeit mit Ezekiel verbringen zu können.

Was geschah dann?
Ich beschloß, nach Kalifornien zu ziehen, also mußte ich mir etwas Geld zusammensparen. Der höchstbezahlte Job, den ich in der Stadt, wo ich wohnte, kriegen konnte, war Getriebe zusammenbauen. Das war echt cool. Und es war das erste Mal, daß Ezekiel ganztags in der Vorschule war. Er war dreieinhalb.

Hattest du Bedenken, ihn in eine Tagesstätte zu geben?
Ich hab' mir schon Gedanken gemacht, weil ich immer noch in der Illusion lebte, daß ich darüber bestimmen könnte, welchen Einflüssen er in seinem Leben ausgesetzt würde. Es gab eine Menge Sachen, denen er nicht ausgesetzt sein sollte:

Power Rangers, dem Christentum und der ganzen Konzeption von Scham. Aber mir ist früh klargeworden, daß ich damit ganz einfach fertig werden muß.
Mir war bewußt, daß ich die besten Stunden des Tages mit anderen Leuten verbringen würde. Wenn ich nach Hause kam, würde ich nicht mehr viel Energie aufbringen, um einen Hulahoop-Reifen zu werfen oder auf dem Boden zu spielen. Seit ich ganztags arbeite, passiert es auch leicht, daß ich in Zeitnot gerate und nicht mehr gesund koche. Ich sehe immer zu, daß viel Reis und tiefgekühltes Gemüse im Haus ist, denn wenn nichts Besseres vorgesehen ist, kann ich jederzeit Gemüse und Reis machen und gebackenen Tofu schneiden. Das ist gut. Aber manchmal gehen wir auch in Fast-Food-Läden oder bestellen uns eine Pizza.

Wie hast du eine gute Tagesbetreuung ausfindig gemacht?
Richtige Kinderbetreuung ist ein großes Problem. Es hat lange gedauert, bis ich eine Stätte gefunden hatte, die ich bezahlen konnte und bei der ich ein gutes Gefühl hatte, wenn ich ihn für den Großteil des Tages dort ließ. Ich hab' eine Menge Kindertagesstätten übers Telefon abgecheckt, und oft wußte ich gleich über sie Bescheid. Wenn sie schon den Eindruck machten, als hätten sie eigentlich gar keine Zeit, mit mir zu reden, hab' ich sie gleich von meiner Liste gestrichen. Einige Tagesstätten brüsteten sich mit der Großtat: »Wenn Ihr Kind hier weggeht, kann es den Treueeid auf die Flagge aufsagen«, also flogen die auch von der Liste. Wieder eine andere war einfach zu weit entfernt. Jedenfalls kamen dann nur noch drei in die engere Wahl, und da bin ich dann hin und hab' sie mir angesehen. Schließlich hatten wir Schwein und fanden einen Platz in dieser Tagesstätte. Das Personal machte einen echt positiven Eindruck, und es war keine rigide Struktur, es war kinderorientiertes Lernen und Spielen. Und wie durch ein Wunder konnte ich es mir leisten.
Ich wollte nicht, daß Ezekiel in der Schule mit irgendeiner

Art von Gebet oder auch nur Gerede über die beklemmenden Aspekte des Christentums in Berührung kam. Das Irre an der Tagesstätte, wo er jetzt ist, ist, daß sie über eine große Vielfalt an Traditionen und Feiertagen reden. Am chinesischen Neujahrsfest zum Beispiel hatten sie die Glückspennies und Mandarinen.

Wie gehst du damit um, daß du am Ende des Tages so müde bist?

Ich versuche, Ezekiel dazu zu kriegen, daß er sich mit mir hinsetzt, um ein Buch zu lesen. Das gibt ihm Gelegenheit, etwas ruhiger zu werden, und mir, mich endlich auf meine vier Buchstaben zu setzen – ich arbeite inzwischen ganztags in einer Expressobar.

Außerdem kommt er jetzt, mit viereinhalb, in das Alter, wo er sich mehr dafür interessiert, mit seinen Freunden zu spielen als mit mir. Ich hab' am Wochenende frei, das macht eine Menge aus.

Es ist schön, auf der Arbeit zu sein und mit Erwachsenen zu tun zu haben. Aber ganztags zu arbeiten würde mir mehr behagen, wenn ich das Gefühl habe, für die Menschheit etwas zu leisten. Nicht, daß Kaffeemachen nicht sinnvoll wäre, aber ich will höher hinaus.

Denkst du daran, dich wieder selbständig zu machen?

Ich war lange genug Piercerin. Aber ich hoffe, bald wieder in einer Situation zu sein, wo ich für mich selbst arbeite. Ich möchte mit Frauen im Geburtsprozeß arbeiten, und das wird mir auch mehr Zeit am Tag für Ezekiel lassen.

Während wir die ersten paar Jahre auf dem holprigen Weg der Mutterschaft zurücklegen – durch die Welt der Arbeit, Schule und Tagesbetreuung steuern, gegen Rassismus und Sexismus, Isolation und Tobsuchtsanfälle kämpfen lernen und unser Leben so hinschaukeln, daß wir noch Zeit mit unseren Kindern verbringen können –, werden die meisten Frauen mit der »Chaostheorie der Elternschaft« vertraut. Worin genau besteht diese Chaostheorie der Elternschaft? Sie ist die wachsende Erkenntnis, daß unser Leben, sosehr wir uns auch um etwas Ordnung und Vorhersehbarkeit in allem bemühen, uns den Zufall, das Sonderbare, das voll und ganz Unerwartete beschert. Immer wenn wir gerade denken, wir haben in dem einen oder anderen »Stadium« den Dreh raus, ändern sich die Spielregeln ohne Vorwarnung.

Wie bewältigen wir es, im totalen Chaos Mutter zu sein? Wir behandeln unsere Kinder mit Respekt, wir hören ihnen zu, wir sind nachdenkliche Eltern, wir versuchen, für Veränderung offenzubleiben, und wenn alle Stricke reißen, schießen wir ins Blaue: Eltern zu sein war noch nie eine exakte Wissenschaft.

Teil drei
Größere Debakel

Kapitel 9
Nervenzusammenbrüche (gehen meist vorüber)

Mein Leben ist einfach ein total ätzender Test.
– *Julie, sechsundzwanzig*

Es ist so: Ich habe einen vollen Stundenplan und arbeite fünfunddreißig Stunden die Woche an der Herausgabe einer Zeitschrift, versuche sicherzustellen, daß jeden Morgen Frühstück auf dem Tisch ist, und die Wäsche einigermaßen in den Griff zu bekommen, damit meine Tochter sich in ihren Klamotten wenigstens sehen lassen kann, und mein Kalender sieht aus wie der einer Topmanagerin (aber meine Frisur bestimmt nicht). Und dann, aus heiterem Himmel, streiken plötzlich die Kindergärtnerinnen, oder meine Tochter kriegt die Kotzerei, oder irgend jemand sagt mir, ich sei eine schlechte Mutter, und ich erstarre vor Schreck. Ich versuche, normal zu atmen, aber es hat keinen Sinn. Mir ist, als müßte ich jeden Moment in Tränen ausbrechen, und ich schnappe nach Luft wie ein ertrinkender Surfer.

Oder es ist so: Ich war den ganzen Tag mit meiner Tochter und ein paar Freunden zu Hause. Es ist kein sauberer Teller mehr im Haus und alles klebt, da klingelt das Telefon, und auf meinem Weg zum Hörer stolpere ich über einen Roboter, worauf dieser anfängt, »suchen und zerstören, suchen und zerstören, suchen und zerstören« zu leiern, und als ich endlich den Hörer aufnehme, ist irgendeine anspruchsvolle kinderlose Freundin dran, die anruft, weil sie sich »langweilt«, und dann zieht irgendein Gör den Stecker aus der Telefonbuchse, direkt bevor alle loskreischen, wer denn jetzt dran sei, dem gräßlichen Roboter Befehle zuzubrüllen, und wann sie nach Hause gehen könnten, und plötzlich schreie ich und fuchtele wild mit den Armen herum, als wäre ich von einem bösen Geist besessen.

Nun sind diese Begebenheiten keine wirklichen Nervenzusammenbrüche, und zwar weil sie (a) mehr wie Panikattacken sind und es (b) so was wie einen Nervenzusammenbruch, Psychiatern zufolge, gar nicht gibt. Wenn wir die richtige Terminologie benutzen wollen, kann das, was wir gemeinhin als »Nervenzusammenbruch« bezeichnen, ein Panikanfall, eine Angstpsychose, eine manische Episode, eine Dekompensation (»Wenn du einfach den Verstand verlierst und all deine Bewältigungsmechanismen aus dem Fenster fliegen«, erklärt es meine Freundin, die Psychologin), eine Depression oder etwas in der Richtung sein. Doch egal, wie wir die geistigen/physischen Bedingungen nennen, die unsere Funktionsfähigkeit als Mütter, Angestellte oder Partnerinnen ernsthaft beeinträchtigen, sie sind die Hölle.

Unsere Reaktionen auf Streß mögen bedenklich oder unbedeutend erscheinen, aber »durchdrehen« ist eine normale Reaktion auf das Leben mit Kindern, und daher müssen wir aufpassen. Und wenn wir in diesem gefürchteten nervlichen Abgrund zu versinken drohen, müssen wir uns ein wenig in Schadensbegrenzung üben.

»Was passiert mit mir?«

Wenn du nicht gerade an Paranoia leidest, weißt du nur zu gut, daß ich nicht den leisesten Schimmer habe, was mit dir passiert. Doch einige sehr häufige Mama-Knackse nehmen die Form von Panik, Manie und Depression an. Wie gewohnt, werde ich dir gute, auf Recherchen gestützte Informationen geben, aber deine Therapeutin (wir werden über die nächsten paar Seiten schon eine für dich finden, falls du keine hast) hat einen Abschluß in diesem Kram, kennt dich und ist wirklich die einzige, deren Bier es ist, dir eine Diagnose zu stellen. Dies vorausgeschickt. Sehen wir uns mal an, womit wir es zu tun haben.

Panische Mama

Panikattacken ziehen plötzlich herauf und erreichen ihren Höhepunkt nach etwa zehn Minuten. Sie sind unangenehm, also verwechsele die Diagnosekriterien hier nicht mit einem Orgasmus. Unter einem echten, von Experten definierten Panikanfall versteht man das Auftreten von vier oder mehr der folgenden Symptome:

1. Dein Herz schlägt schneller als gewöhnlich.
2. Du schwitzt.
3. Du zitterst oder bebst.
4. Du bist außer Atem.
5. Du hast das Gefühl, du erstickst.
6. Du hast Schmerzen in der Brust.
7. Dir ist, als müßtest du kotzen.
8. Du fühlst dich schwindelig, einer Ohnmacht nahe oder benommen.
9. Du hast das Gefühl, von deinem Körper getrennt oder außerhalb deines Körpers zu sein.
10. Du hast Angst, die Kontrolle über dich oder deinen Verstand zu verlieren.
11. Du hast Angst, tot umzufallen.
12. Deine Gliedmaßen fühlen sich taub an oder kribbeln.
13. Du hast Schüttelfrost oder Hitzewallungen.

Solltest du einen Panikanfall haben, dann setz oder leg dich hin und konzentriere dich auf deine Atmung. Du wirst aller Voraussicht nach nicht sterben. Wähl den Notruf, wenn es sein muß, aber versuch hauptsächlich auf deinen Körper zu hören und dich zu entspannen. Eine Freundin von mir hatte einmal einen Panikanfall an meinem Küchentisch und fing logischerweise beim Gedanken »O mein Gott, ich sterbe gleich« an, noch mehr auszuklinken. Ich, nicht raffend, daß sie *nicht* sterben würde, verfiel gleich mit in den Wahn, keiner von uns beiden gelang es, sich zu beruhigen, und so landeten wir alle beide in der Notaufnahme, wo wir die Nacht verbrachten. Natürlich wäre es echt Scheiße, wenn du in Wahrheit einen Herzanfall hättest und ihn für einen Panikanfall hieltest, aber in beiden Fällen wird dir durchatmen und entspannen wesentlich wohler tun, als deine Panik mit noch mehr Angst und Abscheu zu schüren.

Manische Mama

Eine manische Episode kann am Anfang recht lustig sein, aber wer einmal eine in ihrem ganzen Breitwandhorror erlebt hat, weiß, daß das nach dem anfänglichen Hochgefühl alles andere als spaßig ist. Im allgemeinen hält eine Episode der manischen Spielart mindestens eine Woche an, doch selbst wenn du nur eine eintägige hast, bleibt mein Rat: »Sprich mit einem Profi, Schätzchen!« Wir halten hier Ausschau nach drei der folgenden sieben Symptome, wenngleich alles, was sich wie ein Koksrausch anfühlt, ohne einer zu sein, oder alles, was sonst deine Funktionsfähigkeit ernsthaft außer Kraft setzt, höchste Aufmerksamkeit verdient. (Wenn gar kein Hochgefühl dabei ist, könnten wir es mit einer agitierten Depression zu tun haben, aber wie gesagt, such professionelle Hilfe, wenn du dich in irgendeiner Weise beeinträchtigt fühlst.)

1. Du fühlst dich mehr als Königin der Welt als sonst üblich.
2. Du hast ein geringeres Schlafbedürfnis (»Drei Stunden, und ich fühle mich *suuuper*!).

3. Du quasselst und quasselst und quasselst.
4. Deine Gedanken überschlagen sich.
5. Du läßt dich leicht ablenken.
6. Du gibst Vollgas bei allen Arbeits- und zielgerichteten Aktivitäten.
7. Du zischst plötzlich wie der weiße Wirbelwind zu einem Einkaufstrip oder einer Zocktour ab, bumst mit zehn Leuten (oder demselben Eumel ein dutzendmal am Tag) oder fängst an, Unsummen von Geld, das du gar nicht hast, in das Comeback des Schmeichelsteins zu investieren.

Manische Episoden erfordern in der Regel keine Einweisung ins Krankenhaus, aber sei auf der Hut, und versuch mit Leuten rumzuhängen, die dich bremsen, wenn du außer Kontrolle gerätst. Du kannst in einer einzigen kurzen Woche – sogar in fünf kurzen Minuten – eine Menge Schaden in deinem Leben anrichten, wenn du in einem manischen Zustand bist, und der drohende Crash kann *sehr* scheußlich sein.

Depressive Mama

Eine Depression ist superbeschissen. Wenn deine Depression länger als etwa drei Tage anhält, bemüh dich bitte, bitte um professionelle Hilfe. Eine Depression ist ein unergründliches Gefühl von Traurigkeit und Abgestumpftheit. Als »größere depressive Episode« gilt eine zweiwöchige niedergeschlagene Stimmung oder Teilnahms- oder Freudlosigkeit, die auch fünf oder mehr der folgenden Symptome umfaßt, wobei es sich nicht um einen Trauerfall oder eine durch Drogen hervorgerufene Geschichte handelt:

1. Den größten Teil des Tages ist dir nach Weinen zumute, fühlst du dich traurig bzw. leer.

2. Du hast kein Interesse oder findest kein Vergnügen mehr an den Dingen, die dich früher erfreut haben.
3. Du nimmst enorm zu oder ab, ohne es zu beabsichtigen.
4. Du hast Schwierigkeiten zu schlafen, oder du schläfst die ganze Zeit.
5. Anderen fällt auf, daß du träge und deprimiert wirkst.
6. Du fühlst dich permanent müde und ausgepumpt.
7. Du fühlst dich wertlos oder schuldig.
8. Es fällt dir schwer zu denken, dich zu konzentrieren und allgemein Dinge zu erledigen.
9. Du hegst des öfteren Gedanken an Tod bzw. Selbstmord.

Dieses letzte Symptom ist besonders grauenvoll für Mütter. Wie eine depressionserfahrene Mama mir sagte: »Du hast Lust, dich umzubringen, und dann denkst du an deine Kinder ohne Mama, und dann müßtest du sie auch umbringen. Abgesehen von der offenkundigen Tatsache, daß das alles eine verdammt schlechte Idee ist, weißt du, daß du das nie durchziehen könntest. Was ist, wenn du ein Kind umbringst, und das Trauma darüber schockt dich in die Realität zurück, und du könntest dich dann nicht mehr umbringen?« Wenn dir dieser Gedankengang auch nur entfernt bekannt vorkommt, leg bitte dieses Buch hin und ruf bei der Telefonseelsorge an.
Und falls sich irgendeins der eben aufgelisteten Symptome mit einer gewissen Regelmäßigkeit einstellen sollte, nimm es bitte ernst. Leugnen funktioniert in solchen Situationen einfach nicht.
Da wir gerade von Diagnosen sprechen, darf ich auch etwas über Behandlung sagen? Obwohl Medikamente manchmal notwendig sind, wird doch viel zu häufig zu ihnen gegriffen. Ich meine, wenn du an Schizophrenie, einer bipolaren Psychose oder einem anderen chemischen oder chronischen echten Hammer leidest, mußt du deine Medikamente nehmen, doch wenn du unangenehme Gefühle hast, mit denen du dich schlicht und ergreifend lieber nicht abgeben würdest, dann ist

Fluctin bzw. Prozac* einfach nicht die Lösung. Einer Mama, die ich kenne, wurde wahrhaftig von einem Psychiater beschieden, sie habe die Wahl – entweder eine Therapie zu machen und ihre Probleme anzugehen, oder, wenn sie die Zeit nicht zu haben glaube, »nehmen Sie halt Prozac«. In ihrem Fall war das absolut grotesk.

Wie Clarissa Pinkola Estés anmerkt: »Man kann nicht heilen, was man nicht fühlen kann.« Und viele Medikamente hemmen unsere Gefühle. Also nimm dich in acht vor verschreibungsgeilen Ärzten, und versuch vielleicht lieber, einen sicheren Ort zu finden, wo du fühlen und dich heilen kannst.

Einige coole Fakten über Nervenzusammenbrüche

- Wenn die Leute davon erfahren, werden sie wahrscheinlich in Zukunft viel netter und sanfter zu dir sein.
- Geschichtlich gesehen, befindest du dich in bester Gesellschaft. Die meisten großen Künstler waren totale Irre. (Verkneif es dir aber bitte, ihren Fußstapfen weiter zu folgen. Es gilt nicht mehr als chic, sich zu entleiben oder sich ein Ohr abzuschneiden.)
- Vermasseln dem Arbeitstier in dir die Tour.
- Geben guten Stoff ab für Memoiren.
- Untersuchungen belegen eine bezeichnende Verbindung zwischen Genie und Wahnsinn.
- Gute Ausrede, dich nicht zu kämmen.
- Es wird gesellschaftlich akzeptabel, Yuppie-Dumpfbacken Parolen an den Kopf zu werfen, wenn dich die Inspiration überfällt.

* Antidepressivum, unter dem Namen Fluctin in Deutschland bekannt, jetzt auch als Import unter »Prozac« im Handel – A. d. Ü.

»Das Dumme bei mir ist, wenn ich übermäßig gestreßt bin, fange ich an, Dinge zu tun, die mir nur noch mehr Streß machen«, sagt Winona, eine Mutter von einunddreißig. »Ich war schon kurz vorm Durchdrehen, und dann gab es in einem Monat all diese Geschichten in der Zeitung über Mütter, die ihre Kinder umgebracht haben, und ich fing an auszuflippen, weil ich Angst hatte, ich könnte so was auch machen. Also hab' ich all meine Kinder geschnappt und bin zu meiner Tante und meinem Onkel gefahren. Irgendwie hatte ich ganz vergessen, daß ich mit den beiden gar nicht auskam. Ich meine, dahin zu fahren war so in etwa das Maximum an Selbsthaß und Streß, das ich mir antun konnte – und doch stand ich plötzlich vor ihrer Tür und erwartete, daß der Besuch helfen würde.«

Susan, eine vierundzwanzigjährige Mama, kann das nachvollziehen. »Ich war schwanger, und für meinen kleinen Sohn war gerade die Diagnose Epilepsie gestellt worden. Wir steckten in einer totalen finanziellen Misere, und was hab' ich getan? Ich ging nicht mehr zur Therapie. Ich hab' aufgehört, all die kleinen Dinge zu tun, die mich bei Verstand hielten, und blieb einfach zu Hause und bin wegen der Sache mit meinem Sohn durchgedreht und dachte nur: Wieso bin ich wieder schwanger? Wieso will ich das noch mal durchmachen? Also wuchs sich das Ganze natürlich zu einer Lawine aus. Als ich endlich wieder zu meiner Therapeutin zurückging – es war wohl ein oder zwei Monate später –, schickte sie mich ins Krankenhaus. In die Psychiatrie.«

Die meisten von uns spüren es, wenn wir an die Grenzen unserer Belastbarkeit stoßen, doch oft sind die Dinge, die wir von unserem Kalender streichen, genau die Dinge, die wir brauchen – wir sagen die Therapie ab, wir lassen die Selbsthilfegruppe sausen, wir suchen dort Hilfe, wo wir sie garantiert nicht finden. Im nachhinein mögen uns unsere Fehler dumm erscheinen, doch in der Realität ist oft das erste, was uns davonschwimmt, wenn wir durchdrehen, unsere Fähigkeit, vernünftig zu denken, und unsere Fähigkeit, auf uns aufzupassen. Ist Mord oder Selbstmord das erste, was uns in den Sinn kommt, so ist den meisten von uns klar, daß wir mit jemandem reden müssen. Und zwar schnell. Aber auch wenn unsere Vorhaben nicht lebensgefährlich sind, sollten wir irgendeine Form von Beratung suchen. Eine Therapeutin ist prima, solange sie nicht der Typ ist, der dich nur anstarrt und nickt. Eine andere Mama dagegen, eine Freundin, der du vertraust, eine Verwandte, die dich in der Vergangenheit nicht im Stich gelassen hat – das sind auch Leute, an die du dich gut wenden kannst. Falls du das Glück hast, in deinem Leben mehr als eine/n weise/n Helfer/in zu haben, ruf sie alle an.

Sofern du noch keine Therapeutin hast, such dir eine. Auch wenn es nur ist, um eine Stunde pro Woche aus dem Haus zu kommen, kann sich eine Therapie lohnen. In der Regel wird die Therapie von der Krankenkasse bezahlt, nur bei Langzeittherapien muß die Kostenübernahme vorher abgeklärt werden. Wenn dir niemand einfällt, der dir eine gute Adresse nennen kann, versuch's mal mit den Gelben Seiten. Du kannst auch im Frauenzentrum, im Frauengesundheitszentrum oder bei der kommunalen Frauenbeauftragten nachfragen.

Mir ist klar, daß ich euch hier rate, einen Haufen Telefongespräche zu führen, also sollte ich vielleicht erwähnen, daß mir auch klar ist, daß es zwei Sorten von Menschen auf der Welt gibt: diejenigen, die sich nicht komisch dabei vorkommen, um Hilfe zu bitten, und diejenigen, denen das so peinlich ist und die so auf ihrem »Ich-schaff-das-schon«-Image beharren, daß sie lieber warten, bis sie eine Rasierklinge in der Hand halten, ehe sie jemanden bitten einzugreifen. Diese letztere Strategie ist absolut kontraproduktiv. Wenn du hoffst, daß niemand merkt, was für ein nervöses/psychotisches Wrack du bist, wird es deinem Image auch nicht viel helfen zu warten, bis du kurz vor dem Abgang stehst. Also versuch bitte einfach, deine Scham und deine unsinnige Selbstverurteilung für ein paar Minuten beiseite zu schieben. Falls du gar niemanden hast, den du anrufen könntest – Notrufe und Sorgentelefone *sind* anonym, und glaub mir, diesen Leuten ist *nichts* Menschliches fremd.

Tief Luft holen:
Schnelle Strategien zur Schadensbegrenzung

- Entferne dich von deinen Kindern: Geh ins Bad, um tief durchzuatmen, zu schreien, zu heulen oder sonstwas.
- Ruf bei der Telefonseelsorge an.
- Ruf eine Freundin an, um auf deine Kinder aufzupassen.
- Wenn du niemanden hast, der auf deine Kinder aufpassen könnte, ruf beim Verein Notmütterdienst an (siehe »Überlebensnotizen«). Dort wird man versuchen, dir schnellstens eine Betreuerin in deiner Nähe zu vermitteln.
- Leg dich hin und atme tief durch. Was immer du empfindest, laß es zu. Wenn es so intensiv wird, daß es dir angst macht, versuch an eine friedlichere Zeit zu denken und wiederhole die Worte meiner Therapeutin: »Ich danke für unbekannte Hilfe, die bereits unterwegs ist …«
- Mach ein Nickerchen. Beim Einschlafen sagst du dir, daß du beim Aufwachen weißt, wie du die Situation in den Griff kriegst.
- Ruf deine Therapeutin an und hinterlaß auf ihrem

Anrufbeantworter eine lange, unzusammenhängende Nachricht.
- Dusche und jammere über alles, was dich je traurig gemacht hat.
- Mal ein Bild von all deinen beschissenen Gefühlen.
- Bastele Depressionspuppen, Mutmasken und ähnliche Kunstgebilde.

Kunst und Psyche

Puppen und andere Kunstobjekte zu fertigen kann entspannend, inspirierend und reinigend sein. Zuerst mag der Vorschlag leicht absurd klingen – wie: »Mal doch ein bißchen mit den Fingerfarben, Schatz.« Aber die Verbindung zwischen Kreativität und Wahnsinn, die sehr gut dokumentiert ist, ist deshalb so stark, weil wir, wenn wir uns mit unserem künstlerischen Ich auseinandersetzen, einen direkten Zugang zu unserem Unbewußten finden. Zerbrich dir nicht den Kopf darüber, wie man hier etwas »hübsch« macht. Hier geht's darum, das tiefste Dunkel aus deinem Organismus zu zerren.

Du kannst eine affenkotzegrüne Puppe machen, die völlig falsch zusammengenäht ist, oder du kannst eine wunderschöne kakaofarbene Puppe mit Sonnenschein im Haar anfertigen, der glücklichere Tage in der Zukunft symbolisieren soll. Du kannst so was wie Voodoopuppen von all deinen Verflossenen machen, Stoffpuppen aus Fetzen zu klein gewordener Kinderklamotten oder ähnliches.

Wenn Puppen nicht dein Fall sind, schlägt Luisah Teish, Oshun*-Priesterin der Lucumi-Joruba-Tradition und Auto-

* Flußgottheit der Joruba in Südwestnigeria, Göttin der Liebe und Fruchtbarkeit, auch in Gebieten, in die Afrikaner ausgewandert sind (Karibik, Teile von Nord- und Südamerika) – A. d. Ü.

rin von *Jambalaya*, vor, bei einem Anfall von Depression eine »Masque Macabre« zu machen. Das ist eine Beschäftigung, der man eher ohne Kinder frönen sollte, also besorg dir einen Babysitter. Dann sitz still, runzle die Stirn und verzieh deine Gesichtsmuskeln, um dich in deinen Schmerz zu vertiefen. Male, wie du dich fühlst, auf einen Pappteller, stich Löcher in die Seiten und binde ihn am Hinterkopf fest. Dann schrei den ganzen negativen Scheiß aus dir raus, bis du das Gefühl hast, alles ist draußen. Wirf die Maske in den Kamin oder in eine Metallschale und sieh zu, wie sie verbrennt. Nun stell dich vor den Spiegel und lächele. Du bist eine grandiose, starke Mama.

Eine Botschaft vom New-Age-Girl

Ich bin nicht gut im Medium-Spielen. Ich finde Leute, die Sprüche kloppen wie: »Man kreiert seine eigene Realität« ätzend, um nicht zu sagen ausgesprochen beleidigend. Ich habe mich nie »eins mit Salat« gefühlt. Aber ich bin Kalifornierin, wie ihr auf diesen Seiten vermutlich schon gemerkt habt, und da Kalifornien ein Schwamm für esoterische Strömungen ist, steckt etwas vom erleuchteten New-Age-Girl zwangsläufig in mir.

Etwa ein Jahr, bevor ich mit der Arbeit an diesem Buch anfing, begann die Idee, jeden Tag zu meditieren, sagen wir mal, um mich herum zu schleichen. Als ich ein Teenager war, pflegte ich in einem Zentrum für Zen-Buddhismus rumzuhängen, das sich circa zwei Stunden von meinem Wohnort entfernt befand, also war ich mit der Theorie – und sogar der Praxis – der Meditation schon vertraut. Nachdem Maia geboren war, schien jedoch die Idee, mich auch nur fünf Minuten ungestört hinzusetzen, völlig absurd. Verdammt, sie *war* auch absurd.

Und doch ließ mich der Gedanke nicht los.

Zuerst fing eine gute Freundin von mir an, eine Therapie zu machen. Das Rezept ihrer Therapeutin? Ein Buch mit dem Titel *Stark aus eigener Kraft* von Jon Kabat-Zinn. Meine Freundin ging dann zum Krankenhaus, um zu sehen, ob sie nicht irgendwie an Prozac oder Valium rankam. Das Ergebnis? Eine Überweisung an einen »Meditationsexperten«. Das Ganze rückte mir etwas näher auf die Pelle, als besagtes *Stark aus eigener Kraft*-Buch auf mysteriöse Weise in *meiner* Wohnung auftauchte. Jeder Ratgeber, den ich in die Hand nahm – selbst die, die nicht allzu gespenstisch wirkten –, schien mit der Feststellung zu beginnen: Wenn ich nicht meditierte, wäre alles andere, was ich für mich tun könnte, umsonst. Schon bald war mir, als würde jeder einigermaßen stabile Mensch, mit dem ich in Berührung kam, zugeben – wenn man lange genug bohrte –, daß er mehr oder minder regelmäßig meditierte. Ich fand das alles in höchstem Maße bestürzend (wie auch meine Freundin, die ums Verrecken kein Valiumrezept kriegen konnte).
Ich weiß nicht, wie's *euch* geht, aber wenn *ich* das Gefühl habe, in meinem Leben läuft was schief, dann will ich was dagegen *tun*. Irgendwann mußte ich mich jedoch in mein meditatives Schicksal fügen. Ich spreche hier nicht davon, stundenlang im Schneidersitz zu verharren und »omm« zu brummen, obwohl man das natürlich auch tun kann. Ich spreche davon, irgendwie einfach nur zu sein. Und es gibt tausend verschiedene Arten, einfach nur zu sein. Du kannst es mit einer Spaziermeditation ohne bestimmtes Ziel versuchen. Du kannst dir vornehmen, morgens etwas früher als die Kinder aufzustehen, am Küchentisch zu sitzen und deine Gedanken davonschweben zu lassen, ohne irgend etwas von dem, was dir durch den Kopf geht, zu beurteilen. Du kannst eins von Natalie Goldbergs Büchern übers Schreiben zur Hand nehmen und »freies Schreiben« als Meditationsübung nehmen. Du kannst den Sonnenuntergang beobachten – einfach nur beobachten. Auch wenn dein Baby wach ist, kannst

du versuchen, den Telefonstecker für eine Stunde rauszuziehen und dich bei allem, was auf dich zukommt, einfach locker zu machen. Womit du zu relaxen versuchst, ist nicht wichtig; Hauptsache, du tust alles, was nötig ist, um dich im Wahnsinn ganz ruhig zu fühlen. Wie es im *Shambala Warrior Training* heißt, das erste, was zu »tun« ist, wenn du aufwachst und merkst, daß du einen Nervenzusammenbruch hast, ist dich entspannen und gut zu dir zu sein: Es ist schließlich ein »im Grunde genommen guter Nervenzusammenbruch«.

»Ich mußte ganz überraschend weg«

Obwohl es oft noch wichtiger ist, unsere psychischen Krisen in den Griff zu bekommen als unsere körperliche Gesundheit oder andere Familiennotfälle, kann es doch ziemlich tabu sein, unseren Chefs, Kunden oder Dozenten zu sagen, daß wir gerade einen Nervenzusammenbruch haben. Ehrlichkeit ist in solchen Situationen übertrieben. Wenn es um Leute geht, die dir nicht helfen werden – scheu dich nicht zu lügen.

»Ich mußte wegen eines Familiennotfalls ganz überraschend aus der Stadt weg« ist eine hübsche Geschichte. Es ist auch nicht wirklich eine Lüge, denn deine Gesundheit kann sehr wohl als »Familiennotfall« eingestuft werden, und »aus der Stadt« kann sowohl geographisch als auch psychologisch gemeint sein. Das Coole an diesem Spruch ist, du kannst ihn auf deinen Anrufbeantworter sprechen für alle, die nur stören würden, und es wird sicher niemand nach Einzelheiten fragen. Alle werden denken, deinem Onkel sei etwas Peinliches zugestoßen, und dich nicht bedrängen, ihnen die ganze Geschichte auf die Nase zu binden.

Eine andere gute Geschichte ist, daß du krank bist. Auch das ist nicht wirklich gelogen, doch man wird annehmen, es handele sich um einen physischen Kollaps. Aber sei vorsichtig

mit dieser Story. Wenn du eine manische Episode hast und in einer Art Stöckelschuh-Supertussi-Wahn die Stadt verunsicherst, werden sich die Leute mächtig wundern. Aber was soll's, wahrscheinlich wundern sie sich schon lange.
Wenn du übrigens ans Telefon gehst, während du »krank« bist, und alle glauben sollen, es sei was Körperliches, achte darauf, daß du auch schön verschnupft, weit weg und generell daneben klingst.

Dein Leben neu gestalten

Das Leben als Mama macht von Natur aus verrückt, doch wir können einiges tun, um zu viele dornige Situationen zu vermeiden. Die obengenannte Meditation ist eine gute Lösung. Eine meiner Nachbarinnen, die eine große Kinderschar hat, brüllt jeden Morgen unter der Dusche: »Ich bestehe nicht aus diesen Verpflichtungen.« Beten hilft auch. Wenn du an keine Art höherer Macht glaubst, probier's mal mit Gebeten an deine Vorfahren, oder erfinde irgendeine Göttin/Heilige. Ich persönlich bin eine Anhängerin der inoffiziellen »Heiligen Erma Bombeck*«. Die einzige Anforderung an einen Gegenstand der Verehrung ist meines Erachtens, daß sein Abbild auf keinen Fall aussehen darf wie jene böse Schulleiterin, die dich dafür bestraft hat, daß du deiner fast ebenso bösen Sozialkundelehrerin gesagt hast, was sie dich mal kann. Wir sprechen von einer mitfühlenden höheren Macht, okay?
Sinn und Zweck des Gebets ist es im Prinzip, dir die Last abzunehmen und dir ein Gefühl von Glück, Frieden und Trost zu geben; also auch wenn du nichts am Hut hast mit Gott, Erma oder der Jungfrau, könnte die Neugestaltung eines

* humoristische Erfolgsautorin, deren zahlreiche Bestseller auch ins Deutsche übersetzt wurden – A. d. Ü.

Raumes mit besänftigenden Farben oder die Anpflanzung eines Gartens eine ähnliche Wirkung erzielen.
Die Reduzierung von allem Scheiß, den man zu erledigen hat, hilft auch enorm. Hierin bin ich Expertin, denn ich muß bis nächste Woche das Konzept für dieses Buch fertig haben, in drei Tagen eine Zeitschrift herausbringen, einen weiteren Newsletter übers Wochenende herausgeben, am Freitag eine Rundfunksendung mitmoderieren, eine Woche des nationalen Widerstands planen, um den Krieg gegen Frauen und Kinder zu stoppen, ganz zu schweigen von der Tatsache, daß ich so was Ähnliches wie ein Familienleben führen sollte. Dieses, warne ich euch dringend, ist ein Rezept für Unheil (und mag erklären, warum ich so viel beten muß). Seit ich die totale Überlastung erreicht habe, fange ich jedoch an, »einfach nein zu sagen«, und es ist tierisch cool. Mach eine Liste all der »Verpflichtungen«, die du entweder delegieren oder gleich ganz abschieben kannst, und dann leg los – mach deinen Terminkalender frei. Sei vernünftig in bezug auf das, was du tun kannst. Wenn du immer noch zu viel zu tun hast, hol dir ein paar Ideen aus *In Einfachheit leben* von Elaine St. James oder gewöhn dir wenigstens an, jeden Morgen unter der Dusche »Ich bestehe nicht aus diesen Verpflichtungen« zu schreien.
In der Zwischenzeit sei gut zu dir selbst und sorge für deine körperliche Gesundheit. Trink viel Wasser. Iß keine Käsechips. Beweg dich. Lauf nicht rum und murmele nicht vor dich hin: »Ich bin ein totaler Arsch.« Schlaf, soviel es sich irgend einrichten läßt. Elektrizität ist keine Gabe der Natur – wir Menschen sollten von Sonnenuntergang bis Sonnenaufgang eigentlich im Bett liegen. Versuch die Kiste mit dem natürlichen Schlaf mindestens einmal die Woche durchzuziehen.
Solltest du immer noch mit irgendwelchen negativen oder energieraubenden Leuten verkehren, sieb sie jetzt aus. Die Probe aufs Exempel lautet: »Fühle ich mich nach der Zeit, die ich mit diesem Menschen verbracht habe, schlechter als zu-

vor?« Wenn die Antwort auch nur ein einigermaßen festes »Ja« ist, teil der betreffenden Person mit, daß du eine kleine Pause von der Beziehung brauchst – so um die fünfzig Jahre. Reduziere deine Arbeitsstunden, sofern das möglich ist. Vierzig Stunden die Woche zu arbeiten ist weder natürlich noch lustig. Wenn du noch mehr arbeitest, ist die Katastrophe vorprogrammiert. Wenn du zuviel arbeitest, nur um die Rechnungen bezahlen zu können, rotte dich bitte mit mir und meinem Lumpengesindel-Revolutionsheer zusammen: Wir beabsichtigen, das herrschende kapitalistische patriarchale System, das uns Mamas zu Überarbeitung und Nervenzusammenbrüchen zwingt, zu stürzen. Wenn du zu viel arbeitest, weil du ein Workaholic bist oder tatsächlich glaubst, du müßtest unbedingt 700-Mark-Raten monatlich für ein Auto abzahlen und jede freie Stunde im Einkaufszentrum verbringen, reiß dich zusammen. Wiederhole dreimal nach mir: »Mein seelisches Gleichgewicht ist mehr wert als dieser Gehaltsscheck. Mein seelisches Gleichgewicht ist mehr wert als dieses Auto. Mein seelisches Gleichgewicht ist mehr wert als dieser sündhaft teure süße Samt-BH. Mein seelisches Gleichgewicht ist mehr wert als dieser Scheißjob!«

Tägliche positive Statements für durchgedrehte Mamas

- Ich bestehe nicht aus diesen Verpflichtungen.
- Ich verdiene es, glücklich und ausgeglichen zu sein.
- Ich bin eine unheimlich tolle Mama.
- Ich bin eine glorreiche Tochter der Heiligen Erma Bombeck.
- Ich muß die Regierung nicht *diese* Woche stürzen.
- Nein, ich kann keine fünf Dutzend Windbeutel für dein Scheiß-Dienstjubiläum backen!

»Prozey«, die Depressionspuppe

Tamar Spiegelman-Kern, Mama eines Kindes

Ich weiß, daß du über ein Jahr lang Depressionen hattest – erzähl uns, wie alles anfing.
Also, wir lebten in Deutschland, als ich schwanger wurde. Mir hat's dort wahnsinnig gut gefallen, aber mein Mann ist furchtbar krank geworden. Ich wollte in Deutschland bleiben, aber wegen seiner Gesundheit mußten wir einfach zurück nach Ithaca, New York. Ich machte alles alleine, und ich wußte noch nicht mal, ob mein Mann die Geburt seines Kindes überhaupt erleben würde. Man machte Unmengen von Tests mit ihm, weil keiner wußte, was er hatte.
Irgendwann schlugen einige der Behandlungsmethoden endlich an, und es ging ihm allmählich besser, aber dann wurde ihm eine Stelle angeboten, und er war immer weg. Unsere Familien wußten von all dem nichts, und so habe ich mich sehr allein gelassen gefühlt.
Eines Abends, als mein Mann ganz gut drauf war, sind wir ausgegangen und hatten einen Riesenkrach, und ich habe nur geheult und geheult. Ich habe so geheult, daß ich dachte, ich verliere das Baby. Ich bin dann unter die Dusche gegangen und habe versucht, mit dem Heulen aufzuhören, aber ich habe nur geschluchzt und gekeucht. Das waren die ersten Symptome – ich habe manchmal so viel geweint, das einzige, was ich gefühlt habe, war Traurigkeit. Wenn mir die Menschen um mich herum ihre Liebe und ihren Beistand zeigten, konnte ich das nicht fühlen. Ich konnte nur Kummer fühlen.
Ich hatte drei Tage lang Wehen. Mein Mann nahm sich extra Urlaub, um mit mir in Ithaca herumzulaufen. An einem Frei-

tag wurde dann Atticus geboren, und am Montag mußte mein Mann wieder zur Arbeit.

Du warst also wieder allein.

Na ja, zwei Tage später kamen unsere sämtlichen Familienangehörigen an, etwa zwanzig Besucher. Ich hatte also diesen fünf Tage alten Säugling und machte Tee für die Leute. Sie sagten immer wieder: »Ruh dich doch aus«, aber das konnte ich nicht. Ich legte mich zwar ins Bett, aber ich hörte ihre Stimmen und konnte nicht schlafen.

Wurde das als postnatale Depression eingestuft?

Nein. Ich war zwar nach der Geburt depressiv, aber es hatte ja schon während der Schwangerschaft angefangen und hielt noch ein ganzes Jahr nach der Geburt an. Eine postnatale Depression ist eigentlich diese hormonelle, chemische Sache, die da abläuft, nachdem du ein Baby bekommen hast. Für mich war dieses ganze erste Jahr echt hart. Es waren nicht nur die Hormone. Da ist vieles zusammengekommen. Zum Beispiel, daß Atticus erst mit neun Monaten die Nacht durchgeschlafen hat. Oder das rauhe Wetter in dieser Gegend. Als Atticus ein Baby war, hatten wir zwei Blizzards.

Einerseits war es eine echt schöne Zeit. Atticus war ein Baby, und meine Freundin, die in Thailand gelebt hatte, kam jeden Tag vorbei und machte Thai-Suppe. Aber es war auch eine ganz, ganz harte Zeit. Ich bin an einen Ort hinabgestiegen, wo ich noch nie gewesen war. Es war eine dunkle Zeit.

Was hast du getan?

Tja, wenn du so ein kleines Baby hast, das zu dir aufschaut, kannst du dich nicht dem Trübsinn und der Traurigkeit ergeben. Du kannst nicht einfach im Bett liegenbleiben und *Oprah* gucken oder grenzenlos deprimiert sein. Irgendwie hat mir Atticus echt die Kraft und die Motivation gegeben, die Depression direkt anzugehen, weil ich wußte, daß ich für ihn dasein mußte. Ich habe mich zusammengerissen, so gut es ging. Ich bin zur Therapie gegangen. Ich hab's mit Kräutern versucht. Medikamente wollte ich keine, weil ich gestillt habe. Ich war bei einer Jungianerin, die zu mir sagte: »Sie sind auf einer Eisscholle, und Sie können entweder loslaufen oder stehenbleiben, aber Sie werden trotzdem auf dieser Eisscholle mitten im Ozean sein.« Weißt du, die Jungianer wollen, daß du mit deiner Traurigkeit einfach nur sitzen bleibst, aber ich war eher der Typ: *Ihr könnt mich mal, ich will mich nicht so fühlen.*

Wenn heute eine Frau zu dir käme, die im gleichen Zustand ist, in dem du damals warst, was würdest du ihr sagen?
Da mußt du einfach durch. Es gibt Dinge, die helfen. Über die Erfahrung anderer Frauen zu lesen hilft, besonders wenn du von einer liest, die noch schlimmer dran ist als du. Dann kannst du denken: *Na ja, die ist echt durchgeknallt, aber mir geht's noch ganz gut.*

Ich war auch bei einer Astrologin. Das war richtig cool. Das nimmt irgendwie die Verantwortung von deinen Schultern und bürdet sie dem Universum auf. Sie sagte, es liege an der Wiederkehr des Saturns, weil ich dreißig war, also dachte ich: *Gut, es liegt an der Wiederkehr des Saturns. Es ist nicht, weil ich eine schwache, degenerierte, seelenlose Mißgeburt bin.*

Ein Teil war für mich dabei die Erkenntnis, wie sehr ich mich geändert hatte, jetzt, da ich eine Mama war. Ich konnte nicht mehr ganz derselbe Kichernde-Teenie-Typ sein. Irgendwie hatte das auch was Gutes. Es war mir dadurch unmöglich, weiter ein Chamäleon zu sein und immer die Seite der Tamar zu präsentieren, die zu einer bestimmten Zeit erwartet wurde. Ich mußte aufwachen.

Es wäre unheimlich cool gewesen, wenn ich eine Freundin gehabt hätte, die gleichzeitig mit mir ein Baby bekommen hätte, aber das hatte ich nicht. Die Familie soll ja auch immer ganz hilfreich sein, aber weißt du, meine Mutter kam überall,

wo ich mich mit dem Baby hinsetzte, immer gleich mit diesen »Pipiunterlagen« und mit Stoffwindeln an, falls das Baby mal ein Bäuerchen machen mußte. Das war mir alles etwas zu kompliziert.
Mein Mann und Atticus waren jedoch voll für mich da. Mein Mann hat nie mit der Wimper gezuckt, er sagte nie so was wie: »Warum machst du keinen Aerobic-Kurs? Dann geht's dir bestimmt besser.« Ich wußte also, daß ich nicht so eine *Über*-Mama sein mußte. Ich war einfach nur Tamar.

Hast du jemals auf Prozac zurückgegriffen?
Ja. Ich war mal bei einem Psychotherapeuten, der mir $450 für eine Fünfundvierzig-Minuten-Sitzung abknöpfte, und dann sollte ich die Woche drauf noch mal für $225 kommen. Er nahm keine Versicherung an. An Prozac kommst du nur ran, wenn du die entsprechende Knete hast. Ich mußte mein Leben verpfänden, um dieses Medikament zu kriegen. Dann holte ich mir das Rezept ab, und der Apotheker sah mich mit seinen mitleidigen Hundeaugen an, wie um zu sagen: *Ach, du armes Klapsmühlenkind*, aber ich habe das Zeug gekriegt.
Bist du schon mal in einem Salzsee geschwommen? Man kann nicht untergehen. Auch wenn man tief untertaucht, wird man wieder hochgetrieben. So wirkt Prozac. Ich habe nie geweint, wenn ich es nahm, was schon sehr komisch war, weil ich immer weine. Es hat auch die Auswirkungen von PMS total umgekehrt. Doch trotz all dieser tollen Sachen, die da passierten, mochte ich es nicht. Es nimmt ein paar Höhen weg, und es nimmt ein paar Tiefen weg. Du spürst kein Tief mehr, aber du spürst auch nicht mehr dieselbe Freude. Also habe ich nach ein paar Monaten aufgehört, es zu nehmen.

Wie bist du denn nun wieder hochgekommen ohne Medikamente?
Als Atticus etwa ein Jahr alt war, fing es einfach an, sich zu lichten. Da war so eine Frau, die in Rochester, New York, eine

Postnatale-Depressions-Gruppe leitete und die sagte, es würde weggehen, aber ich würde nie wieder derselbe Mensch sein. Das hat mir angst gemacht, aber es hat sich bewahrheitet. Es hat mich für alle Zeit verändert. Ich bin jetzt mitfühlender und stärker. Ich bin jetzt so stark, daß ich ein Auto mit meiner Nase heben kann.
Das Negative an dieser Veränderung ist, daß jetzt der Weg in dieses tiefe, schwarze Loch im Boden sehr gut markiert ist. Jetzt ist es wichtig, da nicht noch mal reinzugeraten.

Wie verhinderst du, daß es passiert?
Ich gehe oft ins Kino. Ich glaube, ich habe einen Überschuß an Gefühlen. Du weißt doch, es gibt Leute, die einen Überschuß an Grips haben und zu klug sind? Ich habe einen Überschuß an Gefühlen und muß deshalb oft heulen. Ich heule bei jedem Film, den ich sehe. Ich heule auch bei der Vorschau. Und ich eß sehr viel Huhn.

Huhn?
Ja. Ich bin überzeugt, daß sie Hühner mit diesen ganzen Hormonen vollpumpen, die mir irgendwie eine innere Ruhe bringen. Das ist besser als Medikamente oder Sex oder so. Huhn.

Erzähl mir von Prozey, der Depressionspuppe, die du gemacht hast.
Prozey ist eines Tages einfach passiert. Ich liebe meine Prozey. Sie hat Wahnsinnshaare, denn das ist mein ganzer Stolz. Tolles Haar. Sie ist voller Rosinen. Sie ist nicht ganz richtig gestopft. Sie hat Delphine ganz hinten in ihrem Kopf. Ihr Herz ist auf ihrer Zunge. Und sie hat schöne Schuhe. Sie trägt ein Cape mit Haken. Alle liebten Prozey, bis sie ihr Hakencape sahen. *Das ist echt abartig*, fanden alle.
Die Haken haben damit zu tun, daß man an Leuten und Dingen hängt, in Traurigkeit gefangen bleibt und überempfindlich ist, aber Haken fangen dich auch auf, wenn du fällst. Von

innen ist das Cape supercool. Da sind Engel, weil unter der Depression Liebe ist. Ich habe Prozac in den Saum des Überwurfs eingenäht. Ich glaube, das war irgendeine Art von Nazi-Deutschland-Trip, so nach dem Motto: *Wenn es ganz schlimm wird, kann ich einfach Prozac nehmen und fliehen!*

Tamar mußte aber gar nicht fliehen, und du mußt es wahrscheinlich auch nicht. Nervenzusammenbrüche gehen in der Regel vorüber, doch sie signalisieren uns, daß es höchste Zeit ist, sich besser um uns zu kümmern.

Kapitel 10
Armut ohne Verzweiflung

Äh, Ma'am, wir haben seit 1994 keine Zahlung von Ihnen erhalten.
– Sachbearbeiter in der Buchhaltung auf die Frage, warum mein Fernverbindungsservice eingestellt wurde

Wenn alle Stricke reißen«, sagt Holly, eine zweiunddreißigjährige Mutter von vier Kindern, »setze ich mich einfach mit einem Schild auf die Straße und lese den Leuten aus der Hand.«

In den über fünf Jahren, die Holly und ihre Kinder ohne festes Einkommen leben, hat sie meines Wissens auch T-Shirts auf der Straße verkauft, sich das Geld für eine Zeitungsannonce geliehen und einen spontanen Flohmarkt veranstaltet, die Fotos ihrer Kinder durchgesehen und die besten als Postkarten verkauft, sowie mit ihrem Vermieter und Telefon- und Stromgesellschaften mit lieblicher Stimme und in überzeugendem Ton gefeilscht.

Wie eine von zehn Frauen, die geschieden werden, blieb Holly nach der Auflösung ihrer Ehe ohne einen Pfennig und ohne Wohnung zurück. Sie und ihre vier Kinder im Vorschulalter suchten bei Freunden und Familie Hilfe, aber schließlich landeten sie in einem Heim für Obdachlose.

»Ich weiß gar nicht mehr, wie ich das alles geschafft habe«, gesteht Holly heute. »Ich habe mich einfach geweigert aufzugeben. Ich mußte eine positive Einstellung haben. Wir wohnen jetzt in diesem Asyl, und ich habe halt alles getan, damit die Kinder daran Spaß hatten. Ich sagte mir: ›Egal was passiert, ich kann nicht zulassen, daß irgendwer meine armen Kleinen versaut.‹ Und ich wartete, bis sie schliefen, um mit mir selbst klarzukommmen und mich wieder in den Griff zu kriegen.«

Während es nicht immer zutrifft, daß Armut für Leute, die an Armut gewöhnt sind, weniger Streß bedeutet, so trifft es doch zu, daß sie weniger stressig ist für einfallsreiche Leute, für Leute, die nicht »zu stolz« sind, mit ihrem Vermieter über die Lage zu sprechen, und für Leute, die sich gegen die Verzweiflung auflehnen, was auch passieren mag. Ach ja – und für Leute, die aus der Hand lesen können.
Auch wenn du noch nicht am absoluten Tiefpunkt angelangt bist, kann es nicht schaden, vorbereitet zu sein: Einige der an der Armutsfront gelernten Strategien können jeder Frau eine Hilfe sein, also lies weiter.

Zeit gewinnen

Der richtige Zeitpunkt zum Handeln ist *bevor* eine größere Krise einschlägt. Wenn du erst mal den Räumungsbescheid in der Hand hältst oder dein Strom abgestellt ist, mußt du dich wahrscheinlich mit ein paar sehr verärgerten und scheinbar mitleidslosen Zeitgenossen herumschlagen, die alle Trümpfe in der Hand haben. Versuch also erst einmal mit den Leuten, die einen Scheck von dir in ihrem Briefkasten sehen wollen, zu reden.
Am besten fängt man immer – na ja, meistens – mit der Wahrheit an. Erkläre deinen Gläubigern, deinem Vermieter und den Vertretern der Versorgungsbetriebe deine Lage. Fall nicht in die bodenlose Grube von »Es ist mir ja so peinlich, und die Lage ist hoffnungslos« – da kommt man verdammt schwer wieder raus. Schon möglich, daß sich die Wahrheit zu sagen als Zeitverschwendung entpuppt, aber man kann nie wissen, ob dein abgebrühter Anwalt-Buchhalter-Vermieter nicht irgendwann Rückblenden in seine eigene wohnungslose Kindheit hat und etwas Mitgefühl an den Tag legt. Wenn nicht, weiß er wahrscheinlich ziemlich gut, wie schwer es ist, jemanden an die Luft zu setzen. (Ruf beim örtlichen Mieter-

Einige coole Dinge an Armut

- Du brauchst dir keine Sorgen darüber zu machen, deine Kinder zu »verwöhnen«.
- Historisch gesehen, bist du in bester Gesellschaft. Versuch zehn große Frauen der Geschichte aufzuzählen, die nie in Armut gelebt haben.
- Keiner wird dich anpumpen.
- Gibt guten Stoff für Memoiren ab.
- Keine Steuern.
- Nichts mehr zu verlieren.
- Du brauchst dein Konto nicht mehr auszugleichen.
- Interviewer für Telefonmarktforschung werden bald aufhören, dich anzurufen.

schutzbund an und erkundige dich, welche Bestimmungen auf dich zutreffen, aber wenn *mein* Vermieter mich rauszuschmeißen versuchte, würde ihn das drei lange mietfreie Monate kosten.) Die einzige Art im Umgang mit Gläubigern, von der ich unter allen Umständen abraten würde, ist die Beschimpfung der Dame, die dich wegen deiner überfälligen Rechnungen anruft, mit »Berufshexe«. Ich werde euch die Einzelheiten ersparen, aber als ich diese Masche ausprobiert habe, war das Resultat *sehr* unschön.

Versorgungsgesellschaften und sogar Vermieter sind oft gern bereit, einen Zahlungsplan mit dir aufzustellen. Wenn in absehbarer Zukunft kein Geld zu erwarten ist, klingt das natürlich nicht so toll, aber schinde so viel Zeit heraus, wie du nur kannst. Versuch am Telefon möglichst nicht, furchtbar besorgt und arschkriecherisch zu klingen und denen weiszumachen, daß du das Geld bis Ende der Woche hast, wenn du selbst nicht dran glaubst. Doch wenn du nicht mehr rausholen kannst, ist es immer noch besser als gar keine Zeit. Bei

Verhandlungen über die Bezahlung von Rechnungen und Mieten, wie auch bei anderen Verhandlungen, heißt die Losung: Wer zuerst spricht, verliert. Mit anderen Worten, versuch dir ein Bild davon zu machen, wie kaltblütig dein Gläubiger sein wird, und *ihn* dazu zu kriegen, einen Zeitrahmen für die Zahlung vorzuschlagen, bevor du irgendeinen Deal anbietest, den du gar nicht einhalten kannst.
Sollte es sich herausstellen, daß die Wahrheit für deinen Verhandlungspartner nicht gut genug ist, kannst du eventuell dem Rat Sarah Dunns folgen. In *The Slacker Handbook* schlägt sie vor, irgendeinen Scheiß zu erfinden, beispielsweise daß dein Hausmitbewohner tot ist, daß deine Wohnung eine Bona-fide-Verbrecherszene ist, daß du eine schreckliche Krankheit hast, weswegen du unbedingt Strom brauchst, oder daß deine Wohnung vom örtlichen Gesundheitsamt unter Quarantäne gestellt worden ist.
Fingierte Schecks tragen auch dazu bei, die Prozedur etwas zu verlangsamen. Das sollte jedoch deine allerletzte Zuflucht sein, denn wenn dein Gläubiger einen ungedeckten Scheck von dir kriegt, bist du in einer noch übleren rechtlichen Lage. Aber immerhin – das Licht wird brennen, bis dir alle auf die Schliche kommen.
Ich gehe hier natürlich davon aus, daß du dich nicht im entferntesten mit Verbraucherkreditschulden, Studentendarlehen und ähnlichem herumplagst. Aber du kannst auch diesen Leuten die Wahrheit sagen. Versuch's mal mit: »*Wie* viele Tote hat Überschuldung im vergangenen Jahr gefordert?«

Bekenntnisse einer Inkassobeauftragten

Ich habe kürzlich eine mir bekannte Schuldeneintreiberin davon überzeugt, daß sie möglicherweise ihr Gewissen erleichtern könne, wenn sie uns Hip Mamas ein paar Einblicke in ihr Geschäft geben würde. Was hatte sie denn nun zu sagen?

»Man soll einem Inkassoagenten sagen können, er soll nicht mehr anrufen, und, rein rechtlich, muß er damit aufhören, aber glauben Sie, wir zeichnen diese Gespräche auf Band auf? Nein. Sagen Sie dem Inkassobeauftragten, Sie werden zahlen, wenn er Ihnen die Anschrift gibt, dann schicken Sie denen einen Brief, in dem Sie verlangen, daß die Sie nicht mehr anrufen. Sie können auch dem Staatsanwalt eine Kopie davon schicken, dann behelligt man Sie garantiert nicht mehr.«

Und was machen Sie dann mit uns?

»Nicht viel«, meint sie. »Wir können klagen. Wir können Ihr Vermögen pfänden. Wir können Ihnen Ihren Wagen abnehmen, aber das tun wir selten, weil wir uns denken, daß der Ihnen sowieso nicht gehört. Wir können Ihr Bankkonto pfänden, wenn wir wissen, wo Sie es haben, aber wenn Sie wirklich nichts besitzen, na ja, es gibt keine Schuldnergefängnisse.«

Was passiert, wenn Sie uns verklagen?

»Nicht viel«, räumt sie wieder ein. »Die Eintreiber von Studentendarlehen haben mehr Mittel und Rechte als die Eintreiber von Verbraucher- oder Geschäftskreditschulden. Wenn Sie einen ungedeckten Scheck ausgestellt haben, können wir Sie auf Schadensersatz für erhöhte Folgekosten verklagen, so daß aus Ihrem 100-Mark-Scheck dann ein Vollstreckungsbescheid über einen bedeutend höheren Betrag werden kann, aber was sollen wir mit einem solchen Gerichtsbeschluß anfangen, wenn Sie kein Geld haben? Sie haben uns bereits gesagt, wir sollen nicht mehr anrufen. Das einzige, was wir tun können, ist, Ihre Kreditwürdigkeit auf sieben Jahre ruinieren. Und wenn schon.«

Hmm … Haben Sie sonst noch irgendwelche Ratschläge?

»Ja, bezahlen Sie, was Sie zum Leben brauchen, dann Ihr Auto, dann Ihr Studentendarlehen, und sorgen Sie sich dann um alles andere. Wenn Sie ein Geschäft betreiben, wandeln Sie es in eine Kapitalgesellschaft um. Wir setzen den alleinigen Inhabern und den Partnern zu, aber wenn Sie eine eingetragene Gesellschaft sind, machen Sie den Laden einfach dicht und einen neuen auf, und wir können Ihnen nichts anhaben. Ich bin gut in meinem Feld, weil ich sehr aggressiv sein und die Leute glauben machen kann, ich hätte alle Trümpfe in der Hand, aber in Wirklichkeit kann ich nur ganz selten irgend etwas gegen die Schulden anderer ausrichten. Außerdem arbeite ich auf Provisionsbasis. Wenn mir klar ist, daß Sie nicht bezahlen werden, gebe ich auf.«

Zehn Möglichkeiten, auf die Schnelle zu 10 bis 100 Mark zu kommen, ohne deinen Körper zu verkaufen

Die folgenden Notlösungen werden für den armutserfahrenen Menschen nichts Neues sein, doch auf einige mußte ich erst mal kommen. Ich dachte, ich gebe sie daher weiter an diejenigen von euch, die neu an der Front sind.

1. Veranstalte einen Privatflohmarkt. Annonciere ihn in der Zeitung nur, wenn du genug Kram zum Verkloppen hast, um die Kosten wieder reinzuholen. Sonst tun's auch grelle Hinweisschilder, die du überall in der Stadt verteilst.
2. Wühl im Sperrmüll (möglichst außerhalb von größeren Städten), oder klappere deine Nachbarschaft ab und frag nach altem Plunder, den du dann auf den Flohmarkt bringst. Sei möglichst früh da, damit du vieles von dem Zeug an andere Händler verhökern kannst. Professionelle Flohmarkthändler zahlen dir zwar nicht so viel für die Sachen, aber sie sind bereit, wochenlang mit dem Schrott herumzusitzen und zu warten, bis er sich verkauft. Wenn du

kein Geld für einen Stand hast, sei einfach ganz früh da und verkauf an andere Verkäufer. (In den Lokalzeitungen werden jede Menge Flohmärkte inseriert.)

3. Ruf bei der Kirche, den Karitativen Diensten, den Wohlfahrtsverbänden, der Heilsarmee und jeder anderen Stelle an, die in deinem Telefonbuch bzw. im Extrateil der »Gelben Seiten« unter »Soziale Einrichtungen« aufgelistet ist, und erzähl ihnen, was los ist.
4. Ruf deine Großmutter an.
5. Geh in ein Restaurant und sag dann, das Essen sei so ekelerregend gewesen, daß du auf keinen Fall dafür bezahlen wirst. Tote Fliegen bzw. Haare mitzubringen und sie auf das zu streuen, was du nicht mehr ißt, kann helfen.
6. Biete Leuten auf einem belebten Parkplatz an, ihnen die Scheiben sauberzumachen. Dies erfordert einiges an Durchsetzungsvermögen, aber mit genügend Überredungskunst kannst du es auf DM 30,- die Stunde bringen.
7. Mach dich vertraut mit dem Wiederverkaufswert von Büchern und Kinderkleidung in Antiquariaten und Second-Hand-Läden deiner Umgebung; kauf auf privaten Flohmärkten oder bei Wohnungsauflösungen Sachen, von denen du relativ sicher bist, daß sie in der Stadt mehr einbringen.
8. Stell eine kleine Straßenband zusammen. Wenn ihr gut seid, laßt einen Hut umgehen. Wenn ihr ätzend seid, stellt ein Schild auf, auf dem ihr anbietet, für jede eingehende Mark fünf Minuten auszusetzen.
9. Wenn du es noch nicht getan hast, beantrage Sozialhilfe. Vergiß nicht, danach zu fragen, für welche

Beihilfen oder Sonderzuschläge du eventuell noch in Frage kommst.

10. Falls du irgend etwas aus einem Geschäft mit bedingungsloser Umtauschpraxis hast, bring's zurück! Bedingungslos bedeutet genau das, was es aussagt. Ich habe einmal einen häßlichen, geschrumpften, fünf Jahre alten Pulli zu »Tweeds« zurückgebracht. Meiner Großmutter wird der kalte Schweiß ausbrechen, wenn sie das liest, aber »Tweeds« werden die $ 40 nicht arm machen.

Die Kunst des Leugnens

Wie Mary Kay Blakely verdeutlicht hat: »Die Fähigkeit kleiner Kinder zu leugnen ist enorm.« Als ihrer Familie der Strom und das Telefon abgestellt wurden, tat sie einfach so, als würden alle Menschen manchmal im Dunkeln leben. Und im Grunde genommen tun das die meisten auch irgendwann einmal. Lügen ist nicht gerade toll, aber Kindern kann das alte »Wir-haben-kein-Geld«-Schluchzlied ganz schön stinken. Jede andere einigermaßen aufrichtige Erklärung tut's auch. Mir ist zum Beispiel erst vor kurzem aufgegangen, daß die Geschichte meiner Mutter – die uns an Weihnachten beim Schmücken des Zitronenbaums im Vorgarten half, als ich vier war – nämlich: »So haben die Menschen das früher gemacht« – ein nachträglicher Einfall von ihr war. In Wirklichkeit waren Weihnachtsbäume unglaublich teuer, und wir hatten bereits im Jahr zuvor den Baum im örtlichen Country Club gefällt und uns mit ihm aus dem Staub gemacht. Das ist nicht die Art von Blödsinn, über den sich Kinder in der Regel später mal ärgern.

Mir ist klar, daß der Kniff mit der Realitätsleugnung in den vergangenen Jahren einiges von seiner Beliebtheit eingebüßt hat, aber wir *müssen* ja nicht immer die Realität verkaufen. Klingt »Vegetarier sind gesünder« nicht besser als »Wir können uns kein Fleisch leisten«?

Beth, eine Sozialhilfe-Mama von neunundzwanzig, erzählt ihren Kindern, Lebensmittelmarken seien eine Art Lotteriegewinn. Eine andere Mama, die ich kenne, tut so, als wäre das Aufsammeln von Sperrmüllmöbeln von der Straße lediglich eine bequemere Art einzukaufen – wie seine Hamburger an der Drive-in-Ausgabe abzuholen, anstatt reinzugehen.

Mir ist aufgefallen, daß dieser fröhliche Reflex einigen von uns spontaner kommt als anderen. Viele Mamas, die neu in der Armutsszene sind, meinen, sie müßten ihren eigenen Geldmangel immer kommentieren, wenn sie daran denken. Aber wir könnten alle eine Menge von der enormen Leugnungsfähigkeit unserer Kinder lernen. Schließlich *ist* vegetarische Kost gesünder, *sind* Lebensmittelmarken eine Art Gewinn, und irgendwelches Zeug von der Straße mitzunehmen ist doch echt tausendmal bequemer als in ein Kaufhaus zu gehen – vergiß deine ursprünglichen Beweggründe. Ich hatte einen Mordsspaß beim Schmücken dieses Zitronenbaums, als ich vier war, und falls meine Mutter eine Liste von Dingen hat, die sie bedauert, hoffe ich, daß dieser Weihnachtsbaum nicht drauf ist.

Ich habe vor kurzem eine Liste meiner absolut lebensnotwendigen Ausgaben aufgestellt (Miete, Versorgungen, Essen, Fahrtkosten plus $ 20 die Woche) und mußte laut lachen, als mir klar wurde, daß ich in den ersten sechs Jahren von Maias Leben von etwa 60 % dieser Summe gelebt hatte. Ich habe keine Ahnung, wie ich das angestellt habe, doch ein Trick, den ich früh gelernt habe, war, *nicht* alles aufzuschreiben. Wirtschaften ist für Leute, die zumindest die schwache Hoffnung hegen, sich das Allernotwendigste leisten zu können. Wir übrigen müssen halt irgendwie austüfteln, wie wir die Miete bezahlen. Fließend Wasser, Gas und Strom sind auch ganz nett. Aber es wird niemanden umbringen, eine Zeitlang ohne Telefon zu sein – und eine tote Telefonleitung reduziert gewöhnlich die Belästigung durch Schuldeneintreiber. Denkt an »Unsere kleine Farm« und seid ganz besonders vorsichtig, wenn ihr Kerzen benutzt oder versucht, auf irgendeinem suspekten Campingkocher zu kochen. Am besten, ihr schlaft einfach, wenn es dunkel wird, und entscheidet euch für kaltes Essen. Propangas ist was Unheimliches.

Worüber arme Leute Bescheid wissen

- Die Disposition ihrer Vermieter. Sprich mit ihnen, sprich mit ihnen, sprich mit ihnen. Kein Vermieter will dich rausklagen müssen.
- Ihre Rechte als Mieter.
- Die Abstellpraktiken ihrer Versorgungsgesellschaften.
- Fingierte Schecks, obwohl manchmal notwendig, verhelfen Banken dazu, armen Leuten nur noch mehr Geld aus der Tasche zu ziehen.
- Wenn du eine Notunterkunft oder dringend etwas zu essen brauchst, geh zum Büro des Bürgermeisters. Bürgermeister hassen es, wenn Obdachlose bei ihnen im Gang sitzen, und können dir oft ein Bett in einem angeblich »vollen« Wohnheim besorgen.
- Wenn du eine Fünf-Pfennig-Marke auf einen Umschlag ohne Absender klebst, muß der Empfänger das Porto bezahlen. (Wenn du keine Briefmarke drauf klebst, wird der Brief nicht befördert.)
- Viele Telefongesellschaften sind so scharf auf Kunden, daß sie dich in ihr Netz aufnehmen, selbst wenn du einem ihrer Konkurrenten Geld schuldest. (Aber Vorsicht mit Anbietern, die über die Telekom abrechnen.)

Okay, Freundin, wir müssen dir irgendwie Knete besorgen. Wir haben eine Mission. Als erstes tun wir etwas Nervenberuhigendes – atme tief durch, nimm ein heißes Bad, wenn du noch Wasser hast, und probier doch mal, ob du nicht, wenigstens für den heutigen Tag, so etwas wie einen Zen-Zugang zu deinem Leben findest. Viele Leute werden dich verurteilen, wenn du kein Geld hast – gesell dich bitte nicht zu ihnen. Nicht dein Charakter, sondern das Wirtschaftssystem ist im Grunde mit Mängeln behaftet. Es ist mir schnuppe, wie du in diese Lage geraten bist; in einer anständigen Gesellschaft wäre so was *unmöglich.*

Jedenfalls, zurück zu unserer Mission. Ich werde ziemlich weit oben auf der Leiter anfangen, wenn du also bei den ersten paar Ideen in hysterisches Gelächter ausbrichst, hab Geduld mit mir. Zück Papier und Stift. Wo kriegst du Geld, Essen oder andere Hilfe her? Beginn mit eventuellen persönlichen Reserven, die du zu Geld machen kannst. Hast du irgendwelche Ersparnisse? Sie auszugeben ist ein viel besserer persönlicher Finanzschachzug, als deine Kreditkarten bis zum Gehtnichtmehr auszuschöpfen. Besitzt du ein Auto, das mehr als DM 4000,- wert ist? Wenn ja, dann verkauf es und schaff dir ein billigeres an. Zahlst du Raten für deinen Wagen? Egal, in welcher finanziellen Situation du bist, Autoraten sind immer Nepp – also gib den süßen neuen auberginefarbenen Kleinbus zurück und hol dir etwas mit ein bißchen mehr, äh, *Charakter.* Besitzt du noch irgend etwas, das du verkaufen kannst? Du sollst dir hierbei natürlich nicht ins eigene Fleisch schneiden. Ich meine, wenn du Schriftstellerin bist, wäre es ein denkbar schlechter Zug, deinen Computer zu verscheuern, doch wenn du Musikerin bist, wäre der Verkauf deiner Fotoausrüstung vielleicht kein großes Ungemach.

Hast du irgendwelche seltsamen Spar- oder Aktienkonten,

die deine Urgroßmutter dir verboten hat, vor 2050 anzutasten? Lös sie auf!
Bist du außergewöhnlich hoch verschuldet? Du könntest einen Offenbarungseid in Erwägung ziehen. Das wird deine Kreditwürdigkeit ruinieren, aber im Gegensatz zur landläufigen Meinung führen viele von uns ein vollkommen normales Leben mit total beschissener Kreditwürdigkeit. (In vielen Gemeinden gibt es übrigens ein Schuldneramt oder auch gemeinnützige Vereine – u. a. die Verbraucherzentrale –, die Beratung bei finanziellen Schwierigkeiten anbieten.)
Sobald du deine Lage analysiert hast und alles in deiner Macht Stehende getan hast, um der Qual der Armut zu entrinnen, mach eine Liste von Familienangehörigen oder Freunden, die dir wahrscheinlich unter die Arme greifen werden, ohne allzu viele Bedingungen damit zu verknüpfen. Wenn du finanzielle Unterstützung von Bekannten »Darlehen« nennst, sei bitte aufrichtig zu ihnen in bezug auf ihre Chancen, ihr Geld in den nächsten fünf Jahren wiederzusehen.
Außer dem Kindergeld, das du vermutlich längst beantragt hast bzw. schon beziehst, steht dir, wenn du dein Kind selbst betreust, auch Erziehungsgeld (für maximal 24 Monate ab der Geburt des Kindes) zu. Das sind immerhin bis zu DM 600,- im Monat. Da die Zahlung an gewisse Bedingungen gebunden ist, informiere dich genau. Auskunft über die zuständigen Stellen, die je nach Bundesland variieren, erhältst du bei allen sozialen Beratungsstellen, bei den Krankenkassen oder den für Familie, Jugend und Soziales zuständigen Landesministerien.
Ruf beim örtlichen Sozialamt an und erkundige dich nach dem derzeitigen Stand der Sozialhilfe. Es gibt sogenannte »Mehrbedarfszuschläge« (z. B. für werdende Mütter, für Alleinerziehende mit Kleinkindern oder mehreren Kindern), und es gibt für Menschen in »besonderen Lebenslagen« alle möglichen Beihilfen (z. B. für Schwangere und Wöchnerin-

nen, in besonderen Härtefällen, bei Krankheit u. a.). Frag auch nach Wohngeld und speziellen einmaligen Geld- und Sachleistungen (z. B. für Winterfeuerung, zur Anschaffung von Hausrat, Wäsche und dergleichen, sofern das nicht durch den Regelsatz abgedeckt ist). Über Sozialhilfe und andere Leistungen kannst du dich auch bei den karitativen Verbänden informieren. Dort ist man eventuell freundlicher und kommunikativer als beim Sozialamt.

Geh als nächstes durchs Telefonbuch und schreib sämtliche Nummern von städtischen und karitativen Sozialdiensten sowie sozialen Anlaufstellen für Frauen in deiner Gegend heraus. Ruf sie an. Ruf im Büro des Bürgermeisters an. Viele Stellen geben armen Leuten kein Bargeld auf die Hand (weil sie glauben, wir geben es für Bier und Crack aus ... *als hätten wir nichts Besseres zu tun!*), also gib klar zu verstehen, was du brauchst – ist es ein Dach überm Kopf, Essen, Kleidung, Kinderbetreuung, Geld für die Miete, Zahlung von Wasser-, Gas-, Stromrechnungen, Rechtsbeistand, Weihnachtsspielzeug, oder alles Obengenannte? Schreib auf, was die einzelnen Stellen dir bieten können. Stell dich drauf ein, wie der Schwarze Peter weitergeschoben zu werden und auch mal in eine Sackgasse vermittelt zu werden, aber denk dran, daß eine Kirche nach einem Gratis-Essens-Programm zu fragen nicht merkwürdiger ist, als auf dem Sozialamt nach finanzieller Unterstützung oder bei World of Music nach der neuen Bikini-Kill-CD zu fragen. Wenn du nicht mit Respekt behandelt wirst, beschwere dich erhobenen Hauptes. Danke Leuten, die nett zu dir sind, aber vergiß nicht, daß du dasselbe für sie tun würdest.

Sobald ein paar Schecks von Verwandten eingehen und du Verbindung mit deinen, sagen wir mal, wichtigsten potentiellen Geldgebern aufgenommen hast, ist es Zeit, ihnen einen Besuch abzustatten.

Als erstes wirst du wahrscheinlich zum Sozialamt gehen. Die Wartezeit mag lang, die Bürokratie entnervend sein und das

Ambiente zu wünschen übriglassen, aber Sozialhilfe ist immer noch die beste Lösung. Du wirst möglicherweise separate Anträge für verschiedene Arten der Unterstützung ausfüllen müssen, was eine Menge Zeit in Anspruch nehmen, sich jedoch bestimmt lohnen wird. Denk beim Ausfüllen der Anträge daran, daß du zwar ehrlich sein mußt, aber nicht *übertrieben* ehrlich. Eine gute Faustregel ist: Du hast nichts, und du kennst niemanden. Als ich meinen ersten Antrag auf (die in den USA als Teil der Sozialhilfe üblichen) Lebensmittelmarken ausfüllte, wurde gefragt, ob ich Mahlzeiten gemeinsam mit jemand anderem zubereite. Da ich das für eine gute Idee hielt, wollte ich gerade »ja« ankreuzen. Zum Glück warnte mich eine markenerfahrene Mama, die mir gegenübersaß, daß ich keinen Anspruch auf Lebensmittelmarken hätte – egal, wie arm ich sei –, wenn ich das verflixte »Ja«-Kästchen ankreuzte. »Sie haben nichts, und Sie kennen niemanden«, war ihr Rat.
Wenn du Fragen über Sozialhilfe oder andere Hilfsquellen hast, die dich, je nach der Antwort, belasten könnten, stell sie am Telefon, ohne deinen Namen anzugeben.
Als nächstes klapperst du vielleicht die karitativen Verbände und anderen Organisationen ab, zu denen du Kontakt aufgenommen hast. Nach meiner Erfahrung sind Leute von der Kirche immer sehr nett, aber ich gebe mir Mühe, Menschen, die mir zu essen geben, nicht allzu viele meiner politischen Ansichten auf die Nase zu binden. Es kann gut passieren, daß ein kirchlicher Mitarbeiter so etwas wie »Gott segne dich« zu dir sagt, womit du bestimmt umgehen kannst, doch du solltest nie das Gefühl haben, zu irgendeiner obskuren Wiedergeburts-Kiste konvertieren zu müssen, nur um etwas zwischen die Zähne zu bekommen.
Zu guter Letzt, geh bitte zum Rathaus, auch wenn du vom Bürgermeisterbüro mit einer Wischiwaschi-Antwort abserviert worden bist. Haben gewählte Volksvertreter einmal obdachlose Familien in ihren Amtsstuben (besonders solche,

die beiläufig bemerken, wie sehr sich die lokale Presse für das Thema interessieren würde), lassen sie sich bestimmt *irgend etwas* einfallen.

Kindesunterhalt

Wenn du eine ledige Mama bist und es irgendwo jemanden mit potentiellen oder anerkannten Vaterrechten gibt, dann hast du Anspruch auf Unterhalt für das Kind (und für einen gewissen Zeitraum – mindestens sechs Wochen vor bis acht Wochen nach der Geburt – auch für dich selbst sowie auf Zahlung der Entbindungskosten). Sofern du es nicht mit einem prügelnden Mann oder jemandem zu tun hast, der so wenig verdient, daß ein Gerichtsbeschluß dir unmöglich was bringen könnte, spricht wohl kaum etwas dagegen, eine Unterhaltsklage einzureichen. Rein rechtlich muß natürlich auch ein prügelnder Vater für den Unterhalt seines Kindes aufkommen, doch wenn du auf das Geld verzichten kannst, wirst du vielleicht keine schlafenden Hunde wecken wollen. Du kannst einen Antrag auf Beistandschaft beim Jugendamt stellen, dann wird man sich dort um die Durchsetzung von Unterhaltsansprüchen oder gegebenenfalls auch die Feststellung der Vaterschaft kümmern. Das kann ein langwieriger Prozeß sein, aber du kannst helfen, die Sache zu beschleunigen, indem du die Behörden über den Aufenthalt des Kindesvaters auf dem laufenden hältst und sie auf jede mögliche Weise unterstützt.

Wie auch immer deine Situation ist, informiere dich über die Gesetze über Kindesunterhalt und deren Durchsetzung. Das Jugendamt ist verpflichtet, dich zu beraten und zu unterstützen.

Gerichtsbeschlüsse über Kindesunterhalt basieren im allgemeinen auf einer komplizierten Tabelle, die mehrere Faktoren berücksichtigt: dein Einkommen, das Einkommen des

Kindesvaters, wie vielen Personen gegenüber er unterhaltspflichtig ist und wie alt die Kinder sind. Da kann ein ganz schöner Batzen Geld bei rauskommen. Also finde heraus, um wieviel es geht, und kämpf drum.

Rebellische Mama

Shamama ist im Haus

Shamama Motheright (alias Siobhan Lowe-Matuk), Armutsberaterin und visionäre Mama von vier Kindern

Was ist denn nun eine Armutsberaterin?
Ich nenne mich Beraterin für Armut in Amerika. Wir sind alle Armutsberater. Manche gehen noch aufs College, manche führen einen anderen Lebensstil, der »Überleben« heißt, und dabei kommen uns Inspirationen und Lösungen, die das erschöpfte Wirtschaftssystem unseres Landes entlasten werden.

Kannst du mir deine Ausbildung im Überleben beschreiben?
Meine Isolierung als Mutter hat in mir den brennenden Wunsch erzeugt, andere wie mich kennenzulernen. Ich wußte, ich konnte unmöglich die einzige meiner Art sein. Ich habe in der hintersten Provinz in den Appalachen, in Tennessee, in West Virginia und in Sharon, Pennsylvania, gelebt, fünf Straßen von einem Stahlwerk entfernt und zwei Straßen vom härtesten Crack-Ghetto im ganzen Staat. Dort unter den fünfzehnjährigen Mamis habe ich angefangen, von meiner Veranda herab Reden zu schwingen.
Statt »nicht bei mir im Garten« hieß es »natürlich bei mir im Garten«. Ich habe diese Mädchen dazu gebracht, in der ganzen Nachbarschaft Gärten anzulegen. Damals kannten sie mich als »Sister Tie-dye« (»Schwester Batik«).

Dann hat es mich, wie durch Zauber, nach Floyd, West Virginia, verschlagen, wo es eine elektrisierende Gruppe von Evolutionsanhängerinnen gab – ich sage nicht Revolutionsanhängerinnen, weil mir das etwas zu machohaft ist. In Floyd machte ich so Sachen wie Holz hacken, um nicht zu erfrieren, und Wasser aus alten, stinkigen Rohren zapfen. So weit draußen auf dem Land zu leben hat eine beschleunigte Bewußtwerdung gefördert. Obwohl ich einen Scheck über nur $ 300 monatlich für vier Kinder bekam, konnte ich auf dem Land nach meinen eigenen Regeln leben.

Und du hast dich langsam zu der visionären Shamama entwickelt ...

Nun denn, Schwester-Freundin, hier ist die Vision in vollem psychedelischem Technicolor: Kombiniere Sozialhilfeschecks; kombiniere Wohngeld für Psychofälle; such ein Stück Land – es gibt Berge davon; und bau solche Häuser, treuhänderisch, aus alten Reifen, Bierdosen und Strohballen. Es klingt verrückt, aber sieh dir Dennis Weaver an. Er ist ein reicher Filmstar, der in einem dieser Häuser lebt. Es ist total primitiv. Es ist total solar. Es ist warm und trocken, und das sind gute Dinge, ohne die wir Frauen auskommen müssen.

Wir werden ein paar Muskeln brauchen, um diese Häuser bauen zu helfen, also sorgen wir dafür, daß die Typen, die im Gefängnis sitzen und Kindesunterhalt schulden, rausgelassen werden und bei uns ihre Schulden abarbeiten, indem sie zusammen mit den Frauen, die darin leben wollen, diese Häuser bauen.

Das wären dann Gemeinschaften, die auf Heilung und gemeinschaftlicher Arbeit aufgebaut wären. Und sie wären ein Geschenk, das man den amerikanischen Steuerzahlern zurückgibt, die für uns gesorgt haben, als kein anderer dazu bereit war.

Stell dir Kinderbetreuung vor Ort vor, gute Nahrung, die in den Gärten wächst. Wir könnten auch politisch korrekte, umweltfreundliche Firmen einladen, sich in der Nähe anzusiedeln – wie Ben & Jerry's* – ich würde sagen *Jaaa, kommt hierher, ihr Süßen.* Die Möglichkeit, unser Land damit zu entlasten, kennt keine Grenzen, ebensowenig wie die Freude und der Stolz grenzenlos wären, mit denen wir dieses Geschenk Amerika – dem Land, in dem wir leben, dem Land, das wir lieben – zurückgeben würden. Wir sind aber keine Patrioten. Wir sind Matrioten. Es ist das Recht einer Mutter, eine neue Zukunft in die Realität hineinzuträumen.

Klingt ja echt cool. Wie ist der Stand der Dinge bei eurem Vorhaben?
Es beginnt hier und da an Boden zu gewinnen. Je mehr Leute davon hören, desto mehr Leute setzen Inserate in die Zeitung und fordern arme Mütter auf, herzukommen und einander kennenzulernen. Es ist schwer, weil viele denken: »Das ist mir zuviel, das kann ich nicht«, aber ich spüre in meinem Herzen, daß wir als Mütter das durchziehen können – auf historische Weise, wie neue Pioniere.

Es wird gemunkelt, daß du auch eine neue politische Partei gegründet hast.
Ja. Motheright (»Mutter[r]echt«). Ich sage *He, ihr da alle in Washington D.C., ihr Republikaner und auch ihr Demokraten mit den zu engen Schlipsen. Ihr müßt mal Platz machen, Jungs, weil die Mutter[r]echte im [Weißen] Haus sind.* Es ist einer Mutter Recht zu glauben, daß sie Veränderung für alle Mütter da draußen herbeiführen kann.

Hast du irgendwelche Ratschläge für Mütter, die neu in der Armutsszene sind?
Ja. Nehmt die frisch entdeckte Armut als die ultimative Herausforderung an – als das tollste Spiel, das ihr je gespielt habt,

* Gourmet-Eiscreme-Hersteller, vergleichbar mit Häagen Dazs – A. d. Ü.

um wieder ins System zu kommen. Stutzt euch und euer Bedürfnis nach Firlefanz zurecht. Geht zu den Flohmärkten, die die Leute bei sich zu Hause veranstalten. Das sind Fundgruben. Kirchen-Flohmärkte sind auch klasse. Da kriegt man echt gute Klamotten – zum Teufel mit Woolworth. Kauft Lebensmittel in Großpackungen und legt Vorräte an. Am besten wär's, wenn ihr einen Garten kriegen könntet, dann könnt ihr einmachen. Ich habe dreihundert Gläser von dem, was im Garten wächst, im Sommer eingemacht und den ganzen Winter davon gegessen. Es ist heilsame Nahrung, denn in ihr steckt das Karma des Sommers. Außerdem habe ich Obstsaftdosen zerschnitten und wunderschöne Göttinnen-Mobiles daraus gemacht, die die Leute tatsächlich kaufen wollen. Wir können aus Abfall Kunst machen.
Fragt euch, was ihr wirklich braucht, und versucht euch dann selbst zu beweisen, daß ihr ohne es auskommen und euch trotzdem im Gleichgewicht und in minimalistischem Sinn sicher fühlen könnt. Was ihr auch tut, erniedrigt euch nicht. Ihr würdet eine Meute besoffener Crackjunkies nicht in euer Wohnzimmer lassen, also solltet ihr auch selbstentwertende, negative Kackgedanken nicht mietfrei in eurem Kopf beherbergen – bloß nicht! Ihr seid Teil einer aufregenden Explosion, die dem amerikanischen Volk zeigen wird, daß ihr kämpfen könnt und es schaffen werdet, allem zum Trotz.

Solange wir all diesen selbstentwertenden Gedanken keine Mietfreiheit in unseren Köpfen einräumen, kann Armut eine radikalisierende anstatt eine entkräftende Erfahrung sein. Also macht beharrlich weiter …

Kapitel 11
Den Familienzerfall überleben

> Für Kinder ist eine gute Scheidung besser als eine schlechte Ehe.
>
> – *Ashton Applewhite,* Cutting Lose

Samantha wußte, daß die Beziehung mit dem Vater ihres Kindes vorbei war. Sie erkannte die Zeichen, weinte nach den Brüllorgien, spürte den dumpfen Schmerz, die Enttäuschung und das Grauen, die dem unausweichlichen Ende vorausgehen. Dennoch versuchte sie das alles zu ignorieren. Sie war gerade dabei, ihr letztes Collegejahr abzusolvieren, hatte alle Hände voll zu tun mit dem neuen Baby, war permanent müde. Sie dachte sich, sie würden irgendwann später alles ins reine bringen.

»Dann kam ich eines Tages von der Uni zurück, und sie waren weg«, erinnert sie sich. »Er hatte mich am Tag vorher noch gebeten, den Wagen vollzutanken und seinen Gehaltsscheck einzulösen, aber ich habe mir nichts dabei gedacht. Plötzlich stand ich da am Eingang, hatte Milchaustritt, wollte gerade das Baby stillen und dachte nur noch: *Sie sind weg*. Ich weiß nicht, wie lange ich dastand, und schließlich erschien ein Zusteller und überreichte mir eine Sorgerechtsklage.«

Bei den meisten von uns gestaltet sich das Ende einer Beziehung weniger dramatisch als bei Samantha, aber jede geschiedene Mutter erinnert sich an den Augenblick des Schocks, als ihr klar wurde, daß es tatsächlich vorbei war.

Wenn du dich mit einer Scheidungs- oder Sorgerechtsklage konfrontiert siehst, wenn du oder deine Kinder Opfer häuslicher Gewalt seid oder wenn du eine einstweilige Anordnung bzw. Verfügung auf Übertragung der Alleinsorge oder einen Herausgabebeschluß des Familiengerichts brauchst, atme tief durch. Du wirst damit fertig. Doch du hast jetzt keine Zeit, die ganze Erfahrung zu verarbeiten. Familienrechtsnotfälle sind wie lichterloh flammende Hausbrände – du mußt die Ruhe bewahren, dicht am Boden bleiben, deine Familie aus dem Haus bringen und die Verluste später beklagen.

Wenn du oder deine Kinder in unmittelbarer Gefahr seid, nimm alles Geld, das du hast, alle rechtlichen Dokumente – Ausweise, Geburtsurkunden, Sozialversicherungsausweise usw. – und was du sonst noch schnappen kannst (wie Schmusetiere oder Kuscheldecken der Kinder) und verschwinde. Wenn du keine Freundin oder andere Zuflucht hast, wohin du dich wenden kannst, geh aufs Polizeirevier; im schlimmsten Fall tut's auch eine Autobahnraststätte. Bleib ruhig, tarne die Situation für die Kinder als Abenteuer, vergiß, was du im »Film der Woche« gesehen hast, und denk daran, daß du die Geburt überlebt hast – du wirst auch diese Krise überleben.

Sobald du von einem sicheren Ort aus operierst, ist der erste Schritt – der kalifornischen Fachanwältin für Familienrecht Linda French zufolge – die Analyse deiner Lage mit einer Expertin. Spezialisten findest du in den Gelben Seiten unter »Rechtsanwälte / Fachanwälte für Familienrecht«, oder indem du im Frauenzentrum oder Frauenhaus oder bei den kommunalen Frauenbeauftragten nachfragst. Du kannst auch in den »Überlebensnotizen« im Anhang dieses Buches nach Anlaufstellen schauen.

Wahrscheinlich brauchst du eine Spezialistin für Familienrecht oder eine Rechtsberaterin, die sich im Familienrecht auskennt. (Ein Fachanwalt für Steuerrecht nützt dir in einer Sorgerechtssache nichts.) Wurde eine Straftat begangen, solltest du sie sofort der Polizei melden.

Wenn es sich um einen echten Notfall handelt, mußt du dir, sofern ihr die gemeinsame elterliche Sorge hattet, eine einstweilige Verfügung bzw. Anordnung auf Übertragung des alleinigen Sorgerechts für dein Kind oder eine einstweilige Verfügung zu deinem Schutz besorgen. Eine Anwältin oder die Mitarbeiterinnen eines Frauenhauses können dir dabei helfen, die Verfügungen, die du brauchst, zu bekommen. Ein Gerichtsvollzieher und die Polizei werden dir bei der Durchsetzung der Verfügungen helfen.

Ist dir ein Scheidungs- oder Sorgerechtsantrag zugestellt worden, kannst du dich vor Gericht nur bei letzterem selbst vertreten, aber du solltest dir auf jeden Fall ein Bild von deiner Rechtsstellung machen, indem du mit einer Anwältin sprichst. In der Regel hast du ein paar Wochen Zeit, dich auf die Anhörung vorzubereiten, aber ein Gericht kann eine einstweilige Verfügung innerhalb von vierundzwanzig Stunden und schneller erlassen.

Wenn dein Kind oder deine Kinder vom anderen Elternteil entführt wurden, brauchst du soviel rechtliche Unterstützung, wie du dir nur irgend leisten kannst. Sofern es keine anders lautende gerichtliche Entscheidung gibt, kann jeder Elternteil die Kinder möglicherweise wegnehmen, solange er oder sie will. Du wirst also höchstwahrscheinlich eine einstweilige Anordnung bzw. Verfügung über das Sorgerecht brauchen, die deine elterlichen Rechte feststellt, bevor dir die Polizei hilft, die Kinder zu suchen.

Die Anwaltskosten für einen Prozeß können ziemlich hoch sein, je nachdem, auf wieviel der Streitwert beziffert wird, während eine einmalige Rechtsberatung beim Anwalt zwischen ca. DM 100,- und 400,- kostet. Auf jeden Fall solltest du ausloten, ob dir Beratungs- bzw. Prozeßkostenhilfe zusteht.

Ein paar coole Dinge über Familienzerfall

- Der Saftsack ist weg!
- Historisch gesehen, befindest du dich in bester Gesellschaft. Die meisten tollen Feministinnen hatten tolle Scheidungen.
- Keiner wird dich für normal und spießig halten.
- Gibt guten Stoff für Memoiren ab.
- Es macht Spaß, Schecks für den Kinderunterhalt zu bekommen.
- Du wirst dich wie ein Teenager fühlen, wenn dein Name wieder in der Gerüchteküche auftaucht, weil dein Kind seinen Lehrern Dinge erzählt wie: »Meine Mami hat Sexen mit Bobbys Vati gemacht!«
- Bildet Charakter.
- Ein Maul weniger zu stopfen.

Ruf Freunde und deine Familie an und sag allen, was los ist. Du erfährst vielleicht zu deiner Überraschung, daß jemand von ihnen entweder ähnliches durchgemacht hat oder eine wertvolle Hilfsquelle in deiner Gemeinde kennt. Du bist nicht allein.

Der Umgang mit einem unerwarteten Scheidungs- oder Sorgerechtsnotfall ist wie ein Marathonlauf ohne Training. Sei gut zu dir selbst. Dich verrückt zu machen wird die Lage nicht verbessern. Iß gesunde Sachen, wenn du Hunger hast, schlaf, wenn du müde bist, und nimm ein heißes Bad, sooft du kannst. Wunder geschehen erst nach langer, harter Arbeit, also sag dir immer wieder, daß du eins verdienst.

Meiner Meinung nach wäre buchstäblich jedes Familienzerfalls-Szenarium am besten außergerichtlich gelöst. Es kann passieren, daß du dich, ganz ohne eigenes Verschulden, eines Tages auf einem echt unbequemen Stuhl wiederfindest, der dich an ein schäbiges altes Kino erinnert, und zuhörst, wie ein weißhaariger, erzkonservativ wählender Richter, der dich haßt, das Schicksal deiner Familie diktiert. Aber das sollte niemals Plan A sein.

Plan A sollte so aussehen, daß du dir Karen Winners Buch *Divorced from Justice* besorgst und dich über die sehr reale Voreingenommenheit gegen Frauen am Familiengericht informierst. Dann besorg dir einen Ratgeber in Sachen Scheidung und/oder laß dich im örtlichen Frauenzentrum beraten, um möglichst jeden Aspekt deiner Scheidung zu beleuchten. Früher oder später wirst du dich mit einer Anwältin beraten wollen. Doch wenn du und dein Ex das Ganze unter Beteiligung nur weniger »Dritter« hinkriegen könnt, seid ihr uns übrigen meilenweit voraus und werdet am Ende sehr viel glücklicher sein.

Vergiß aber nie: Du hast das Recht, deinen Fall vor Gericht zu bringen. Laß dir von niemandem das Gegenteil einreden.

Wenn du auf eine relativ einvernehmliche Scheidung zuzusteuern scheinst, kannst du dir auf die Schulter klopfen und solltest Himmel und Hölle in Bewegung setzen, damit es so bleibt. Sollte die Sache jedoch degenerieren, dann bereite dich auf ein Inferno vor, aber wisse, daß es immer noch Hoffnung gibt. Wie auch immer deine Situation sein mag, du hast im Prinzip drei Dinge zu verlieren:

- dein Geld
- deine Kinder
- deinen Verstand

Dein Verstand sollte absoluten Vorrang haben, weil dir weder das Sorgerecht für deine Kinder noch alles Geld der Welt etwas nützen wird, wenn du in einer geschlossenen Anstalt in der Zwangsjacke steckst und als Versuchskaninchen für irgendeine abartige neumodische »Behandlungsmethode« vorgesehen bist. Aber beginnen wir mit dem einfachen Kram.

Dein Geld

Je weniger Geld du bei einer Scheidung hast, desto besser. Mit »dein Geld« meine ich alles an Bargeld, Bankkonten, Aktien, Pfandbriefen, Kleidung, Immobilien, Lebensversicherungen, Firmen, Büchern, Land, Katzen, Schmuck, großen alten Pappmaché-Statuen der Jungfrau Maria, Wohnungen, Möbeln, Booten, Krimskrams, Motorrädern, Patenten, alten Vinylplatten, Schulden, zukünftigen Renten, Fotos und sonstigen nichtmenschlichen Dingen, worauf ihr beide – du oder dein Ex – irgendeinen Anspruch habt. Manche dieser Sachen lassen sich ganz einfach teilen. Der ganze Kruscht, mit dem du eingezogen bist, gehört vermutlich immer noch dir. Und der dreckige alte Haufen Schrott deines Ex, den du letzten Monat rausgeschmissen und abzufackeln gedroht hast, gehört vermutlich immer noch ihm (es sei denn, ihr habt Gütergemeinschaft vereinbart). Du mußt nicht für jedes alte Buch im Haus den Eigentumsnachweis bringen, aber je nachdem, wie lange ihr zusammen wart und wie verflochten eure Leben waren, gibt es bestimmt eine lange Liste »gemeinsamer« Anschaffungen, die irgendwo in die ausgedehnte Grauzone fallen. Rein theoretisch muß dieser Riesenberg von Zeug, der euer Paardasein ausmachte, in gleicher oder zumindest »gerechter« Weise aufgeteilt werden. Wenn ihr euch darüber einigen könnt, wie das Geld und der Kram aufgeteilt werden sollen, braucht ihr euch an keine Gesetze oder Richtlinien zu halten. Es gibt allerdings ein paar Standardmethoden, wie Paare, die sich trennen, ihre Habseligkeiten gewöhnlich aufteilen. Die grundlegende Theorie von der »gerechten Aufteilung des gemeinschaftlichen Vermögens« verlangt, daß ihr den üblichen Marktwert von allem, was ihr besitzt, ermittelt und es entweder verkauft und den Erlös teilt oder es so aufteilt, daß jeder von euch am Ende einen gerechten Stapel hat. Du kannst dich mit dem Gedanken schon mal vertraut machen, indem du drei Listen erstellst – dein Zeug, der Kram deines Ex und diese ganze Grauzone.

Wenn ihr im Lauf der Jahre einen ordentlichen Güterstand angehäuft habt, könnte deine Liste etwa folgendermaßen aussehen:

Mein	**Sein**	**Gemeinschaftlich**
Motorrad	Stereoanlage	Haus
Ausgeflippte Kunstsammlung	Briefmarkensammlung	Aktien
Musiksammlung (Teil)	Musiksammlung (Teil)	VW
Katze	Ratte	Computer
Powerbook	Boot	Möbel

Beim Durchlesen der »Gemeinschafts«-Liste werden dir wahrscheinlich als erstes zwei Dinge auffallen: (a) Ihr hattet mehr, als du dachtest, und (b) du willst alles behalten. Angenommen, du bist der Meinung, die Kinder sollten nicht umziehen müssen, und (obwohl wir noch gar nicht zum Thema Sorgerecht gekommen sind) du beabsichtigst, sie zu behalten. Also willst du auch das Haus. Die Möbel, überlegst du dir, gehören ins Haus. Du brauchst natürlich etwas anderes als ein Motorrad, um die Kinder zur Schule und wieder heimzufahren, folglich brauchst du auch den VW. Selbstverständlich mußt du zu Hause arbeiten können, also brauchst du auch den Computer. Das ist alles gut und schön, wenn dein Ex einverstanden ist, wenn du Geld wie Heu hast, um ihn auszube-

zahlen, wenn du im Gegenzug einem niedrigen Unterhaltsbetrag für die Kinder zustimmst bzw. wenn die Aktien einen Haufen wert sind.
Lange Geschichte, kurzer Sinn: Es wird kompliziert werden. Und du wirst Liz Phairs »Exile in Guyville« immer wieder spielen wollen, bis du sie nicht mehr ausstehen kannst.
Aus Untersuchungen geht hervor, daß trotz der gesetzlichen Bestimmungen über »gerechte Aufteilung«, »Auseinandersetzung« oder »Zugewinnausgleich« und »Versorgungsausgleich« der Lebensstandard von Frauen nach einer Scheidung um durchschnittlich 30 % sinkt und der von Männern um durchschnittlich 10–15 % steigt. Wenn du dieses Mißverhältnis durch eine Einigung überwinden kannst, solltest du darauf hinarbeiten.
Wenn ihr keine Einigung erzielen könnt, die für euch beide akzeptabel ist (können nur wenige), braucht ihr eventuell Hilfe von folgenden Leuten:

- **einer Sachverständigen:** Sie kann Meinungsverschiedenheiten über den Wert eurer Besitztümer ausräumen. Zu finden in den Gelben Seiten. Über vereidigte Sachverständige führen die örtlichen Gerichte Listen.
- **einer Mediatorin:** Die Mediatorin, die meist (neutrale, also nicht deine) Anwältin ist, kann dir nicht nur bei materiellen Streitfragen, sondern auch bei der Überlegung helfen, wie ihr euch das Sorgerecht für die Kinder teilen und das Umgangsrecht handhaben wollt. Eine Anlaufstelle für solche Mediatoren ist die Bundes-Arbeitsgemeinschaft für Familien-Mediation (siehe »Überlebensnotizen«). Wenn du in den Gelben Seiten die Anwälte durchgehst, findest du gelegentlich auch die Bezeichnung »Anwältin und Mediatorin«.
- **einer Rentenberaterin:** Sie kann vertrackte Dinge wie den Wert deiner zukünftigen Altersversorgung bzw. deine Rentenansprüche ausrechnen. Zu finden in den Gelben Seiten.

- **einer Finanz- oder Steuerberaterin:** Sie kann dir bei der Berechnung der steuerlichen Vor- und Nachteile bzw. Folgen verschiedener Finanzmanöver helfen. Zu finden in den Gelben Seiten.

Das Thema Finanzmediation sowie Mediation bei Sorgerechtsstreitigkeiten wird bei deiner Scheidung häufig auftauchen, so daß ich dich vor den Tücken des Systems warnen sollte. Die Vermittlung, sprich die Hinzuziehung einer neutralen dritten Partei, die deinem Ex und dir bei der Aushandlung einer Einigung behilflich sein soll, kann dir in der Tat Zeit, Geld und schlechte Behandlung vor Gericht ersparen. Das Problem dabei ist, daß sich die Vermittlung im Privaten abspielt – ohne Rechtsbeistand, ohne Richter, ohne Gerichtsreporter und ohne Berufungsmöglichkeit. Untersuchungen in den USA haben gezeigt, daß Frauen bei der Vermittlung eher als Männer »aufgeben« und Vereinbarungen zustimmen, bei denen sie sich unwohl fühlen. Und die Mediation ist ein relativ neues, weitgehend unerforschtes Feld und muß aus eigener Tasche bezahlt werden. Also sei auf der Hut und kenne deine Rechte als Mutter und als Verhandlungspartei, ehe du dich in die Nähe eines Vermittlungsbüros begibst. Kurzum, die Mediation kann eine ausgezeichnete Alternative sein, wenn beide Eltern kooperativ sind und nur ein klein wenig Hilfe dabei brauchen, sich durch ihre Wut hindurchzumanövrieren, um zu einer einvernehmlichen Lösung zu kommen.

Deine Kinder

Hier wird die Sache kompliziert. Es gibt keine Sachverständigen, die dir sagen können, was deine prachtvollen Kinder wert sind. Es gilt so ziemlich auf der ganzen Welt als Quark, die Kinder aufzuteilen. Und außer im seltenen Falle des sehr jungen, sehr pflegeleichten Kindes kann ein fifty-fifty geteiltes Sorgerecht für die kleinkindliche Psyche Unheil bedeuten. Um die Sache noch herzzerreißend menschlicher zu machen, haben deine Kinder – sofern sie nicht ungeboren oder sehr klein sind, oder sofern dein Ex nicht irgendein abscheuliches Verbrechen (zum Beispiel Mißhandlung oder Mißbrauch deines Kindes) begangen oder sich gleich ganz aus dem Staub gemacht hat – zwei Eltern und brauchen eine Beziehung zu beiden. Bevor ich dich jedoch in den Abgrund der Verzweiflung stürze, möchte ich dich daran erinnern, daß Millionen von uns es durchaus schaffen, uns das Sorgerecht zu teilen, ohne unsere Kinder zu verkorksen. Das kannst du auch, wenn's sein muß.

Ich gehe hier davon aus, daß du dich mit dem gemeinsamen Sorgerecht abfindest (sofern du die Alleinsorge als ledige Mutter nicht von vornherein hast und behältst). Wie ich schon zuvor erwähnt habe, gewinnen Männer 70 % der von ihnen vor den Kadi gebrachten Sorgerechtsfälle. Viele Frauen, die grauenvolle Scheidungen durchmachen, halten ihre für Einzelfälle oder gar einfach großes Pech. Das sind sie nicht. Wenn dein Ex das alleinige Sorgerecht haben will und du das verhindern willst, dann wappne dich für einen erbitterten Kampf.

Wenn wir hier von Sorgerecht sprechen, sprechen wir sowohl vom »juristischen« als auch vom »physischen« Sorgerecht*. (Seit 1. Juli 1998 versteht man darunter in Deutschland »Entscheidungen in Angelegenheiten, deren Regelung für das Kind von erheblicher Bedeutung sind« und »Entscheidungen in Angelegenheiten des täglichen Lebens«.) Das juristische Sorgerecht bezieht sich darauf, wer beim Großziehen des Kindes die Entscheidungen über religiöse, medizinische und schulische Fragen trifft. Das physische Sorgerecht bezieht

* Ich habe die englischen Begriffe im folgenden der Einfachheit und Kürze halber beibehalten. – A. d. Ü.

sich darauf, wo und bei wem die Kinder leben werden. Theoretisch sollte die Person, die die Kinder hauptsächlich betreut hat, als die Eltern noch zusammenlebten, auch nach der Trennung des Paares die Hauptsorge für sie behalten. Je nach deinen und den Wünschen deines Ex, nach deiner Beziehung zu deinem Ex und nach der Entfernung zwischen euren Wohnorten habt ihr mehrere Möglichkeiten zur Auswahl. Ihr könnt gemeinsames juristisches und physisches Sorgerecht haben, gemeinsames juristisches und alleiniges physisches Sorgerecht, gemeinsames physisches und alleiniges juristisches Sorgerecht, oder wie auch immer.
In Deutschland wird keine klare Aufteilung des Sorgerechts in dieser Form vorgenommen. Gemeinsame Sorge bedeutet, daß ihr für Fragen von erheblicher Bedeutung für das Kind gemeinsam verantwortlich seid (es sei denn, ihr habt die Zuständigkeiten in einer notariell beglaubigten Sorgevereinbarung genauer definiert), während ihr euch darauf einigen sollt, wo das Kind seinen Lebensmittelpunkt haben, d. h. wohnen wird. Dieser soll nicht auf zwei Haushalte aufgeteilt werden. Der Elternteil, bei dem das Kind lebt, kann dann in Fragen des alltäglichen Lebens selbständig entscheiden. Gelangen die Eltern zu keiner Einigung, wird das Jugendamt um Stellung gebeten.
Wenn ein Elternteil das physische Sorgerecht hat, hat der andere Elternteil ein Umgangsrecht. Dieses kann von einem beaufsichtigten Nachmittag pro Woche (was den nichtsorgeberechtigten Elternteilen der Variante »abscheuliches Verbrechen« vorbehalten bleibt) bis zur Hälfte der Tage pro Jahr gehen. Hier sind zehn Standardlösungen für die Aufteilung des Sorgerechts in den USA, die mir Leute, mit denen ich gesprochen habe, genannt haben.

Die Lösung des »angemessenen Umgangs«:

Als Robin und Mike geschieden wurden, erhielt er das volle Sorgerecht für die Kinder, und Robin wurde »angemessener

Umgang« eingeräumt, was bedeutete, daß sie die Kinder jedes Wochenende hatte. Beide Eltern blieben jedoch aktiv beteiligt an den schulischen und anderen Entscheidungen, die das Leben ihrer Töchter betrafen, da sie das gemeinsame juristische Sorgerecht hatten.

Die Feindseligkeits-Lösung:
Jonas und Beth hegen soviel Feindseligkeit gegeneinander, daß es für ihre Tochter von Schaden wäre, wenn die beiden regelmäßigen Kontakt hätten. Sie leben jedoch unweit voneinander entfernt, so daß häufige Besuche stattfinden können. Ihre siebenjährige Tochter verbringt jedes zweite Wochenende (von Freitag abend bis Montag morgen) sowie jeden Mittwochnachmittag mit ihrem Vater. Beth hat das alleinige juristische und physische Sorgerecht, aber Jonas hat Zugang zu den schulischen und ärztlichen Unterlagen seiner Tochter, vor allem um sicher zu sein, daß Beth nicht irgendwas total Hirnverbranntes macht.

Die total außergerichtliche Lösung:
Lisa und Veronica haben ein Kind, das Lisas biologischer Abkömmling ist. Die beiden lebten als gemeinsames Elternpaar mit ihrem Sohn, bis er vier Jahre alt war, und trennten sich dann. Lisa hat das alleinige Sorgerecht für ihren Sohn (sie sind nie vor Gericht gezogen, und Veronica hat keinen rechtlichen Anspruch auf das Kind), doch da das ehemalige Paar ein gutes Verhältnis hat, gesteht sie Veronica »angemessenen Umgang« zu, was in der Regel auf ein bis zwei Wochenenden im Monat, eine Woche im Sommer und immer abends, wenn es beiden Eltern gerade paßt, hinausläuft.

Die Zwei-Küsten-Lösung:
Judy und Bob leben 5000 Kilometer voneinander entfernt. Judy hat daher das alleinige physische Sorgerecht für ihre beiden Kinder, und Bob sieht sie sechs Wochen im Sommer und eine Woche an Weihnachten. Judy und Bob haben eine etwas schwierige Beziehung, aber sie können alle paar Wochen miteinander reden, wenn die Kinder außer Haus sind (was ihnen

eventuelle laute Töne erspart) und sind in Erziehungsfragen meist einer Meinung, so daß sie ein gemeinsames juristisches Sorgerecht haben. Zusätzlich zu den zweimaligen Besuchen im Jahr rufen die Kinder ihren Papa an, wann sie wollen. Das Paar hat auch vereinbart, daß die Kinder im frühen Teenalter entscheiden dürfen, ob sie einige Schuljahre bei ihrem Vater verbringen wollen. (Die Teenjahre, sollte ich anmerken, sind wahrscheinlich so wunderlich, daß es sinnlos ist, sich im voraus darüber Gedanken zu machen.)

Die flexible Lösung:
Lecia und Terrance haben sich getrennt, als ihre Tochter drei war, und sie einigten sich auf ein fifty-fifty gemeinsames juristisches und physisches Sorgerechtsarrangement. Da Lecias Leben jedoch in ständigem Wandel begriffen war und sie oft umgezogen ist, hat ihre heute achtzehnjährige Tochter einige Jahre fast ausschließlich beim Papa gelebt und einige Jahre ihre Zeit etwas gleichmäßiger auf die Wohnungen beider Eltern verteilt. Lecia und Terrance passen ihr Arrangement den Gegebenheiten so oft wie nötig an und verlangen im großen und ganzen voneinander nicht viel mehr als Verständnis und guten Willen.

Die Fifity-fifty-Lösung:
Anna und Tom kümmerten sich während ihrer Ehe mit einer Art obsessiven Gleichheit um ihre Zwillingstöchter, und so blieben sie nach der Scheidung einfach in unmittelbarer Nähe zueinander wohnen und teilten sich sowohl das juristische wie auch das physische Sorgerecht – das hieß wöchentliches Hin-und-Her-Pendeln der Kinder zwischen ihren Wohnungen. Da sich dies als äußerst aufreibendes Unterfangen erwies, trat die ganze Bande auf Dauer einer Selbsthilfe- und Vermittlungsgruppe bei, in der sie regelmäßig professionelle Hilfe bekam, um die Kommunikation untereinander aufrechtzuerhalten und stets im Bilde zu sein, wie die Kinder alles verkrafteten.

Die »Papa-ist-wieder-da«-Lösung:
Mary Anne war mit dem Vater ihres Sohnes nie verheiratet,

und er zeigte in den ersten paar Jahren wenig Interesse an dem Kind. Als er wieder auftauchte und um »angemessenen Umgang« bat, einigten sich die beiden auf einen Tag pro Woche als festen Besuchsplan.

Die Stiefvater-Lösung:
Als Stiefvater spielte Ron im Leben seiner beiden Stiefsöhne nur etwa zweieinhalb Jahre lang eine größere Rolle. Die Jungen, vier und acht Jahre alt, hatten ihn nichtsdestotrotz sehr liebgewonnen. Als Ron auszog, vereinbarten er und Andrea, die Mutter der Jungen, daß er einmal die Woche Besuchsrecht haben sollte. Das schlief dann zwar nach einigen Jahren ein, aber es war ein schöner Übergang für die Jungs.

Die Abscheuliches-Verbrechen-Lösung:
Beverly und Jim ließen sich scheiden, weil Jim sowohl gegenüber Beverly als auch gegenüber dem gemeinsamen kleinen Sohn gewalttätig war. Nach langem Gerangel vor Gericht entschied der Richter, daß Jims Besuche bei seinem Sohn von seiner Mutter überwacht werden sollten, und Beverly bekam das alleinige physische Sorgerecht zugesprochen. Das Gericht übertrug den Eltern gemeinsam das juristische Sorgerecht, so daß Jim in allen Entscheidungen bezüglich der Erziehung ihres Sohnes ein Mitspracherecht behielt. Obwohl Jim nur sporadisch zu Besuchen auftauchte und der Kontakt allmählich einschlief, wurde die rechtliche Beziehung zu seinem Sohn nie gelöst.

Die Nest-Lösung:
Nachdem sich Jennifer und Tony getrennt hatten, blieben die Kinder noch drei Jahre in dem Haus wohnen, in dem die Familie gelebt hatte, und ihre Eltern wechselten sich mit dem Ein- und Auszug ab. Das ging so lange weiter, bis allen Beteiligten ein Zacken aus der Krone zu fallen drohte, worauf sie zu etwas Ähnlichem wie dem Modell des »angemessenen Umgangs« Zuflucht nahmen.

Nun mag dein mögliches Projekt diesen »Lösungen« ähnlich sehen oder auch nicht, doch ich kann dir sagen, daß selbst die Abmachungen, die sich einigermaßen glatt anhören, viel Insichgehen, Anpassung, Kapitulation und Tränen gekostet haben. Der Sturm von Feindseligkeit, Groll und allgemeiner Hölle, der bei einer durchschnittlichen Scheidung ausbricht, soll angeblich fünf Jahre währen, wonach alles wieder leichter zu handhaben ist. Ich weiß, fünf Jahre klingt entsetzlich lang, aber ich kenne kaum Familien, die es tatsächlich darunter geschafft haben. Andererseits kenne ich kaum Leute, die es viel länger hingezogen haben. Mein Ex und ich halten unter den Eltern, mit denen ich gesprochen habe, so ziemlich den Rekord, was langfristige Feindschaft angeht, und sogar wir haben es fertiggebracht, uns zuzunicken statt aufeinander loszugehen, wenn wir das Pech haben, uns überraschend über den Weg zu laufen.
Um eine akzeptable Lösung zu finden und dabei gleichzeitig üblen Richtern und kaltschnäuzigen Anwälten aus dem Weg zu gehen, mußt du mit deinem Ex auf jeden Fall zu einer Einigung kommen. »Wenn wir uns auf etwas so Wichtiges wie das Sorgerecht einigen könnten, wären wir noch verheiratet«, denkst du jetzt. Hier kommen die Familien-Mediatoren auf den Plan. Ich muß wieder unterscheiden zwischen freiwilliger und obligatorischer Vermittlung. Obligatorische Mediation gibt es beispielsweise in Kalifornien und ist oft ein Haufen Scheiße, der noch schlimmer ist, als tatsächlich vor Gericht zu ziehen. (Wenn es zum Beispiel zu keiner Einigung mit deinem Ex kommt, entscheidet der Vermittler für euch und macht somit den ganzen Sinn der Vermittlung hinfällig.) Die Vermittlung, die ich meine, ist die, bei der man sich freiwillig zusammensetzt und eine Vereinbarung ausarbeitet, wobei keiner von euch sich unter Druck gesetzt fühlt, irgendwelchen Dingen zuzustimmen, die einem nicht geheuer sind. Familien-Mediatoren sind zwar oft Anwälte (sie können auch Psychologen, Sozialarbeiter, Richter, Berater sein), doch bei der

Mediation sind sie nur Vermittler und sollten daher jedem Elternteil empfehlen, sich mit einem eigenen Anwalt zu beraten, bevor er oder sie auf irgendwelche Rechte verzichtet. Jedenfalls behaupten Befürworter dieser Art von Vermittlung, daß sie in etwa 80 % aller Fälle klappt – und bei Sorgerechtsstreitigkeiten kann man es kaum besser machen.
In Deutschland gibt es keine obligatorische Vermittlung. Es gibt nur die freiwillige Mediation, zum Beispiel in Scheidungs- bzw. Trennungsfällen, wenn die ehemaligen Partner Probleme haben, miteinander zu verhandeln oder auch nur zu reden. Bei Streitigkeiten über das Umgangsrecht gibt es die Möglichkeit einer gerichtlichen Vermittlung, aber nur auf Antrag.
Ehe wir uns vom Thema der Mediation abwenden, noch ein Ratschlag: Vergiß es, wenn du häusliche Gewalt erfahren hast oder deine Beziehung so geartet war, daß du am Ende immer klein beigibst und mit dem Gefühl weggehst, du seist über den Tisch gezogen worden. Untersuchungen zeigen, daß Frauen mit größerer Wahrscheinlichkeit bei der Mediation »klein beigeben«, und wenn du, wie viele andere, die ich kenne, weißt, daß du in Fußabstreifer-Verhalten verfällst – sei vorsichtig. Ein Mediator, der dir helfen kann, dich aus einer tiefen Unterdrückung herauszuhandeln, ist eine Seltenheit. In solchen Fällen wirst du wohl die Kaltschnäuzigkeit eines Anwalts *brauchen*, um deine Weichherzigkeit auszugleichen.

Dein Verstand

Last but not least, was? Alles andere als »least«. Das Dumme am Verstand ist nämlich, daß nichts so leicht zu verlieren und absolut nichts ohne ihn anzufangen ist. Ich sollte wohl auch deine physische Gesundheit in diese Kategorie einschließen – zumal körperliche Zusammenbrüche dazu neigen, sich mitten in geistig-psychischen Blackouts bei uns einzuschleichen

Was man bei der Mediation bedenken sollte

- Obwohl Familien-Mediatoren oft wie Therapeuten oder Vertraute aussehen, sind es in diesem Fall keine! Gib dir Mühe, nicht wie eine hilflose Patientin zu wirken.
- Sei geschäftsmäßig nüchtern und sachlich.
- Trete für das ein, was du als das Beste für deine Kinder erachtest.
- Kannst du mit deinem Ex nicht reden, ohne zu fluchen, ihn zu beschimpfen bzw. zu bedrohen, dann richte all deine Kommentare an den Mediator.
- Falls du mit einem ehemaligen Prügler zur Mediation gehst, verlang getrennte Termine.
- Wenn du einer Sache zustimmst, es dir aber dann anders überlegst, *mach den Mund auf!*
- Gib keine Informationen preis, die später gegen dich verwendet werden könnten.

– aber das versteht sich ja von selbst, oder? So holistisch und freundschaftlich deine Scheidung auch ablaufen mag, eine auseinanderbrechende Familie ist immer eine heillose, deprimierende, stressige Art von Hölle. Ich habe schon die taffsten Mädels einknicken sehen. Und so grauenvoll deine Beziehung mit deinem Ex gewesen sein mag, wir brauchen alle Zeit, um über die guten wie die miesen Momente zu trauern. Ich habe schon einiges gesehen, was mitten in Scheidungssituationen so passieren kann: Honigmelonen, die an Wohnzimmerwände geklatscht wurden, ehemals easy-going Leute, die einander mit Messern durchs Haus jagten, Heulkrämpfe, die wochenlang dauerten, angestaute Wut, die an bereits verängstigten Kleinkindern ausgelassen wurde. Ich kenne sogar eine Tussi, die sich in ein neuntägiges Koma hineingesteigert hat. Im Ernst. Viele von uns konzentrieren sich so auf den juristischen Kuddelmuddel oder Notfall und die Beschwichtigung unserer Kinder, daß wir vergessen, uns selbst die nötige Zeit zuzugestehen, um wütend zu sein, zu trauern oder unser Leben neu zu ordnen.

Wenn du nicht schon ein tierisch robustes soziales Auffangnetz zu dem Zeitpunkt hast, da sich deine Familie aufzulösen und vor deinen Augen schmerzlich zu verwandeln beginnt, ist es jetzt höchste Eisenbahn, dir eins aufzubauen. Es muß nicht sofort was für die Ewigkeit oder das Gelbe vom Ei sein. Greif nur erst mal auf *alle* deine Ressourcen zurück. Ruf bei Verwandten (die dir keinen Streß machen), Freunden, Therapeuten, Beratungsstellen und Hotlines für seelische Notlagen (Telefonseelsorge) an. Ruf bei Babysittern, Massagepraxen und dieser alten Zimmernachbarin an, die immer so gut zuhören konnte. Erwäge Aromatherapie, Gesundheitskost to go, ausgedehnte Bäder, Meditation, Yoga oder Kickboxen. Falls du noch keine Therapeutin hast, laß dir von Freunden jemanden empfehlen. Schau in Lokalzeitungen, am Schwarzen Brett in Gemeindeeinrichtungen und im Internet nach Selbsthilfegruppen.

Du wirst die Sache schon durchstehen, aber du mußt dich um *dich selbst* genauso gut kümmern wie um deine Kinder.

Abenteuer am Familiengericht

Ich kenne eine herzzerreißende Anzahl von Frauen, die vor dem Familiengericht nach Strich und Faden beschissen wurden, und oft spielt es gar keine Rolle, was wir tun, sobald wir vor dem Kadi stehen.

Ich selbst bin etwa ein dutzendmal vor dem Familiengericht erschienen. Ich habe verklagt, und ich bin verklagt worden. In Kalifornien bedeuten ein Dutzend Termine vor Gericht ein weiteres Dutzend Termine beim obligatorischen Vermittler

Musik zum Scheidenlassen

Trennungen und Scheidungen machen, wie ihr sicher schon bemerkt habt, so viel Spaß, daß es kaum ein anderes Thema gibt, worüber gesungen wird. Solltest du jedoch feststellen, daß dir echt fetzige Scheidungsnummern fehlen, dann probier's mal mit diesen Girls. Vielleicht kannst du ja auch ein Lied davon singen:

- Bikini Kill, *Reject All American*
- Ani DiFranco, *Dilate*
- Nina Hagen, *NunSexMonkRock*
- Hole, *Live Through This*
- Janis Joplin, *Greatest Hits*
- Alanis Morisette, *Jagged Little Pill*
- Liz Phair, *Exile in Guyville*
- Michelle Shocked, *Short, Sharp, Shocked*
- *Tank Girl* – Soundtrack
- Tina Turner, *What's Love Got to Do With It?*

(ein kleiner Raum, wo ein Richter in Zivil sitzt und dir vorzugaukeln versucht, du stündest nicht vor Gericht). Ich habe mir einen Bauernzopf geflochten und ein »Nur-Trockenreinigung«-Kostüm angezogen, um vor einem Fremden zu sitzen, der insgesamt vierundzwanzigmal Entscheidungen über das Leben meiner Tochter treffen würde. In diesen scheinbar unwirklichen Situationen habe ich jede Taktik ausprobiert, die mir zu Ohren gekommen war. Ich hab's mit dem Geschäftsfrauen-Look versucht; ich hab's mit dem New-Age-Profi-Look versucht; ich hab's mit dem Soccer-Mom-Look versucht; ich habe versucht, ein Fußabstreifer zu sein; ich hab's mit Selbstbehauptung versucht; ich hab's mit Tränen versucht; ich habe sogar versucht, aggressiv zu sein; ich habe versucht, über »das Wohl des Kindes« zu reden; ich habe ver-

sucht, meine Äußerungen um *mein* Wohl herum zu konstruieren. Verdammt noch mal, Freundinnen, ich hab's mit Hexerei versucht.
Ich erzähle euch das nicht, um euch zu entmutigen, sondern damit ihr nicht in den »Ich hätte sagen sollen ...«-Strudel hineingeratet. Ich hatte genug Gelegenheit, genau das zu sagen, was ich beim letzten Mal »hätte sagen sollen«, und es hat mir einen feuchten Dreck genützt. Wie die meisten Frauen habe ich Lehrgeld für die Entdeckung zahlen müssen, daß der Familiengerichts-Kosmos mit »Interessenkonflikten, politischen Verflechtungen und der durch Inzucht erzeugten, immer noch männerbeherrschten Welt von Richtern und Anwälten« gefüllt ist, wie Christopher Darden und viele andere angemerkt haben. Viele dieser Leute profitieren vom Elend der Frauen und Kinder, und weil der Oberste Gerichtshof selten Familienrechtsfälle verhandelt, selbst wenn unsere verfassungsmäßigen Rechte verletzt werden, haben wir oft keine weiteren Rechtsmittel zur Verfügung.
Vierundzwanzig Anläufe, um irgendeinen Sozialarbeiter oder Richter oder sogar Anwalt dazu zu kriegen, »es zu kapieren«, haben mich eine Kleinigkeit gelehrt: Menschen, die »es kapieren«, arbeiten in der Regel nicht am Familiengericht. All mein Reden hat mich mit einem Gefühl zurückgelassen, wie es Utah Philips hatte, als er versuchte, mit einem Republikaner zu kommunizieren. Es ist »wie wenn man mit einem Kühlschrank redet«, sagt er. »Das Licht geht an, das Licht geht aus, er wird nichts tun, was nicht in ihn hineingebaut ist.«
Klar, mein Soccer-Mom-im-Pret-à-porter-Look ist besser angekommen als das New-Age-Profi-Outfit; mein selbstbehauptend-und-doch-feuchtäugiger Auftritt hinterließ einen besseren Eindruck als mein emanzipiert-und-aggressiver; und meine Äußerungen um »das Wohl des Kindes« herum zu konstruieren funktionierte wesentlich besser, als den Mediator zu meinem Hexensabbat einzuladen. Doch all diese Ver-

suche führten im Prinzip zum selben Ergebnis. Wenn mein Ex mehr Zeit mit unserer Tochter haben wollte, hat er sie gekriegt. Und wenn er seiner Unterhaltszahlung nicht nachkam, hat das niemanden weiter gejuckt. Tja, und nicht nur Leute, die fürs Familiengericht arbeiten, sind außerstande, »es zu kapieren«, sondern selbst diejenigen, die unheimliche Ähnlichkeit mit meinen radikalfeministischen Freundinnen aufweisen, haben nur etwa drei in sie eingebaute Schlußfolgerungen parat: »Sie ist verrückt, und er kümmert sich«, »Sie ist hysterisch, und er tut sein möglichstes unter den stressigen Umständen« und »Sie braucht eine Therapie, und er braucht mehr Freiheit und weniger Rechnungen am Hals«.
Welche Perlen der Weisheit kann ich dir also bieten, wenn du auf dem Weg zum Familiengericht bist? Na ja ...

- Sieh zu, daß du nach deinen eigenen Bedingungen über den Tisch gezogen wirst – berate dich mit einer Anwältin, versuch eine Einigung zu entwerfen, mit der du leben kannst, und krieg deinen Ex dazu, sie zu unterschreiben. Mir ist klar, daß das leichter gesagt als getan ist, aber wie es eine Expertin für Familienrecht ausdrückte: »Mama hat einmal, und *nur einmal*, die meiste Macht – *bevor* alle in diesen Gerichtssaal marschieren. Sobald Papa mitkriegt, was da drin tatsächlich gespielt wird, hat er alle Trümpfe in der Hand.«
- Falls du doch zu einem Gerichtstermin geladen wirst, *sei da*. Es stimmt zwar, daß du nicht mit ansehen mußt, wie du geleimt wirst, wenn du nicht erscheinst, aber glaub mir einfach aufs Wort: Wenn du nicht da bist, werden sie dich um alles bescheißen, was du hast – und mehr.
- Vor Gericht ist ein gewisses Maß an Kuschen angesagt. Sei selbstbewußt und trete für das ein, was deiner Meinung nach das Beste für deine Kinder ist, aber bitte tu so, als würdest du den Richter bzw. jeden, der irgendwelche Macht hat, respektieren.

- Bring Kopien aller verfügbaren Unterlagen mit (d. h. Einkommensnachweis, Belege über deine wichtigsten Ausgaben, einstweilige Verfügungen, Polizeiprotokolle usw.).
- Wenn du es doch mit Hexerei versuchen willst, bring nicht zu viele Utensilien mit. Es macht nichts, wenn deine mit Pfefferminzöl getränkte Johanniswurzel auf den Boden fällt (alle werden denken, du schleppst bloß ein altes Stück Scheiße mit dir rum), aber wenn du eine mit Nadeln gespickte Puppe und einen großen metallenen Drudenfuß fallen läßt ... na ja, das ist einfach nicht der Eindruck, den wir machen wollen.
- Nenn niemanden einen »weißhaarigen alten Waschlappen, der sowieso nie einen hoch gekriegt hat!« Jedenfalls nicht laut.
- Formuliere deine Äußerungen immer um »das Wohl des Kindes« herum. Wenn du von den Kindern sprichst, sag »unsere« statt »meine«.
- Denk dran: Du bist nicht verrückt. Du bist nur in einem verrückten System gefangen.
- Versuch ruhig und geschäftsmäßig cool zu bleiben.
- Vergiß nicht zu atmen.
- Behalte beide Füße auf dem Boden des Gerichtssaals, und sei versichert, daß die Erde darunter dich tragen wird.

Unseren Kindern durchs Leben helfen

Meine Freundin Julia schenkte mir kürzlich einen wunderbaren Cartoon, den sie aus *The New Yorker* ausgeschnitten hatte. Eine Fischmama sagt zu ihrem Jungen: »Es ist eine traurige Geschichte, Schätzchen. Ich bin eine Singlemama, weil ich deinen Vater aufgefressen habe.« Das kleine Fischli sieht leicht entsetzt aus, aber man hat das Gefühl, es wird darüber hinwegkommen.

Bei einem Familienzerfall, wie bei jedem anderen Trauma,

wenn wir alles gebrauchen können, nur nicht daß unsere Kinder herummeckern, kauzig werden, ständig was wollen, empfindlicher, aggressiver werden, andauernd weinen oder ähnliches, tun sie genau dieses. Das ist alles eine normale Reaktion auf die Ereignisse. Versuch also mitfühlend zu sein und ihnen zu helfen, wo's geht. Gib ihnen etwas mehr Leine, und sie werden mit der Zeit schon wieder zurückkommen.
Kinder können so gut wie alles überstehen, solange man ihnen die Wahrheit über die Vorgänge sagt und sie nicht unter Druck setzt, »Partei zu ergreifen«, doch es ist wichtig, unseren Kindern eine Wahrheit zu sagen, die wohl durchdacht und ihrem Alter angemessen ist. Die Enthüllung zum Beispiel, daß »Mama und Papa sich nicht mehr liebhaben«, beschwört die unmittelbare, oft unausgesprochene Reaktion herauf: »Und wann hast du mich nicht mehr lieb?«
Kinder müssen lernen, daß es verschiedene Arten von Liebe und verschiedene Arten von Bindungen gibt.
Wir haben keine Kontrolle darüber, was der andere Elternteil unserer Kinder macht, aber wir können uns nach Kräften bemühen, eine stabile, unterstützende Kraft in ihrem Leben zu sein. Die meisten meiner Bekannten, die das Gefühl haben, durch die Scheidung ihrer Eltern um alles betrogen worden zu sein, haben von *beiden* Seiten eine Menge Scheiße zu hören bekommen. Hier sind einige meiner persönlichen Richtlinien für den Umgang mit meiner Tochter und ihrem Vater. Eure mögen etwas anders aussehen, aber ich finde, die folgenden sind ziemlich fundamental:

- Die Wahrheit sagen.
- Themen behandeln, wenn sie aufkommen.
- Die Beziehung meiner Tochter zu ihrem Vater respektieren.
- So herzlich zu ihm sein, wie es geht.
- Bei Freundinnen und Bekannten herumschimpfen, wenn ich sauer bin, nicht vor meinem Kind.

- Meiner Tochter versichern, daß, was immer passiert, nicht ihre Schuld ist und es auch nicht ihre Aufgabe ist, sich darüber Sorgen zu machen.
- Mir bewertende oder böse Kommentare verkneifen – sie auch nicht vor mich hin murmeln.
- Rechtliche und gerichtliche Themen möglichst für mich behalten.
- Kinderbücher über nichttraditionelle Familien vorlesen; sicherstellen, daß im Leben meines Kindes andere nichttraditionelle Familien vorkommen.
- Eine stabile Kraft im Leben meines Kindes sein.
- Absolut jedes Versprechen einhalten.

Die Wahrheit zu sagen und nicht schlecht über den anderen Elternteil zu sprechen mag zunächst als ein Widerspruch erscheinen, doch es ist keiner. Wir werden viel Gelegenheit im Leben unserer Kinder haben, ihre Gefühle zu unterstützen, auch wenn wir sie nicht teilen. Und die Familienauflösung ist kein schlechterer Zeitpunkt, damit anzufangen, als irgendein anderer. Wenn unsere Kinder also sagen, sie vermissen ihren anderen Elternteil, haben wir zwei Alternativen. Wir können sagen: »Wie kannst du einen hirnlosen, feigen Arsch wie den vermissen?« oder wir können ihre Gefühle anerkennen, indem wir etwa sagen: »Es muß schwer für dich sein, daß wir jetzt in verschiedenen Wohnungen leben.« Egal, was für ein hirnloser, feiger Arsch dein Ex sein mag, wenn du jemals ein Kind warst, weißt du, welche Antwort die bessere ist.

Wenn wir unserer Anwältin zufällig in der Schlange im Supermarkt begegnen, können wir sie unserem Kind einfach vorstellen als »eine von den Leuten, die deinem Papa und mir helfen, unsere Zeitpläne auszuarbeiten«.

Haben wir uns wegen Gewalt in der Familie scheiden lassen, können wir beispielsweise sagen: »Papa hat eine Menge Probleme mit Wut und Schlagen. Das ist nicht unsere Schuld.

Und es ist sicherer für uns, wenn wir nicht mehr mit ihm zusammenleben.«

Während einer Trennung ist es oft unklar, wie der eventuelle Umgangs-Zeitplan aussehen könnte. Auch in dieser Beziehung sollten wir ehrlich sein. Wir können sagen: »Wir wissen noch nicht, wie oft du deinen Papa sehen wirst, aber wir versuchen es so schnell wie möglich auszuarbeiten.«

Das sind Wahrheiten.

Ich will damit nicht sagen, daß wir den anderen Elternteil in Schutz nehmen müssen. Unsere Kinder mögen sich sehr wohl von Mama oder Papa im Stich gelassen oder verletzt fühlen. Aber wir können ihr Gefühl, verraten worden zu sein, hinnehmen, ohne es mit unserem eigenen anzufachen. Wie meine Freundin Amrita sagt: »Wenn ich etwas höre, was mich total aufregt, muß ich mir auf die Zunge beißen und meinen Sohn fragen: ›Und wie stehst du dazu?‹«

Wir brauchen unsere Gefühle von Enttäuschung und Wut nicht unbedingt zu verbergen, solange wir sie nicht gegen unsere Kinder richten. Eine Freundin von mir hatte einen solchen Braß auf ihren Ex, als er mit einer anderen Frau abschob, daß sie drei Jahre lang jeden Tag auf ihre Polstermöbel eindrosch. Ihre Kinder gewöhnten sich mit der Zeit daran. Wenn sie dann mit Freunden von der Schule heimkamen, die zwangsläufig fragten, was los sei, erwiderten sie einfach: »Ach, meine Mama verkloppt bloß meinen Paps.«

Drüber hinwegkommen

»Ich hab' die Kinder einfach zu einem Babysitter gebracht und bin in ein Punkkonzert gegangen. Alle im Publikum schrien, als wollten sie jemanden umbringen, und ich fühlte mich keineswegs fehl am Platz. Anschließend bin ich ganz langsam nach Hause gelaufen, um mich wieder zu beruhigen, und hab' mir noch in einem Laden etwas Kräutertee gekauft.«

– Yvette, vierundzwanzig

»Ich war so außer mir, daß ich nicht mal wußte, ob ich überhaupt einen Satz zusammenkriege. Ich versuchte mir einfach vor Augen zu halten, daß Anwälte und Richter und Gerichte – nichts davon wirklich ist. Ich hab' mir einen blauen Laserstrahl vorgestellt, der durch meinen Körper ging und mich mit der Erde verband, und es hat geholfen.« – Lilianne, einundvierzig

»Jeden Tag habe ich mir gesagt: ›Das einzige, womit du fertigwerden mußt, ist heute. Überstehe ich den heutigen Tag, ohne auszurasten und die Kinder anzubrüllen? Schaffe ich es, meine sieben Sinne für diesen einen Termin beisammenzuhalten? Kann ich diese eine Massage bezahlen? Kann ich diese Herausforderung so bewältigen, daß ich später stolz drauf bin?‹ Manchmal ist das Gesamtbild einfach zu groß.« – Kim, fünfunddreißig

»Meine Scheidung ist so schnell so gewalttätig und häßlich geworden. Ich bin erst mal zu meinen Eltern gezogen, aber die haben bloß gesagt: ›Also, wenn er all diese schrecklichen Sachen gemacht hat, mußt du ihn so weit gebracht haben.‹ Ich hab' all meine Energie gebraucht, um Leute zu finden, die mir helfen konnten zu sagen: ›Nein, es ist nicht meine Schuld.‹ Aber ich habe diese Leute gefunden. Und ich habe mich nicht unterkriegen lassen.« – Maria, dreißig

Wir wissen alle, daß das Zerbrechen einer Familie problematisch und chaotisch ist. Aber oft entpuppt es sich als eine gute Sache. Wir würden uns doch nicht diesem ganzen Höllensturm aussetzen, wenn es nicht irgendeine Belohnung – irgendeinen Frühling – am Ende des langen, langen Winters gäbe. Wir haben eine neue Familienstruktur, unser Zuhause ist anders. Es ist nicht kaputt, erkennen wir, es ist nur anders. Häufig sind wir freier, glücklicher und gescheiter im Umgang mit unseren Problemen. Was immer es war, das uns in unserer Beziehung erstickt und zurückgehalten hat, wogegen wir so hart angekämpft haben, um es zu ändern, hat sich gewandelt.

Nach einem verheerenden Berghangbrand vor einigen Jahren in Oakland sah ich in den Nachrichten eine Frau, die auf der Asche ihres einstigen Hauses stand und eine verkohlte Schale umklammert hielt. »Ich habe alles verloren«, sagte sie, doch an ihrem Gesichtsausdruck konnte ich ablesen, daß das gelogen war. »Wir haben all unsere Sachen verloren. Ich habe die Doktorarbeit verloren, an der ich seit zehn Jahren schreibe. Es gibt keine Kopie davon. Doch schauen Sie«, sagte sie, indem sie sich an die Brust klopfte und dann auf einige Familienmitglieder neben dem Kamin deutete, der einmal mit einem Haus verbunden war. »Wir leben. Und sehen Sie mal«, sagte sie gerade, wobei sie sich umdrehte und auf etwas hinter ihr deutete, bevor der Nachrichtenreporter in ihre Ausführungen hineinplatzte. Sie wies mit der Hand zu den Bäumen hin, die ein Stück weiter den Hang hinauf noch standen, oder auf einen Himmelsausschnitt. Ich stellte mir vor, daß sie auf etwas Wunderschönes aufmerksam machen wollte, das sie von ihrem Grundstück aus jetzt, da keine Gebäude die Sicht versperrten, sehen konnte.

Scheidung in Würde

Opal Palmer Adisa, Schriftstellerin-Professorin und Mama, Autorin von It Begins with Tears *und anderen Erzählungen*

Ich weiß, daß Sie sich seit fast einem Jahr scheiden lassen, aber man hat nie den Eindruck, daß Sie daran zerbrechen. Vielleicht haben Sie einen Rat über eine Scheidung in Würde?
Einerseits stimmt es, daß ich daran nicht zerbrochen bin, aber ich habe mich dieses Jahr von der Arbeit befreien lassen. Ich hatte zehn Jahre sehr intensiv gearbeitet, und daher habe ich mir die Zeit für diesen Umbruch freigenommen – für mich selbst und für die Kinder.

Die Scheidung hat für mich ein Scheitern bedeutet. Und meine Kinder sind immer noch sehr mitgenommen von der ganzen Sache. Die Ehe war etwas, was ich um meiner Kinder willen gewollt hatte, etwas, in das ich eine Menge Zeit investiert hatte. Ich glaube, am Anfang unserer Trennung habe ich alles nur durch Arbeiten überstanden. Auf einer Ebene war meine Bewältigungsstrategie, so zu tun, als würde es nicht passieren. Ich hab's beiseite geschoben. Ich mußte das Semester beenden und konnte unmöglich vor meinen Studenten zusammenbrechen. Sie waren auf mich angewiesen. Und meine Kinder waren auch auf mich angewiesen.

Viele Leute sagen, man soll keine Wut haben, aber das ist Quatsch. Wenn man Zeit in eine Ehe investiert hat und davon ausgegangen ist, daß sie ein Leben lang halten würde, wenn man geglaubt hat, man könnte seinen Kindern Stabilität geben, dann muß man die Wut, die Enttäuschung, das Gefühl des Versagens empfinden. Etwas Traumatisches ist passiert. Eine Scheidung ist das zweite bedeutende Trauma, das wir erleben, neben dem Tod eines geliebten Menschen.

Lange danach kann man es abtun, aber während des Sommers mußte ich dieses Gefühl der Wut, des Verrats, des Betrogenseins zulassen. Ich konnte den Namen meines Exmannes nie ohne den Zusatz »der Drecksack« aussprechen, und ich fluche normalerweise nicht.
Man sagte mir, ich würde drei oder vier Jahre brauchen, um über diese Wut hinwegzukommen, und ich dachte: »Um Gottes willen. Ich kann keine vier Jahre mehr hierein investieren.« Und so habe ich mich in meiner typisch pragmatischen Weise hineinfallen lassen und die volle Wucht meiner Wut gespürt. Hätte ich sie unterdrückt, hätte es viel länger gedauert, um meinen inneren Frieden zu finden und das Ganze letztendlich zu akzeptieren.

Wie haben Sie Ihren Kindern geholfen, diese Zeit durchzustehen?

Oh, ich wurde gerettet. Meine Mutter hat die Kinder für zwei Monate genommen, so daß sie außerhalb der Kampfzone waren. Sie waren außerhalb des totalen Aufruhrs in mir. Meine Mutter kannte sich aus, weil sie selbst geschieden ist. Sie hat angeboten, die Kinder im Sommer zwei Monate bei sich zu Hause in Jamaika aufzunehmen. Als ich sie im August abholen kam, hatten sie sich sehr verändert. Weitab von der Schußlinie zu sein, dort bei meiner Mutter zu sein, an den Strand gehen zu können, das alles hat ihnen unermeßlich geholfen.
Und im August war ein Großteil meiner Wut schon verflogen. Sie war von Trauer abgelöst worden, einer Art Schwermut, in der man sich fragt: »Was ist schiefgelaufen?« und: »Wieso habe ich es früher wieder hinbiegen können und dieses Mal nicht?«
Und so habe ich uns in dieser zweiten Phase alle in der Therapie untergebracht. Ich hatte einen derart vollen Lebens-Terminkalender gehabt, daß ich wußte, was ich jetzt unbedingt brauchte, war, nicht zu arbeiten und mehr Zeit für die

Kinder zu haben. Und mehr Zeit für mich. Ich war jetzt eine Singlemama, und ich hatte in meiner Ehe das Glück gehabt, daß mein Mann seinen Anteil an allem wirklich beitrug; und nun blieb plötzlich alles an mir hängen. Am Anfang war ich total überfordert. Die Frauenbewegung hat uns mit der Behauptung, Frauen könnten alles allein machen, angeschmiert, denn wir können es nicht.

Als ich klein war in Jamaika, hatte meine Mutter immer Hilfe im Haushalt; deswegen kam es mir verrückt vor, ganz auf mich allein gestellt zu sein. Der Wäschekorb ist randvoll, ich bügele nichts, der Boden wird nicht gewischt. Vorher hätte es so was nie gegeben, aber ich mußte Prioritäten setzen. Und meistens würde ich viel lieber in den Park gehen als den Boden wischen.

Außerdem mußte ich, da ich nun zweiundvierzig und an einem Punkt angekommen war, auf den ich nicht vorbereitet war, erst mal innehalten und mich fragen: »Was mache ich jetzt mit meinem Leben?«

Ist es Ihnen beiden schwergefallen, die Einzelheiten des Sorgerechts auszuarbeiten?

O ja. Es hat einen Riesenkampf um das Sorgerecht gegeben. Das lag zum Teil auch daran, daß wir noch immer so wütend aufeinander waren. Die Kinder bedeuten mir sehr viel, und sie bedeuten ihm viel. Aber irgendwie waren sie das einzige, worum wir kämpfen konnten.

Wie haben Sie es hingekriegt, Ihren Kindern gegenüber ehrlich, aber nicht zu ehrlich zu sein?

Ich wollte nicht lügen. Ich mochte ihn nicht, also wollte ich nicht so tun, als würde ich ihn mögen. Aber ich hatte das Gefühl, ihn nicht mehr zu kennen; als hätte ich ihn nie wirklich gekannt. Meinen Kindern habe ich jedoch klargemacht, daß meine Beziehung zu ihrem Vater anders ist als ihre Beziehung zu ihm. Ich habe ihnen gesagt: »Ihr könnt euren Papa liebhaben und euch toll mit ihm amüsieren, nur ich will nicht mit ihm zusammensein.«

Ist die Sorgerechtsfrage jetzt geklärt?

Wir haben das gemeinsame Sorgerecht, aber die Kinder leben bei mir. Sie sind jedes zweite Wochenende und einmal die Woche zum Abendessen bei ihm.
Anfangs habe ich diese Regelung gehaßt. Da war diese Trägheit; ich habe so gut wie nichts getan, wenn sie weg waren. Doch inzwischen kann ich mich sogar auf die Wochenenden ohne sie freuen. Dann kann ich das Haus saubermachen. Ich habe etwas Zeit für mich selbst. Ich kann arbeiten. Aber ich mache mir schon Sorgen darüber, wie sich das alles auf ihr Gefühl von Zugehörigkeit, ihr Gefühl von Stabilität auswirken wird.
Mich stört diese Auffassung, nach der es nur die Eltern sind, die geschieden werden, nicht die Kinder. Das stimmt nicht. Auch sie werden von einem Lebensstil geschieden, in den sie investiert haben. Die meisten von uns würden sich nicht freiwillig dafür entscheiden, ständig zwischen zwei Heimstätten hin und her zu pendeln.
Mich wurmt es, daß ich jetzt von wichtigen Teilen ihres Lebens ausgeschlossen bin. Wenn sie bei ihm sind, können Dinge passieren, von denen ich nie etwas wissen werde. Die Übergänge sind auch hart. Sie sind immer von Freitag bis einschließlich Montag bei ihm; daher stelle ich an den Dienstagen, wenn sie wiederkommen, keine Ansprüche an sie. Wir hängen einfach nur rum und lassen's uns gutgehen.

Hat eine Scheidung auch gute Seiten?

Für jemanden wie mich war es eine Gelegenheit, innezuhalten und mein Leben neu zu definieren, zu bestimmen, was ich mit meinem Leben machen will und was für ein Leben ich mir für meine Kinder wünsche. Ich stamme aus der Mittelschicht, mein Mann stammt aus einer Arbeiterfamilie. Was für mich notwendige Dinge waren, nannte er »Verwöhnen«. Einiges von dem, worüber ich also früher verhandeln mußte, kann ich jetzt einfach tun. Du mußt dich zwar als alleinstehende Mutter ganz auf dich selbst verlassen, aber du kannst mit deinen Kindern machen, was du willst. Außerdem genieße ich es wirklich, ein eigenes Leben zu haben. Es ist schön, ein eigenes Zimmer zu haben. Die Kinder kommen des öfteren nachts zu mir ins Bett gekrochen, und das empfinde ich als ganz natürlich. Ich glaube, ich bin heute eine bessere Mutter. Ich bin mehr die Mutter, die ich sein wollte. Und ich habe jedes zweite Wochenende eine eingebaute Pause.

Wir würden alle lieber den vielen Traumen ausweichen, die das Leben auf unseren Weg wirft. Doch wenn wir die Krise erst einmal gemeistert haben, wenn wir erkennen, daß wir überleben werden, würde kaum jemand von uns zurück wollen und die Vergangenheit ändern. Wenn etwas zu Ende geht, beginnt schließlich etwas Neues. Das ist immer so.
»Neue Saat ist vertrauensvoll«, sagt Clarissa Pinkola Estés. »Sie wurzelt dort am tiefsten, wo es am kärgsten ist.« Also habt Vertrauen und seid stolz auf alles, was ihr überlebt habt. Es ist ein Teil von der, die ihr seid.

Teil vier
Wie du die Mama wirst, die du bist

Kapitel 12
Mütterliche Guerillataktiken

> Nimm nie die Meinung eines Experten hin, wenn sie deiner eigenen widerspricht, denn die Experten können ihre Meinung ändern.
> Das Beharren auf deiner eigenen Wahrheit ist der einzig sichere Boden, auf dem du stehen kannst, da nur deine eigenen Erklärungen eines Tages vor Gericht verteidigt werden können.
>
> *– Mary Kay Blakely*

Eine Guerillasoldatin hat immer eine große revolutionäre Vision, aber selten das militärische Training, um sie zu untermauern. Das Waffenverhältnis spricht gegen sie. Sie ist in der Unterzahl. Und die Logik sagt, daß sie nicht den Hauch einer Chance hat.

Wie kommt es dann, daß nichts einen General so in Angst und Schrecken versetzt wie die Aussicht, irgendeiner Guerillakriegerin aus dem Lumpenproletariat im unbekannten Dschungel gegenüberzustehen? Ganz einfach: Die Guerillasoldatin kämpft mit dem Herzen, sie »führt« nicht einfach »Befehle aus«. Sie kennt das Terrain. Sie hält sich nicht an die Spielregeln. Manchmal zieht sie sich zurück, aber sie ergibt sich nie.

Im Lauf der Jahre ist mir aufgefallen, daß die Mamas, die mit ungebrochenem Geist und Humor zu überleben scheinen, nicht unbedingt die mit dem meisten Geld oder den bedeutendsten Ehemännern oder den besten Rezepten für Weihnachtsplätzchen sind – es sind die, die ein Verständnis von Mutterschaft haben wie Guerillasoldaten, die ihr Heimatland verteidigen. Sie sind nicht paranoid. Sie können ganz cool und entspannt sein. Aber wenn sie einen Feind nahen hören, sind sie immer bereit.

Wie sehen unsere Feinde aus? Die Gefahr, die wir oft um die nächste Ecke wittern, hat viele Gesichter. Da gibt's Verbrecher, Schlägertypen, Nervenzusammenbrüche, Ex-Ehemänner, Inkassoagenten, reale oder eingebildete Monster. Als würde das nicht genügen, finden wir oft sogar noch mehr Gegner innerhalb der Institutionen, an die wir uns hilfesuchend wenden. Wir finden sie in der Ärzteschaft, im Schulsystem, in der Spielzeugindustrie, in der Werbung, in den Betrieben, in den Sozialämtern und im Gerichtswesen. Wir stehen einer ganzen Kultur gegenüber, die Mütter lehrt, sich vor all diesen Institutionen zu ducken; Plätzchen zu backen, wenn wir eigentlich Revolutionen machen sollten; doppelte Schicht zu arbeiten, wenn wir mit unseren Kindern relaxen sollten; dem Rat eines »Experten« zu folgen, wenn wir unserem Herzen folgen sollten.

Guerilleros – oder »Widerstandskämpfer« – sind all jene »leichtbewaffneten irregulärenTruppen, die hinter den feindlichen Linien operieren«, so mein *Lexikon der modernen Kriegsführung*. Und wenn uns unser Leben als Mütter wie ein Schlachtfeld vorkommt, können wir, glaube ich, diesen leichtbewaffneten Freischärlern alle nachfühlen. Schließlich ist Widerstand – wie Alice Walker verdeutlicht hat – der Schlüssel zur Freude. Und, möglicherweise, der Schlüssel zur Mutterschaft.

Wenn Hartnäckigkeit sein muß

Ich glaube nicht an einen angeborenen »Mutterinstinkt«, wenn es darum geht herauszukriegen, wie wir unsere Neugeborenen füttern müssen, aber der Impuls, unsere Kinder zu schützen, ist sowohl vehement als auch instinktiv. Nehmt mal die Kickboxerin Ramona Gatto. Sie hatte den Sport bereits aufgegeben, als ihre Tochter zur Welt kam, doch sie kehrte mit einer neuen Entschlossenheit als Mama aus dem Ruhestand zurück in den Ring. Einer Journalistin erzählte sie einmal, sie kämpfe inzwischen nicht nur, um eine Gegnerin zu schlagen, sondern »als würde diese Person meinem Kind das Essen wegnehmen«. Dank der Energie, die sie aus diesem Gedanken bezog, wurde sie Weltmeisterin.

»Mutterschaft ist eine radikalisierende Erfahrung«, versichert mir eine Veteranenmama. Und das ist sie. Das ist sie immer. Als Mütter entdecken wir oft, daß alles, was auf dieser Welt – und in unserem Leben – geschieht, uns so viel tiefer berührt, weil alles, ob es uns gefällt oder nicht, *unsere* Kinder betrifft. Es gibt Zeiten, da haben wir das Gefühl, wir werden es nie durch all die Minenfelder von Mutterhaß und Kinderunfreundlichkeit schaffen, die wir durchqueren müssen, um den Job zu kriegen oder den Gerichtsbeschluß oder den Seelenfrieden oder welches Elixier wir auch immer zum Überleben brauchen. Aber wir packen's trotzdem an.

Eine Freundin von mir war völlig aufgelöst, als ihre Tochter ein Jahr alt wurde und anfing zu laufen. Sie schickte mir eine E-Mail: »Ich konnte mein Baby immer beschützen und ihre Umwelt kontrollieren, damit sie sicher ist. Kann ich das immer noch?«

»Mutterschaft ist nicht bloß eine Reihe von Wehen, sie ist eine geistige Verfassung«, schreibt Erma Bombeck. »Von dem Augenblick an, da wir wissen, daß in uns Leben ist, fühlen wir die Verpflichtung, dieses menschliche Wesen zu beschützen und zu verteidigen. Es ist ein Versprechen, das wir nicht halten können.« Aber wir versuchen es. Wir versuchen es verbissen.

Als Linda, eine einundzwanzigjährige lesbische Mama, hörte, wie die Erzieherin ihres Sohnes ihm sagte, Kinder könnten »nur eine Mama haben«, gab sie der Frau entschieden das Gegenteil zu verstehen und rief sofort einen Workshop für die Belegschaft der Vorschule ins Leben, um sie für lesbische und schwule Belange zu sensibilisieren.

Als meine Freundin Gwen die Mitteilung vom Sheriffsbüro

bekam, daß sie und ihre vier Kinder das Gemeindegrundstück, auf dem sie in einem alten Schulbus kampierten, zu räumen hätten, trommelte sie ein paar Gemeindemitglieder zusammen, um ihr beim Kampf gegen die Behörde zu helfen. Sie weigerte sich standhaft, das Grundstück zu verlassen, bis die Gemeinde sich bereit erklärte, eine bezahlbare Unterkunft für sie zu finden. Die Wohnung, in die sie schließlich einzog, war zwar etwas heruntergekommen, aber sie erfüllte ihren Zweck.

Als eine andere Freundin von der Lehrerin ihres Sohnes gesagt bekam, daß er die erste Klasse wiederholen müsse, weil er eine andere Art zu lernen habe als viele seiner Klassenkameraden, versuchte sie die Schule umzustimmen, doch als die sich völlig taub stellte, initiierte sie eine Kooperative für Hausunterricht.

Eine Mama, die ich interviewt habe, stritt vor dem Familiengericht gegen einen ganz besonders abscheulichen, prügelnden Exmann. Als ihr ihre Anwälte sagten, sie »müsse einfach warten, bis er das Kind schlägt«, bevor das Besuchsrecht widerrufen werden konnte, schloß auch sie sich dem Guerillakampf an. Ihre Anwälte hatten recht, was das Gerichtssystem anging, irrten jedoch, was ihre empfohlene Reaktion betraf. Statt auf eine Tragödie zu warten, meldete diese Mama ihren vierjährigen Sohn zum Schwarzen-Gürtel-Kurs in Karate an und hatte fürderhin mit dem Familiengericht nichts mehr am Hut.

Bevor wir Kinder haben, ist es fast immer besser, zu bleiben und für das zu kämpfen, woran wir glauben. Doch sobald wir Kleine haben, die auf uns angewiesen sind, müssen wir abwägen. Manchmal müssen wir eine Protestversammlung verlassen, wenn die Bullen anrücken. Das ist keine Kapitulation. Wir geben lediglich ein Stück Gelände auf und errichten unsere eigenen Feuerschutzzonen. Dann können wir zurückkommen, unsere Geschichten erzählen und die Schlachten schlagen, ohne unsere Kinder unnötiger Gefahr auszusetzen.

Nicht schießen

Habt ihr schon mal von Ellie Nesler gehört? Sie war die nordkalifornische Mama, die den wegen sexueller Belästigung ihres Sohnes angeklagten Mann erschoß. Sie spazierte einfach in den Gerichtssaal hinein und schoß. Von vielen wurde sie natürlich als große Mamaheldin gefeiert – wir alle können ihren Instinkt nachvollziehen –, aber sie wanderte trotzdem ins Gefängnis – für vier lange Jahre.

Wenn der Feind ein Mensch ist – jemand, der unseren Kindern etwas antut –, ist unser Instinkt: erst schießen und später Fragen stellen. Doch unsere Kinder brauchen uns lebend. Und sie brauchen uns außerhalb des Gefängnisses.

All denjenigen von uns, die unserem Rechtssystem zwiespältig, wenn nicht geradezu verächtlich gegenüberstehen, mag es schwerfallen, unsere Macht aus der Hand zu geben. Wie meine Schwester sagt: »Wenn du dich mit den Bullen verbünden mußt, dann weißt du, daß du verzweifelt bist.« Aber wir müssen. Manchmal müssen wir. In diesem verrückten Land der Mutterschaft, das sich bisweilen wie ein Kriegsgebiet anfühlen kann, verschieben sich die Frontlinien andauernd, und wir finden uns öfter, als uns lieb ist, hinter den feindlichen Linien wieder – neben Leuten, von denen wir nie geglaubt hätten, daß wir jemals etwas mit ihnen zu tun haben würden.

Fürsorge und Überfürsorge

Zum Glück werden die meisten von uns nie wissen, was Ellie Nesler empfand, als sie ihren Revolver hob, aber wir kennen die leichteren Dilemmas von schützender Fürsorge und erstickender Überfürsorge. Wie vehement wir unsere Kinder auch beschützen wollen, von den ersten Wehenschmerzen an wissen wir, daß Elternschaft der langsame Prozeß des Loslassens ist. Wann vertrauen wir unserem Fürsorgeinstinkt, und wann lassen wir los und haben Vertrauen?

»Wann fange ich an, meine Tochter ohne Aufsicht draußen spielen zu lassen?« fragt etwa meine Freundin Cynthia. Bestimmt nicht mit eins. Wahrscheinlich nicht mit zwei. Mit drei oder vier, wenn wir meinen, an einem sicheren Ort zu wohnen, und wenn ältere Kinder in der Nähe sind? Mit zwölf? Wie lange bleiben und kämpfen wir am Familiengericht? In der Schule unserer Kinder? Auf dem Grundstück der Gemeinde? Das sind alles Entscheidungen, die wir fällen müssen, wenn sie sich uns stellen. Und es gibt dafür – muß ich leider sagen – kein Patentrezept. Es gibt nur Instinkt und Vertrauen. Wenn andere Kinder nicht all das tun durften, was ich tun durfte, als ich klein war, nannte meine Mutter sie »überbehütet«. Vielleicht waren sie das, doch das sind alles persönliche, individuelle Angelegenheiten, die jede von uns für sich selbst und für ihre Kinder abwägen muß.

Phavia Kujichagulia, Autorin von *Recognizing and Resolving Racism*, sagt, vom Tag der Geburt ihrer Kinder an habe sie gewußt, daß sie sie nicht beschützen – sondern nur lehren – könne. »Wenn du neben einem Kaktus lebst, kannst du den Kaktus nicht wegrücken«, sagte sie einmal in einem Interview mit *Hip Mama.* »Während sie heranwuchsen, mußte ich ihnen beibringen, was ungefährlich war und was nicht.« Dabei haben sie sich manchmal in den Finger schneiden, ein paar Tropfen Blut lassen müssen – nicht viel –, aber wie alle unsere Kinder haben sie ihre Erfahrungen selbst machen müssen.

»Obwohl Guerillakämpfer schon Siege auf der ganzen Linie errungen haben«, belehrt mich mein *Lexikon der modernen Kriegsführung*, ist die überwiegende Mehrheit von uns »in jahrelang anhaltende Kämpfe verwickelt«.

Das bedeutet nicht, daß wir nicht fortfahren sollten, wie es so schön heißt, für die gute Sache zu kämpfen. Es bedeutet lediglich, daß wir auf dem langen Marsch auch mal Pause machen, uns behelfen und uns vergnügen müssen.

Ausspannen

Eine meiner frühesten Kindheitserinnerungen ist ein Titelblatt von *MS*, auf dem eine vielarmige Göttin-Frau abgebildet war, die alles auf einmal machte. Ich weiß nicht mehr, ob es ein Sinnbild für Unterdrückung oder Befreiung sein sollte. Oft fühlt es sich jedenfalls wie beides an.

Ganz am Anfang, als ich Mama wurde, fühlte ich mich von meinen älteren feministischen Freundinnen bisweilen verurteilt, denn sie schienen zu sagen: »Was? Wir haben so viel für die Sache gearbeitet, und du gehst hin und läßt dich schwängern? Du willst nur Mutter sein?« Doch für mich hat es die Vorstellung, »nur Mutter zu sein«, nie gegeben.

Ich hatte immer das Gefühl, viele Arme zu haben. Gewiß mußte ich daran denken, meine eigene Seele zu pflegen, nicht immer alles auf einmal zu machen, nicht zu müde und vom Streß überwältigt zu werden. Aber ich habe immer gewußt, daß ich, wenn es darauf ankam, so viele von meinen Armen gebrauchen konnte, wie es die Situation erforderte.

Was sollte also dieses »nur Mutter«?

Im Lauf der Jahre habe ich es, glaube ich, verstehen gelernt. Und ich habe die anfängliche Sorge meiner feministischen Mütter schätzengelernt. Die Institution Mutterschaft *ist* benutzt worden, um uns zu unterdrücken. Als feministische Mütter sind wir Partisaninnen, die hinter den feindlichen Linien operieren. Doch die Reaktion, die ich als Verurteilung aufgefaßt habe, war mehr gemeint wie: »Verdammt noch mal, warte doch, bis du reif bist.« Nicht unbedingt »reif« im Sinne von alt genug, sondern warte, bis du von innen heraus stark genug bist, um dich nicht unterbuttern zu lassen von dem ganzen Scheiß, den die Gesellschaft für dich auf Lager hat, sobald sie in dir »nur eine Mutter« sieht. Sobald sie von dir erwartet, allem Folge zu leisten, nur nicht deinem eigenen Herzen.

Aber ob reif oder nicht, ich bin eine Mutter geworden, wie du eine geworden bist. Und wenn wir das Gefühl bekommen, wir sind von innen heraus vielleicht doch nicht stark genug, müssen wir uns eben zurückziehen. Wir müssen, wenn nicht vor den philosophischen, so wenigstens vor den praktischen Dilemmas der Mutterschaft zurückweichen.

»Jeder Mensch verdient einen Tag Abstand, an dem keine Probleme in Angriff genommen, keine Lösungen gesucht werden«, schreibt Maya Angelou in *Wouldn't Take Nothing for My Journey Now.* Und selbst die engagierteste Guerillamutter muß da zustimmen. Wir brauchen freie Tage, um, mit den Worten meiner Freundin Jackie, »nichts zu tun, außer einen Einkaufsbummel zu machen oder sechs Kilometer zu laufen oder Voodoopuppen von unseren Exfreunden zu machen oder zu bumsen«.

Wir brauchen freie Tage, um zu relaxen, um zu sagen: »Ich habe getan, was ich konnte, und ich verdiene ein Bier«, wie Ani DiFranco es ausdrückt.

»Ich hab in letzter Zeit lauter so Girliekram gemacht«, erzählte mir meine Freundin Alana kürzlich mit einem kaum merklichen Anflug von Schuldgefühl in der Stimme. »Ich habe mir letzte Woche die Nägel maniküren lassen, und gestern hab ich mir ein winziges Tattoo auf die Hand machen lassen«, fuhr sie fort. »Ich muß unbedingt Schuhe für meine Kinder besorgen, aber ich muß auch mal was für mich tun. Ich sollte doch kein schlechtes Gewissen haben, oder?«

»Tun den Kindern die Füße weh?« fragte ich.

»Nein.«

Dann sollte sie kein schlechtes Gewissen haben. Aber auch nicht im geringsten. Doch man vergißt leicht, auch mal eine Auszeit vom Nur-»Mami«-Sein zu nehmen, besonders wenn man weiß, daß die Kinder noch ein Paar Schuhe, ein größeres Dreirad oder einen Bio-Apfelsaft statt des Apfelsaftgetränks gut gebrauchen könnten.

»Du tust den Kindern keinen Gefallen damit, die Märtyrerin zu spielen«, gab ich ihr zu bedenken.

Immer wenn ich fliege und die alte Leier über das Verhalten im Notfall höre, mache ich mir Sorgen, daß ich bei einer Panik nicht in der Lage sein könnte, gemäß den Anweisungen des Stewards »Ihre eigene Sauerstoffmaske festzubinden, ehe Sie Ihren Kindern helfen«. Doch die Leute von der Fluglinie haben recht. Manchmal sind wir unseren Kindern keine Hilfe, wenn wir nicht erst für uns selbst gesorgt haben.
In einer »Muttertagsmaxime«, die mir die Dichterin Opal Palmer Adisa einmal geschickt hat, schlug sie vor, den ganzen Tag lang egoistisch zu sein. Sie schrieb:

> reagiere nicht auf die Worte: Mutter, Mami,
> Mama oder einen jener gräßlichen Ausdrücke, die
> deinen eigenen Namen ausgelöscht haben.

Mein erster Gedanke war natürlich: »Das kann ich doch nicht!« Meine Tochter *braucht* mich. Doch meine Tochter braucht mich nicht jeden Tag den ganzen Tag lang. Ich konnte mir sehr wohl etwas Zeit für mich nehmen und habe es auch getan.
Wir alle brauchen Zeit in Abgeschiedenheit. Wir müssen auch mal rauskommen und mit anderen Mamas oder mit kinderlosen Freundinnen etwas unternehmen und einfach nur Spaß haben. Wir brauchen hin und wieder einen »Frauenabend«.
Wir brauchen auch Romantik und Sexualität in unserem Leben. Wir müssen mal mit unseren Partnern ausgehen oder, wenn wir Single sind, uns auch mal Lover genehmigen können, ohne sie gleich den Kindern vorführen zu müssen. Sich ein Video auszuleihen und jeden Samstagabend mit dem Baby zu verbringen mag einfacher sein, aber nach den ersten Wochen oder Monaten der Elternschaft bringt's die Videothek halt nicht mehr.
Eine verheiratete Mama, die ich kenne, nimmt wahrhaftig ihre Eltern mit in den Urlaub. Das Paar will die Kinder nicht

zu Hause lassen, doch es braucht den eingebauten Babysitter-Dienst, den ihre Eltern bieten können – ist schließlich billiger als ein Au-Pair-Mädchen.

Während unsere Kinder heranwachsen, wird auch ihr Leben komplexer – durch Kindergarten- und Schulstundenpläne, Teams, Kurse und alle möglichen Termine. Haben wir einmal gelernt, uns um unsere eigenen Bedürfnisse zu kümmern, dann brauchen wir gelegentlich auch eine Auszeit gemeinsam mit unseren Kindern.

Mitunter lasse ich Maia zu Hause bleiben, wenn sie nicht in die Schule will, und dann hängen wir beide im Jogginganzug rum und tun, was uns gefällt. Eine Kindertherapeutin, mit der ich einmal gesprochen habe, versicherte mir, die Lockerung der Regeln hätte sogar zur Folge, daß Maia sie mit größerer Wahrscheinlichkeit nicht brechen würde, wenn ich es nicht wollte. Als ich sechs war, schneite es in der kalifornischen Vorstadt, in der wir wohnten. Angesichts des milden Klimas war das, im wahrsten Sinne des Wortes, ein einmaliges Erlebnis. Daher ließ meine Mutter meine Schwester und mich »blaumachen«. Wir haben zwar ein bißchen Ärger gekriegt, als wir auf dem Schulhof einen Schneemann bauten, aber wir schafften es, dem zeternden Rektor zu entkommen und nach Hause zu Mama zu rennen, die, wenigstens an diesem Tag, auf unserer Seite der Kampflinie stand. Aber warum erst auf einen Schneesturm in Kalifornien warten, um ein bißchen Schuleschwänzen richtig zu genießen?

Susie Sexpert: Leichtbewaffnet & irregulär

Susie Bright, sex-positive feministische Mama, Autorin, Susie Sexperts liederliche Lesbenwelten, Susie Sexperts Sexwelt für Lesben *und andere Bücher*

Das Wichtigste zuerst: Was ist Ihr persönliches Rezept für die Sexualerziehung Ihrer Kinder?

Meine Gebote bisher sind:
Du darfst nicht lügen.
Du darfst nicht heucheln.

- Sag deinen Kindern, wie ihre Geschlechtsteile heißen. Eine Zweijährige kann »Klitoris« aussprechen, und sie muß wissen, was der Unterschied zwischen ihrer Scheide, ihrer Pipiöffnung (Urethra), ihrem After, ihrer Vulva (oder welchen niedlichen Namen du ihr auch immer geben willst) und ihrer Klitoris ist. Sie muß, wie kleine Jungs, wissen, daß diese Teile ihres Körpers am Zustandekommen von Babys beteiligt und auch eine Quelle besonderer körperlicher Lust sind – früher oder später erfährt sie's ja doch, und du willst sicher nicht, daß sie sich fragt, ob sie die einzige ist!
- Sei ungezwungen und unterstützend beim Thema Masturbation.
- Gestehe deinen Kindern die gleiche Intimsphäre zu, die du selber gern hättest. Platz nicht in ihr Zimmer hinein, verlang nicht, daß sie dir ihre Phantasien und Träume erzählen, inspiziere nicht hartnäckig jede Einzelheit. Beweise ihnen, daß du wirklich zuhören kannst und ihre Sorgen ernst nimmst, *egal,* worum es geht, damit sie bei sexuellen Fragen oder Ängsten sicher sein können, daß du nicht Amok läufst.

- Erzähl ihnen, wenn sie alt genug sind, von all den religiösen Tabus über Sexualität, damit sie verstehen können, warum es so viele »Regeln« über das Sexualverhalten gibt. Wenn du ein gläubiger, aber in sexuellen Fragen offener Mensch bist, erkläre ihnen, daß diese Dinge für dich vereinbar sind und daß du deiner Auffassung von Sexualität deshalb nicht abschwören mußt oder umgekehrt. Ich gehöre einer langen Generationenreihe katholischer Mädchen an, die gelernt hat, Hölle und Sühne und Satan mit sexuellen Gefühlen zu assoziieren. Geratet bloß nicht da rein!

Wir haben neulich von Ihrer scheinbar herkömmlichen Familiensituation gesprochen. Sie haben das große Haus mit dem fast perfekten Lattenzaun. Sie haben den bedeutenden Mann ...

Ich möchte eigentlich dort, wo der kaputte alte Zaun jetzt ist, eine Mauer aus Steinen und Treibholz und blühenden Büschen bauen. Dieses Haus ist eine sehr romantische Phantasie. Nur hier zu wohnen ist schon wie mein kleines privates Märchen. Ich bin in Wohnungen mit Styropordecken und »Keine-Kinder«-Bestimmungen aufgewachsen, und meine Mutter hat Gott weiß was getan, um für uns eine Ausnahmeregelung zu bekommen. Ich mußte mich als sehr gehorsam und leise präsentieren, was ich auch tat.

Ich habe in meiner Familie keine Rollenvorbilder für die Ehe oder für dauerhafte Beziehungen. Ja, ich erlebe sogar erst im Alter von neununddreißig meine erste echte Hochzeit, jetzt im April. Mein Lebensgefährte und ich sind auf den verschlungensten Wegen dorthin gekommen, wo wir heute sind. Wir waren beide in andere Partner verliebt, als wir anfingen, uns zu treffen ... andere Partner, die nicht in uns verliebt waren. Wir waren nie monogam, wir sind beide bisexuell, und was die Sexualität anbelangt, sind wir geistige Zwillinge. Auf der Ebene des Zusammenlebens passen wir einfach auf merkwürdige Weise zusammen. Das wußte ich nicht, bis wir es vor einem Jahr ausprobiert haben. Ich kenne ihn seit sieben Jahren. Unsere Liebe und unser Vertrauen zueinander sind durch Prüfungen und Leiden gewachsen, das steht fest. Seine Beziehung zu meiner Tochter Aretha ist langsam gereift. Nichts ist aufgrund wilder Erklärungen oder Versprechungen passiert. Ich bin ein so impulsiver, vorwärts stürmender Typ, daß mich das mehr erschreckt als vielleicht andere.

Es tut gut, ein Zuhause zu haben, das man liebt. Es tut gut, Menschen zu haben, die dich lieben, was auch passiert. Es tut gut, einen Geliebten zu haben, dem du dich anvertrauen kannst und bei dem du dich mit deinen sexuellen Phantasien und Neigungen sicher aufgehoben fühlst. Es tut gut, eine selbstgewählte Familie zu haben, die funktioniert, denn Menschenskind, die, in die du hineingeboren wurdest, kann, eh' du dich versiehst, schon aus dem Leim sein.

Jon ist für mich einzigartig, genau wie Aretha, aber es gibt, um ehrlich zu sein, einige andere Menschen in meinem Leben, ohne die ich nicht auskäme. Sie leben halt derzeit nicht im selben Haus mit mir. Aber wir lieben und brauchen einander mit der gleichen Intensität. Ich habe immer das Gefühl, sie werden übergangen, wenn man mich nach meinem Lebensgefährten und meinem Kind fragt. Ich glaube wohl an so was wie Stammestreue. Ich wünschte, es gäbe eine Feier, um alle unsere Beziehungen miteinander zu zelebrieren, nicht nur unsere eine Liebesbeziehung.

Erzählen Sie mir mehr von Ihrer selbstgewählten erweiterten Familie. Hatten Sie je ein Gefühl der Isolation als Mama, oder war Ihre Gemeinschaft schon gut ausgebaut, ehe Sie schwanger wurden?

Nein, ich habe die ersten vier Jahre mit Aretha allein gelebt, und oft habe ich die Beherrschung verloren und war kurz vorm Durchdrehen, was durch die Anwesenheit eines anderen erwachsenen Menschen abgemildert worden wäre. Und dann wieder fühlte ich mich nur einsam und außerstande, mit der Arbeit und dem Haushalt gleichzeitig fertigzuwerden. Nichts Besonderes, bloß die übliche Mamazwickmühle. Ich glaube, selbst Mamas, die mit Ehemännern und Schwiegereltern zusammenleben, werden oft genug feststellen, daß sie immer alles ausbaden müssen.

Genau. Was machen Sie, um sich zu entspannen und zu relaxen, wenn Sie fürchten, jeden Moment durchzudrehen?
Mich im Bett verkriechen. Die Tür abschließen und niemanden reinlassen. Dämliche Promizeitschriften lesen und in Abendkleidern versinken. Fernsehen, im Internet surfen, Romane lesen, Massage, in der Badewanne aufweichen – das sind weitere Dinge, die ich mit Vorliebe mache. Im letzten Frühjahr bin ich einmal ganz hoch in eine Eiche geklettert und dort stundenlang geblieben.

Wenn es um Widerstand geht, gibt es keine Spielregeln, aber in der Hoffnung auf ein paar allgemeine Anleitungen habe ich mich vor kurzem auf die Suche nach einem Führer für Guerillakriegsführung gemacht. Ich habe nicht gefunden, was ich suchte, und so mußte ich, wie üblich, am Ende auf die Ratschläge anderer Mamas zurückgreifen und den Rest improvisieren. Hier ist das Ergebnis:

- Ernähre dich gesund.
- Schlaf dich aus.
- Folge deiner eigenen Wahrheit.
- Beschütze durch Aufklärung.
- Liebe mit aller Kraft.
- Hör aufmerksam zu.
- Such dir deine Schlachten sorgfältig aus.
- Vertrau auf deine Intuition.
- Denk, bevor du schießt.

- Benutze deine Waffen: deine Stimme, deinen Verstand und dein Herz.
- Kenne deine Verbündeten, und wende dich oft an sie.
- Vergiß nicht, von Zeit zu Zeit auf eine Eiche zu klettern.

Die Logik sagt, wir haben nicht den Hauch einer Chance – doch ich glaube, wir wissen es besser.

Kapitel 13
Unvollkommen

> Mir schienen mehrere Wege offenzustehen: (a) mich selbst ernst zu nehmen und zur Ginflasche zu greifen, noch ehe der Schulbus abfuhr; (b) die Kinder ernst zu nehmen und zur Ginflasche zu greifen, noch ehe der Schulbus abfuhr; (c) mir die Angst und die Frustration einzugestehen und mich dabei gut zu amüsieren.
>
> – *Erma Bombeck*

Als meine Tochter ein Jahr alt wurde, kaufte ich mit einem ungedeckten Scheck eine große Torte. Wir nahmen sie mit in die College-Cafeteria, und während ich die Kerze anzündete, machte Maia die ersten zaghaften Schritte ihres Lebens auf einem glatten, dunklen Fußboden.

Einer meiner Profs sagte: »Oooch, eins. Wenn sie dieses erste Jahr hinter sich haben, weiß man, daß sie überleben werden.« Und ich dachte: »Nee, sie muß immer noch die Jugend überstehen.«

Als meine Tochter zwei wurde, platzte ihr Vater in die Party rein und sprühte grüne Schaumfäden über all die roten Dekorationen, die ich mit meinen Freundinnen sorgfältig aufgehängt hatte. Ein älterer Hosenmatz blies die Kerzen aus und brüllte vor Wut, als wir sie für das Geburtstagskind wieder anzündeten.

»Zwei ist so«, sagte meine Tochter zu mir und hielt ihre kleinen Finger zum Peace-Zeichen hoch.

Als meine Tochter drei wurde, hatte sie schon eine Ewigkeit auf diesen Tag gewartet. »Bin ich dann groß, wenn ich drei bin?« hatte sie mich immer und immer wieder gefragt, und ich hatte »Ja« gesagt.

»Ganz groß bis über die Decke?« hatte sie gebohrt, und ich nickte und lächelte und dachte nie viel über die Frage nach. Als sie jedoch ihre drei Kerzen ausgepustet hatte, vor Schreck über den donnernden Applaus instinktiv zurückgezuckt war und einen Augenblick innegehalten hatte, brach sie in Tränen aus. Sie hatte gedacht, sie würde urplötzlich wachsen – wie Alice im Wunderland – bis über die Decke. Und sie war immer noch klein.

Als meine Tochter vier wurde, konnte ich kaum einen Blick auf sie erhaschen, so groß war die Fete, die wir an Papa-Besuchstagen vorbei organisiert hatten. Meine eigene Mutter hatte mir zu bedenken gegeben, daß »sich die anderen Kinder soooo ausgeschlossen fühlen« würden, worauf ich die dreißig Klassenkameraden meiner Tochter aus der Vorschule und zwölf Nachbarskinder eingeladen hatte.

Ein Mädchen tauchte mit zwei Müttern auf, und meine Tochter war neidisch. »Die hat zwei Mamas, aber ich hab' bald drei Mamas, und dann hab' ich gewonnen«, sagte sie mit Nachdruck.

Ein Probefläschchen Ibuprofen war machtlos gegen meine Kopfschmerzen, und Maia fiel vor Erschöpfung um, noch ehe sie das letzte Geschenk ausgepackt hatte.

Als meine Tochter fünf wurde, war die Geräuschkulisse des Abenteuer-Freizeitparks ohrenbetäubend. Meine Taschen waren leer, nachdem ich für zehn Kinder Eintritt bezahlt hatte und Berge von Münzen für Spiele losgeworden war, und Maia war vor Aufregung völlig außer sich. Doch sie wartete auf jemanden. Ein Kind, das sie seit fast einem Jahr nicht mehr gesehen hatte, hatte die schrille Clown-Einladung erhalten und versprochen zu kommen. Und sie wartete die ganze Zeit über – während der Pizza und der Eiscreme und der Arkadenspiele und der Sprünge in ein Meer von Plastikbällen und während sie ein tolles Geschenk nach dem anderen auspackte – und fragte alle paar Minuten: »Wo bleibt *er* denn?« Und ich hatte keine Ahnung.

Als meine Tochter sechs wurde, fürchtete sie, daß sie nun mehr Hausaufgaben machen mußte. Sie fragte, ob sie je wieder ein Baby sein würde. »Wann bin ich ein Teenager?« wollte sie wissen. Schon fast auf halber Strecke.
Und während ich mit dem Mixer rührte – das erste Mal seit fast zwei Jahren, daß ich Kuchen backte –, ging es mir durch den Sinn, daß ich mir nicht mal ansatzweise vorstellen konnte, wie meine späten Teen- und frühen Zwanzigerjahre gewesen wären ohne ihre allumfassende Energie, ihr zärtlich gesurrtes »Ich hab' dich lieb, süße Mama«, ihren zornigen Ausruf »Ich werd' dich nie wieder liebhaben, böse Mama«, ihre Träume von groß und klein.
Jetzt ist meine Tochter gerade sieben geworden – und wir haben uns in die Hochwüste im Norden New Mexicos zurückgezogen. Ich bin zu einem Meeting hier, aber wir wollen noch eine Extrawoche dranhängen.
Unser erster Abend draußen ist verwirrend. Auf der Ghost Ranch, wo wir wohnen, ist es so still, daß Maia und ich den Schnee auf die rote Erde fallen zu hören glauben. Sie löffelt eine Handvoll auf, formt einen Schneeball und trifft mich voll auf die Stirn.
»Ich brauche einen Becher mit Deckel, damit ich von dem Schnee was mit nach Kalifornien nehmen kann«, sagt Maia. »Wenn er unterwegs schmilzt und wir ihn dann ins Gefrierfach tun, ist er dann Schnee oder Eis?«
»Eis«, erwidere ich, und sie ist enttäuscht.
Beim Auspacken unserer Pyjamas fällt die »Zu-erledigen«-Liste von gestern, die irgendwie in meiner Reisetasche gelandet ist, auf den Boden. Während ich sie überfliege, muß ich lachen:

- Geschirr spülen
- Kolumne schreiben
- Maia beim Anfang des Naturkunde-Projekts helfen
- Therapie absagen

- Schneeanzug für Maia kaufen
- Ersatzfrau für Hip-Mama-Radioshow besorgen
- Zeitschrift-Abonnentenliste auf neuesten Stand bringen
- Buch fertigstellen
- Wäsche waschen
- Müll raustragen

Ich atme aus und lasse den letzten Rest meines Urlaubs-Schuldgefühls dahinschmelzen. Ich kann nicht immerzu diese vielarmige Göttin sein. Wir verdienen ein bißchen Zeit in der Hochwüste, wo wir den Schnee auf die Erde rieseln hören können. Wir verdienen ein paar Tage ohne Lehrer, ohne Naturkundeprojekte, ohne Geldeintreiber, ohne Wäsche, ohne Abgabetermine. Ein paar Tage, an denen wir über unsere »Zu-erledigen«-Liste lachen und realistischere Ziele anpeilen können:

- Aufwachen
- Frühstücken
- Im Schnee spielen
- Ins paläontologische Museum gehen, wenn uns danach ist
- Wandern
- Zu Mittag essen
- Noch mehr spielen …

In einem ihrer Tagebücher schrieb Anaïs Nin: »Die Anwesenheit der Kinder erhellt die Welt und verwandelt sie von einer bedrückenden, endgültigen, verkrusteten in eine fließende, potentiell wundervolle, noch zu erschaffende Welt.« Ich weiß, daß das wahr ist, und ich schäme mich zuzugeben, daß ich mir nur selten die Zeit nehme, mich an diesem Fluß der Dinge, an dieser noch zu erschaffenden Welt zu erfreuen, und lachen kann, wenn Maia mir einen Schneeball ins Gesicht klatscht, anstatt zu denken: »Mensch, nicht schon wieder was, was auf mich zukommt.«

Ich gehe zu dem Meeting, doch danach bleiben wir noch ein paar Tage auf der Ranch und verbummeln unsere Zeit. Am Samstag fahren wir nach Ojo Caliente, einer natürlichen heißen Quelle, und schwimmen in den Thermalbädern. Am Montag sind wir wieder unterwegs, diesmal um Freunde zu besuchen, die außerhalb von Santa Fe wohnen.

Während wir langsam über die ungepflasterten, nicht markierten Landstraßen von New Mexico kurven, fragt Maia nach den Leuten, die wir besuchen wollen. Es sind die Eltern einer guten Freundin von mir, die gestorben ist, als ich noch ein Kind war. Ich spreche leise, während ich den Tod des Mädchens zu erklären versuche. Sie hieß Jessica. Sie hatte Krebs, ihr Bein mußte amputiert werden, als wir in der fünften Klasse waren, aber sie erkrankte wieder und starb, als wir im siebten Schuljahr waren.

»Aber wie hat sie Krebs *gekriegt?*« fragt Maia.

»Das wissen wir nicht«, erwidere ich und suche im Geist nach einer Antwort auf ihre nicht gestellte Frage: *Könnte mir das auch passieren?*

Manchmal bin ich als Mutter so verloren in dieser Welt, in der »es so viel Krebs, so viel Leiden gibt«, wie Anne Lamott schreibt. »Es gibt so verdammt viele Kindesentführer, Psychopathen. Republikaner.«

Oft kann ich Maias Fragen beantworten oder zumindest irgendeine Art von Kontrolle vortäuschen. Ich sage Maia, wenn wir Selbstverteidigung lernen, werden wir den Psychopathen abwehren können. Wenn wir Volkswirtschaft und Soziologie studieren, können wir die Republikaner mit Logik schlagen. Wenn wir von Autounfällen hören, verspreche ich, vorsichtig zu fahren. Wenn wir am Wegrand giftige Beeren sehen, warne ich sie davor, sie zu essen. Wenn wir falsch abbiegen und im Schnee steckenbleiben, halte ich an, schiebe den Wagen aus der Gefahrenzone und fahre wieder zurück. Aber jetzt bin ich stumm.

Ich möchte Maia, und mir selbst, so gerne sagen, daß uns nie etwas Schreckliches passieren könnte. Ich denke daran, ihr etwas zu sagen, das man mir als Kind einmal gesagt hat: daß Gott uns nur so viel Leiden aufbürdet, wie wir ertragen können. Aber ich entschließe mich, ihr die bizarre Philosophie zu ersparen. Ich habe einen zu großen Teil meines Lebens dem Versuch gewidmet, nicht so auszusehen, als könnte ich mit allzuviel fertigwerden.

»Krebs kriegen nicht sehr viele Kinder«, sage ich schließlich. »Gar nicht viele.« Wenigstens haben wir die Statistik auf unserer Seite.

Maia lächelt nachdenklich und widmet sich wieder der Ausschau nach Präriehasen und dem letzten Orientierungspunkt, der uns anzeigen wird, daß wir auf diesem staubigen, gewundenen Feldweg in die richtige Richtung fahren.

Meine eigenen Ängste sind jedoch nicht so leicht zu beschwichtigen.

Ich wünschte, ich könnte eine Art Zen-Einstellung zu all dem entwickeln. Ich wünschte, ich könnte Maia mit Zuversicht lehren: »Leben bedeutet: nicht wissen, sich ändern müssen, den Augenblick nehmen und das Beste draus machen, ohne zu wissen, was als nächstes passiert«, wie Gilda Radner es ausdrückte, »köstliche Vieldeutigkeit.«

Doch während wir zu diesen schneebedeckten Bergen hinauffahren, als wir auf der Straße, die durch ein Schild mit der Aufschrift *»Camino Quien Sabe«* gekennzeichnet sein sollte, scharf nach rechts abbiegen und während wir auf das Haus dieser Freunde zufahren, die meine größte Angst – meine Tochter zu verlieren – überlebt haben, habe ich keine mütterliche Weisheit anzubieten.

Meine Finger umklammern das Lenkrad ganz fest, als unser Leihwagen auf einer vereisten Stelle etwas wegrutscht und die Räder im dicken roten Schlamm durchdrehen. In Momenten wie diesen denke ich bei mir: *Tja, Frau Hip-Mama-Erziehungsexpertin, du hast die schlauen Bücher gelesen, du weißt, du sollst ehrlich sein, du weißt, daß man über alles reden kann, ohne sich in den eigenen Ängsten zu verstricken, und doch ... Schweigen.*

»Woher weißt du, daß das der richtige Weg ist?« fragt Maia.

»Ich weiß es nicht«, muß ich zugeben. »Es war kein Schild da. Aber irgendwie kommen wir da schon hin.«

»Hast du geweint, als Jessica starb?« will sie wissen.

»Ja«, sage ich. »Ich habe geweint. Alle haben geweint. Wenn furchtbare Dinge passieren, müssen wir weinen. Solche Dinge – Krebs kriegen, jung sterben –, wir denken, so was darf einfach nicht passieren, aber manchmal passiert es doch. Ich glaube nicht, daß uns so was zustoßen kann, aber weißt du, genau darum müssen wir jetzt nach Präriehasen Ausschau halten. Darum ist es wichtig, daß die Berge jetzt wunderschön sind. Darum müssen wir auf den Zauber achten. Und darum macht es auch nichts, wenn wir manchmal was riskieren und Fehler machen. Weil wir nicht mit Sicherheit wissen, was die Zukunft bringt. Ich glaube, der Geist der Menschen lebt fort, auch wenn ihre Körper nicht mehr arbeiten. Was glaubst du?«

»Ich glaube, das ist der richtige Weg«, sagt sie. Und wir lächeln.

Es gibt keinen Zweifel: Die Reise, auf der wir uns als Mütter befinden, ist tückisch. Statt klarer Wegmarkierungen kriegen wir Fragen, auf die wir keine Antwort wissen. Der Weg ist markiert durch Freuden und Gefahren, Lachen und falsches Abbiegen, märchenhafte Panoramen und Kränkungen aller Art. Es gibt Tage, da fühle ich mich wie ein Gottesgeschenk an meine Tochter – die beste Mama, die man sich nur wünschen kann. Und dann wieder habe ich das Gefühl, mit meiner mütterlichen Fürsorge auf einer ungepflasterten, nicht markierten Straße dahinzufahren, die sich am Rand einer tiefen Felsenschlucht entlangschlängelt. Eine falsche Lenkraddrehung, eine unerwartete vereiste Stelle auf der Straße oder eine wie auch immer geartete Unachtsamkeit könnte uns in den Abgrund befördern.

Doch während Maia älter, unabhängiger wird und mir zunehmend helfen kann, nach den Markierungen am Wegrand Ausschau zu halten – während ich mich in meiner Rolle als ihre Zeugin und manchmal hilfreiche Führerin zunehmend wohler fühle –, denke ich, daß ich mich vielleicht entspannter in diese ganze köstliche Vieldeutigkeit hineinfallen lasse. Und die schlimmsten meiner Ängste verblassen allmählich – zusammen mit meinen Schwangerschaftsstreifen.

Wir können letztendlich nur sein, wer wir sind, und wir können unseren Kindern nur geben, was unserem Herzen entspringt. Jede Abbiegung mag uns von der Vollkommenheit ein Stück weiter entfernen, doch wenn alles gebrüllt und getan ist, werden wir überleben, dessen bin ich mir ziemlich sicher. Wir werden überleben, Maia und ich, du und deine Kinder, und all wir leichtbewaffneten Freischärlerinnen und Jahrtausendwende-Familien, die die Mutterschaft noch mal neu erfinden. Und wir werden lernen, uns zu entspannen, durchzuatmen, zu kämpfen und dabei immer ein bißchen zu lachen.

Wenn ich eines über Mutterschaft gelernt habe, dann dieses: Es gibt Tausende von Arten, prima Kinder großzuziehen, und keine davon ist vollkommen.

»Gib ihnen, was wahrhaft dir selbst, deinen Zweifeln und Widersprüchen entspringt«, sagt Anilú Elías. »Und vor allen Dingen, genieße es jetzt. Ihre Kindheit geht schnell genug vorbei, und später wirst du alles vermissen außer den Streitereien. Wie beim Feuerwerk wirst du vergessen, warum sie dich so verrückt gemacht haben.«

Danksagung

Ein Riesen-Bananensplit für Maia (»Ich bin keine Prinzessin, ich bin eine Königin«) Swift. Du weißt es. Und für all die anderen kleinen Königinnen und Könige in unserem Leben – ihr seid einfach fabelhaft.

Großen Dank an meine Agentinnen Madeleine Morel und Barbara Lowenstein; und an meine Wahnsinnslektorin Laurie Abkemeier.
Und eine Runde Pete's Wicked Ale für all die leichtbewaffneten Freischärler/innen, die hinter den feindlichen Linien operieren: Julie, Ophira Edut, Wendy Dejong, die großartige Mary Kay, Mary Lawton, Julia, meine Familie, Eva und Joe, Lynn, Mike, Tom, Spike, Jeni, Vanessa Graves, Shamama, Linda French und die Hip-Mama-Familie, bekannt und unbekannt.
Auf daß ich »Des konservativen Amerikas schlimmster Alptraum« bleibe.

Überlebensnotizen

Bücher

Arbeit und Geld

Ute Ehrhardt, Wilhelm Johnen, *Frauen steigen wieder ein. Das Programm für den neuen Start in den Beruf* (Frankfurt: Fischer 1998)
Jolie Godfrey, *Our Wildest Dreams: Women Making Money, Doing Good, Having Fun* (New York: Harper Business 1993)
M. Jansen, U. Seibert, *Kinder und Job. Erfolgsrezepte für Mütter, die beides wollen* (Reinbek: Rowohlt 1997)
Regine Schneider, *Gute Mütter arbeiten. Ein Plädoyer für berufstätige Frauen* (Frankfurt: Fischer 1997)
Verband Berufstätiger Mütter (vbm), Hg.: *Das Dschungelbuch – Leitfaden für berufstätige Mütter* (Köln: 1998) (Kann über den vbm angefordert werden, siehe »Organisationen«)

Feministische und vorurteilsfreie Kindererziehung

Phavia Kujichagulia, *Recognizing and Resolving Racism: A Survival Guide for Humane Beings* (Oakland, Cal.: A. Wisdom Company 1995)

Dr. Barbara Mackoff, *Was wollen die Mädchen? 7 Strategien zur Erziehung starker und selbstbewußter Töchter* (Weinheim, Basel: Beltz 1998)

Mary Pipher, *Pubertätskrisen junger Mädchen und wie Eltern helfen können* (Frankfurt/M.: Krüger 1996)

Maureen T. Ready, Hg., *Everyday Acts Against Racism: Raising Children in a Multiracial World* (Seattle, Wa.: Seal Press 1996)

Dena Taylor, Hg., *Feminist Parenting: Struggles, Triumphs & Comic Interludes* (Freedom, Cal.: Crossing Press 1994)

Für Teenager

Allison Abner und Linda Villarosa, *Finding Our Way: The Teen Girl's Survival Guide* (New York: Harper Perennial 1995)

Shirley Arthur, *Surviving Teen Pregnancy: Your Choices, Dreams and Decisions* (Buena Park, Cal.: Morning Glory Press 1991)

Geburt und Schwangerschaft

Carroll Dunham und The Body Shop Team, *Mamatoto, Geheimnis der Geburt* (Köln: Vgs 1992)

Arlene Eisenberg, Heidi E. Murkoff und Sandee E. Hathaway, *Ein Baby kommt* (Berlin: Verlag Gesundheit 1994)

Ina May Gaskin, *Spirituelle Hebammen* (München: Hugendubel 1989)

Sheila Kitzinger, *Geburt ist Frauensache – Leitfaden für eine selbstbestimmte Geburt* (München: Kösel 1993), als Taschenbuch unter dem Titel *Schwangerschaft und Geburt bewußt und selbstbestimmt erleben* (München: dtv 1996)

Randall Neustaedter, *The Immunization Decision* (Berkeley, Cal.: North Atlantic Books 1993)
Margie Profet, *Protecting Your Baby-to-Be: Preventing Birth Defects in the First Trimester* (Reading, Mass.: Addison-Wesley 1995)
Prudence und Sherill Tippins, *Two of Us Make a World: The Single Mother's Guide to Pregnancy, Childbirth, and the First Year* (New York: Henry Holt 1996)

Mamapflege

Maya Angelou, *Wouldn't Take Nothing for My Journey Now* (New York: Random House 1993)
Boston Women's Health Book Collective, *Unser Körper – unser Leben 2* (Reinbek bei Hamburg: Rowohlt 1996)
Robin Lim, *After the Baby's Birth ... A Woman's Way to Wellness* (Berkeley, Cal.: Celestial Arts 1991)
Clarissa Pinkola Estés, *Die Wolfsfrau. Die Kraft der weiblichen Urinstinkte* (München: Heyne 1997)

Politik und »Familienwerte«

Mary Kay Blakely, *American Mom: Motherhood, Politics and Humble Pie* (Chapel Hill, N.C.: Algonquin Books 1994)
Susie Bright, *Susie Bright's Sexual State of the Union* (New York: Simon & Shuster 1997)
Shere Hite, *Erotik und Sexualität in der Familie* (München: Droemer Knaur 1994)
Judith Stacey, *In the Name of the Family: Rethinking Family Values in a Post-modern Age* (Boston: Beacon Press 1996)

Single-Mamatum

Shoshana Alexander, *In Praise of Single Parents: Mothers and Fathers Embracing the Challenge* (Boston: Houghton Mifflin 1994)
Andrea Engber und Leah Klungness, *The Complete Single Mother* (Holbrook, Mass.: Adams Publishing 1995)

Anne Lamott, *Operating Instructions* (New York: Fawcett 1994)

Spiritualität, Meditation und Entspannung

Zsuzsanna Budapest, *Das magische Jahr* (München: Hugendubel 1996)

Jon Kabat-Zinn, *Stark aus eigener Kraft: Im Alltag Ruhe finden* (München: Barth 1997)

Hugh und Gayle Prather, *Spiritual Parenting: A Guide to Understanding and Nursing the Heart of Your Child* (New York: Harmony Books 1996)

Elaine St. James, *Zurück zum Selbst: 100 Schritte zu einem erfüllten Leben in einer überfüllten Welt* (München: Goldmann 1996)

Luisah Teish, *Jambalaya: The Natural Woman's Book of Personal Charms & Practical Rituals* (San Francisco: Harper San Francisco 1985)

Marianne Williamson, *Illuminata: A Return to Prayer* (New York: Riverhead 1995)

Zeitschriften und Info-Zeitungen

Alleinerziehende

- Publikation des Verbandes alleinerziehender Mütter und Väter VAMV (siehe unter »Organisationen«)

Feminismus

- An.schläge, Hetzgasse 42/1, A-1030 Wien, Fax 0043/1-715 98 89 20
- AUF, Pf 817, A-1011 Wien, Tel. 0043/1-5 33 91 64
- Emanzipation, Pf 603, CH-3000 Bern 9
- EMMA, Alteburger Str. 2, 50678 Köln, Fax 0221-31 61 63
- FrauenSicht, Pf 915, CH-8044 Zürich, Fax 0041/1-8 21 49 21

Leben als Mama

- Hip Mama: The Parenting Zine $ 12–20 (gleitende Preisskala – ihr entscheidet, wieviel ihr zahlen wollt) für vier Hefte, P.O. Box 9097, Oakland, CA 94613, USA, Tel. 001 / 510-6584508, E-mail: hipmama@sirius.com, Internet: http://www.hipmama.com
- Mutter-Mund, Missindorfstr. 16 / 14, A-1140 Wien, Tel. 0043 / 1-9833202
- Stiefmütterchen, c/o Mütterbüro, Bahnstr. 39, 63225 Langen, Tel. 06103 / 28234

Lesbische Mutterschaft

Info-Zeitung des Vereins »Die Furien und Companjeras« (siehe unter »Organisationen«)

Organisationen und Notrufe

(Viele regionale Zweige dieser Organisationen könnt ihr in eurem örtlichen Telefon- oder Branchenbuch finden, also schaut zuerst dort nach.)

Fast alle Gemeinden und karitativen Verbände (wie Caritas, Diakonisches Werk, Arbeiterwohlfahrt) haben soziale Dienste bzw. Beratungsstellen zum Thema Drogen, Alkohol, Erziehung, Familie, Schulden, Armut, Lebensberatung. Viele bieten oder vermitteln auch Kinderbetreuung. Eine Liste solcher Anlaufstellen findet ihr im Telefonbuch (kommunale unter Stadt- bzw. Gemeindeverwaltung) oder im Extrateil der Gelben Seiten unter »Soziale Einrichtungen«.

Eine ergiebige Quelle für wichtige nationale, internationale sowie regionale und lokale Adressen ist der »Frauenkalender« (hg. von Ursula Scheu und Alice Schwarzer, im Buchhandel erhältlich oder zu bestellen über die Zeitschrift Emma – s. o.)

Da die meisten dieser Anlaufstellen gemeinnützige Vereine sind und zum großen Teil von Spenden und ehrenamtlicher Tätigkeit leben, denkt bitte daran, einen adressierten und mit DM 3,– frankierten DIN-A4-Rückumschlag beizulegen, wenn ihr Adressenlisten oder Infomaterial anfordert.

Adoption

- Bundesverband der Pflege- und Adoptiveltern e.V. vermittelt Kontaktadressen in deiner Nähe: Gr. Seestr. 29, 60486 Frankfurt / M., Tel. 069 / 97 67-0, Fax 069 / 97 98 67-67
- Wurzeln und Flügel – Adoptionsforum e.V. bietet Beratung, Information, Seminare / Kurse, Selbsthilfegruppen: Stubenrauchstr. 49, 12161 Berlin, Tel. 030 – 822 77 98 (Mo 19 – 19.30 Uhr, Mi 9 – 10 Uhr)

Armut

- Bundesarbeitsgemeinschaft der Sozialhilfeinitiativen e.V. vermittelt dir Selbsthilfegruppen, bietet Information und Seminare: Moselstr. 25, 60329 Frankfurt / Main, Tel. 069 – 25 00 30, Fax 069 – 23 50 71

Beruf

- Verein Berufstätiger Mütter (vbm) e.V. bietet Information und Beratung in Sachen Erziehungsurlaub, Kinderbetreuung, Arbeitszeitmodelle, Wiedereinstieg: Annostr. 27 – 33, 50678 Köln, Tel. 0221 – 32 65 79, Internet: http://www.is-koeln.de / vbm

Geburt und Mütterbetreuung

Informationsmaterial über Schwangerschaft, Geburt, Ernährung, Stillen gibt es auch bei den örtlichen Familienbildungsstätten und Krankenkassen sowie den Frauengesundheitszentren.

- Arbeitsgemeinschaft Freier Stillgruppen (AfS) Bundesverband e.V. vermittelt weiter an Landesverbände oder nennt dir Stillgruppen in deiner Nähe, bietet Beratung, Hilfe, Information, Seminare/Kurse, gesundheitl. Aufklärung, Kontakt zu Ärzten/Kliniken: Gertraudgasse 4, 97070 Würzburg, Tel. 0931–57 34 93 (Mo–Fr 9–12.30 Uhr), Fax 573494
- Bund freier Hebammen e.V. nennt dir freie Hebammen in deinerNähe: Am alten Nordkanal 9, 41748 Viersen, Geschäftsstelle Clea Nuss-Troles
- Geburtshäuser, Entbindungsheime und Geburtspraxen in Deutschland, Faxabruf der Zeitschrift »Eltern« für Adressen 0190–2 11 90 27
- Gesellschaft für Geburtsvorbereitung e.V. bietet Informationsmaterial, führt Adressenlisten von Geburtshäusern u. Zentren für Geburtsvorbereitung sowie Selbsthilfegruppen rund um die Geburt: Dellestr. 5, 40627 Düsseldorf, Tel. 0211–25 26 07, Fax 0211–20 29 19
- KARA – Kritische Beratungsstelle zur vorgeburtlichen Diagnostik e.V. bietet Information und Beratung (Mo, Di 10–12, Di 17–19, Mi 15–17 Uhr): Große Johannisstr. 110, 28199 Bremen, Tel. u. Fax 0421–59 11 54
- La Leche Liga Deutschland e.V. vermittelt weiter an Landesverbände oder nennt Kontaktadressen in deiner Nähe, bietet Beratung, Information, Ausbildung, div. Publikationen übers Stillen, Kontakte zu Ärzten und Kliniken: Postfach 650096, 81214 München, Fax 06851–25 24, Internet: http://www.carpenet.de/LaLeche/
- Pro Familia Bundesverband e.V. vermittelt weiter an Landes- oder Ortsverbände, bietet Schwangerschaftsberatung, gesundheitliche Aufklärung, Therapie, Seminare/Kurse, Infomaterial, Adressenlisten: Stresemannallee 3, 60596 Frankfurt/Main, Tel 069–93 90 02, Fax 069–63 98 52, Internet: http://www.profamilia.de

Wenn du Hilfe im Notfall brauchst, Wähl 110

Frauennotrufe gibt es in fast allen größeren Städten. Frauenzentren und Frauenhäuser stehen dir in allen Notlagen mit Rat und Tat bei. Auch die Polizei kann dir helfen, ein Frauenhaus zu finden.
Außer den autonomen Frauenhäusern bieten auch Frauenhäuser der karitativen Verbände Zufluchtsmöglichkeiten für geschlagene Frauen. (Zu finden im Extrateil der Gelben Seiten unter »Soziale Einrichtungen« oder im Telefonbuch unter »Frauenhäuser«)

- Anwaltsnotruf, erteilt Rat und juristische »Erste Hilfe« in Notsituationen, rund um die Uhr erreichbar: Tel. 01805–246373
- Der Generalbundesanwalt beim Bundesgerichtshof ist als Zentrale Behörde zuständig bei Kindesentführung in bestimmte Länder, nähere Informationen: Neuenburger Str. 15, 10969 Berlin, Tel. 030–25388-0, Fax 030–25388-397
- Internationaler Sozialdienst (ISD), verfügt über ein weltweites Kontaktnetz, informiert, berät und vermittelt bei Kindesentführung in Länder, mit denen es keine vertragliche Regelung über die Rückführung gibt: ISD – Deutscher Zweig e.V. –, Am Stockborn 5–7, 60439 Frankfurt/Main, Tel. 069–95807-02, Fax 069–95807-465
- Verband binationaler Familien und Partnerschaften (IAF) e.V. bietet Beratung und Rechtsauskünfte bei Trennung, häuslicher Gewalt und Angst vor bzw. erfolgter Kindesentführung: Ludolfusstr. 2–4, 60487 Frankfurt/Main, Tel. 069–7075087, Fax 069–7075092
- Zentrale Informationsstelle für Autonome Frauenhäuser (ZIF) nennt dir Häuser für geschlagene Frauen in deiner

Nähe: Brinzingerweg 34/1, 73732 Esslingen, Fax/Tel. 0711/3700260 (Di 9–12 Uhr, Fr 9–13 Uhr)

Kinderbetreuung

- Mütterzentren Bundesverband e.V., vermittelt dich weiter an Landesverband oder nennt dir ein Zentrum in deiner Nähe, wo dir Beratung, Information, Hilfe, Weiterbildung, Seminare, Kinderbetreuung und Austausch mit anderen Müttern geboten wird: Müggenkampstr. 30a, 20257 Hamburg, Tel. 040/40170606, Fax 040/4903826
- Notmütterdienst (Mo, Mi, Do 9.30 bis 13 Uhr und 16 bis 19 Uhr) vermittelt in Notsituationen eine Betreuung für dein Kind: Tel. 069–776611
- Tagesmütter – Bundesverband für Kinderbetreuung in Tagespflege, nennt Tagesmütterinitiativen in deiner Nähe: Breite Str. 2, 40670 Meerbusch, Tel. 02159/1377, Fax 02159–2020

Lesbische Mutterschaft

Außer Baden-Württemberg, Bayern, Bremen, Rheinland-Pfalz, Sachsen und Thüringen haben alle Landesregierungen (in den für Frauen, Familie und Soziales zuständigen Ministerien) inzwischen ein Referat für gleichgeschlechtliche Lebensweisen, das informiert und weitervermitteln kann.

- Die Furien und Companjeras – Lesben, die mit Kindern leben/wollen, bieten Kontaktbörse, Beratung, Informationen (z.B. über Insemination, Adoption), regionale und bundesweite Treffen: c/o Ulli Brehm, Grindelallee 150, 20146 Hamburg, Tel. 040–41350884

Psychische Gesundheit und Selbsthilfegruppen

Kontakt- und Informationsstellen für Selbsthilfegruppen gibt es in vielen Städten. Listen solcher Gruppen haben oft auch die örtlichen Gesundheitsämter, Krankenkassen oder die

Stadt- bzw. Gemeindeverwaltung. Die kommunale Frauenbeauftragte kann dir helfen, eine Therapeutin zu finden.

- ADEFRA – Schwarze deutsche Frauen / Schwarze Frauen in Deutschland e.V. vermittelt Selbsthilfegruppen, bietet Information, Veranstaltungen, Kurse: c/o Kofra, Welfenstr. 35, 81541 München, Tel. 089–4801565, Fax 089–2022747 (Kofra)
- Arbeitskreis Frauengesundheit in Medizin, Psychotherapie und Gesellschaft (AKF) bietet Information, gesundheitl. Aufklärung, vermittelt Kontakt zu Ärztinnen, Therapeutinnen und Kliniken: Hindenburgstr. 1a, 32257 Bünde, Tel. 05223–188320, Fax 05223–17046
- Dachverband der Frauengesundheitszentren in Deutschland nennt dir Frauengesundheitszentren in deiner Nähe, bietet Beratung und Information über Schwerpunktthemen, Selbsthilfegruppen, Ärztinnen, Therapeutinnen in deiner Gegend: Göttingen, Tel. 0551–487025
- NAKOS Nationale Kontakt- und Informationsstelle zur Anregung und Unterstützung von Selbsthilfegruppen bietet Info- und Aufklärungsmaterial über Selbsthilfegruppen und nennt dir örtliche Selbsthilfekontaktstellen: Albrecht-Achilles-Str. 65, 10709 Berlin, Tel. 030–8914019, Fax 030–8934014
- (PID) Psychotherapie-Informationsdienst des Berufsverbandes Deutscher Psychologinnen und Psychologen – BDP nennt dir Therapeuten/innen in deiner Nähe: Heilsbachstr. 22–24, 53123 Bonn, Tel. 0228–746699, Fax 641023, Internet: http://www.dbp-verband.org
- Schatten und Licht – Krisen nach der Geburt e.V. vermittelt spezialisierte Kliniken und Selbsthilfegruppen in deiner Nähe: c/o Bianca Dietrich, Postfach 1100, 67355 Lingenfeld, Tel. 06344–939173

Scheidung und Familienrecht

Spezialistinnen für Familienrecht findest du auch über die örtlichen Frauenzentren, Frauenhäuser oder kommunalen Frauenbeauftragten.

- Bundes-Arbeitsgemeinschaft für Familienmediation e. V. (BAFM), nennt dir Mediatoren/innen in deiner Nähe: Haspelstr. 24, 35037 Marburg, c/o RA u. Notar Claus R. Heße, Tel. 06421/25096, Fax 06421/15989; http://home.t.-online.de/home/0642127262/bafm.htm
- FORTE e. V. – Frauen ohne Recht nach Trennung und Ehe, bietet Beratung und Information, vermittelt an Selbsthilfegruppen: Seesener Str. 23, 10711 Berlin, Tel./Fax 030–8927892
- Referate für gleichgeschlechtliche Lebensweisen der Landesregierungen können dich an Experten/innen in deiner Nähe weitervermitteln. Erkundige dich beim für Frauen und Familie zuständigen Ministerium/Senat.
- SelbstHILFEinitiative Alleinerziehender SHIA (Osten) gibt Rechtsberatung und vermittelt dir örtliche Anlaufstellen: Rudolf-Schwarz-Str.29, 10407 Berlin, Tel. 030–4266802
- TuSch (Trennung/Scheidung) bietet Beratung über steuerrechtliche und familienrechtliche Fragen und Mediation an: Grimmstr. 1, 80336 München, Tel. 089–774041
- Verband alleinstehender Mütter und Väter (VAMV) vermittelt dich weiter an Landes- oder Ortsverbände, wo du dich informieren und beraten lassen kannst: Von-Groote-Platz 20, 53173 Bonn, Tel. 0228/352995

Suchthilfe

- Anonyme Alkoholiker Deutschlands (AA) Postfach 460227, 80910 München, Tel. 089– 316950-0, Fax 089–3165100, Internet: http://www.anonyme-alkoholiker.de

- Bundeszentrale für gesundheitliche Aufklärung (BZgA) bietet Beratung und Information: Ostmerheimer Str. 220, 51109 Köln, Tel. 0221–8992-0, Fax 0221–8992-300, Internet: http://www.bzga.de
- Calla e.V. Verein zur Förderung der Lebensqualität von Frauen mit Suchtproblemen bietet Information, Beratung, Hilfe und vermittelt Selbsthilfegruppen: Dreieichstr. 59, 60594 Frankfurt/M. Tel. 069–621254, Fax 069–620897
- Deutsche Hauptstelle gegen die Suchtgefahren e. V. (DHS) bietet Information, Beratung, vermittelt Kontakt zu Selbsthilfegruppen: Westring 2, 59065 Hamm, Tel. 02381–90150, Fax 02381–15331
- Drogen-Notdienst, 20 bis 24 Uhr: 069–623451
- Frauenperspektiven e. V. bietet Information, Beratung, Hilfe und vermittelt Selbsthilfegruppen und Therapie: Suttnerstr. 12, 22765 Hamburg, Tel. 4304623
- Frauen-Therapie-Zentrum München e. V.: Güllstr. 3, 80336 München, Tel. 089–747370-0, Fax 089–747370-80
- LAGAYA – Frauen-Sucht-Beratungsstelle bietet Beratung, Information und Hilfe und vermittelt Selbsthilfegruppen, Therapie und Kontakt zu Ärzten/Kliniken: Hohenstaufenstr. 17 B, 70178 Stuttgart, Tel. 0711–6405490/6403027 (Di–Fr 11–19 Uhr), Fax 0711–6076860
- Telefon-Notruf für Suchtgefährdete e.V., Tel. 089–282822, Fax 089–225096
- Verein zur Hilfe suchtmittelabhängiger Frauen e.V. Violetta Clean bietet Information, Beratung, Hilfe und vermittelt Selbsthilfegruppen und Therapie: Bettinastr. 12, 14193 Berlin, Tel. 030–8257101

Tod und Trauer

- Gesellschaft zur Erforschung des Plötzlichen Säuglingstodes (GEPS), vermittelt Kontaktadressen in deiner Nähe: Bundesgeschäftsstelle, Postfach 1126, 31501 Wunstorf,

Tel./Fax 05031-912727. (Fax-Abruf der Zeitschrift »Eltern« 0190/2119025)

- »Verwaiste Eltern Hamburg e. V.«, Dr. Mechthild Voss-Eiser, Evangelische Akademie, Esplanade 15, 20354 Hamburg, Tel. 040/355056-33
- »Verwaiste Eltern München e. V.«, Schrenkstr. 3, 80339 München, Tel. 089/50035530

Heilung durch Zuwendung

Peggy Claude-Pierre

Der Weg zurück ins Leben

Magersucht und Bulimie verstehen und heilen

Aus dem Amerikanischen von Dr. Gabriele Herbst
336 Seiten. Gebunden

Peggy Claude-Pierres Leben veränderte sich dramatisch, als ihre beiden Töchter nacheinander an Anorexie erkrankten und sie den verzweifelten Kampf aufnahm, deren Leben zu retten. In »Der Weg zurück ins Leben« erzählt sie, wie es ihr gelungen ist, ihre Kinder von der Schwelle des Todes zurückzuholen, und sie erläutert ihr revolutionäres Programm, das Leidtragende dieser unverstandenen Krankheit so erfolgreich heilen konnte.
Peggy Claude-Pierres Programm basiert auf unbedingter Liebe und Verständnis, Bestätigung und Unterstützung, nimmt den Kranken die quälenden Gefühle von Schande und Verantwortung und stärkt ihr Selbstbewußtsein. Dadurch, daß sie den Tod nicht als unweigerlichen Endpunkt der Krankheit akzeptiert, gibt ihr völlig neuer Therapieansatz Tausenden von Leidtragenden in aller Welt wieder Hoffnung – und die Chance auf ein gesundes Leben.

Der ultimative Ratgeber

Amy Alkon / Caroline Johnson / Marlowe Minnick

Fragen Sie die Advice Girls

Alles über Liebe, Sex und Leidenschaft

Aus dem Amerikanischen von Anoukh Foerg
320 Seiten. Klappenbroschur

Einem an Liebeskummer leidenden Kellner in Manhattan wurde durch den Ratschlag dreier attraktiver junger Frauen in schwarzen Stretchkleidern geholfen: Die Advice Girls waren geboren. Seitdem geben sie jeden Samstag kostenlosen Rat in ihrem Gehweg-Büro in SoHo. Von Problemen bei der Wahl der richtigen Haarfarbe über das fachgerechte Verlassen eines trotteligen Liebhabers bis hin zur modischen Hundekleidung, es gibt kein Thema, zu dem die Advice Girls nicht äußerst unkonventionelle, intelligente und schräg-lebensnahe Ratschläge geben könnten.

In *Fragen Sie die Advice Girls* äußert sich das erfolgreiche Trio zu allen Fragen über Liebe, Lust und Leidenschaft, die Frauen und Männer überhaupt haben können. Dabei packen sie den Herzschmerz mit ihrem gesunden Menschenverstand direkt bei den Hörnern, ermutigen die LeserInnen dazu, die Initiative zu ergreifen, und verraten, wie Probleme jedweder Art auf der Stelle gelöst werden können. So erfahren Sie, ob und wie Sie Ihre große Liebe in der Gemüseabteilung kennenlernen können, wie man sich erfolgreich verabredet, wie man einer Alptraum-Verabredung wieder entkommt, wie man Liebesbriefe schreibt, Kontaktanzeigen formuliert und vieles mehr.

Wolfgang Krüger Verlag